弗布克1+1管理工具箱系列

采购部规范化管理工具箱

（第3版）

周鸿　编著

人民邮电出版社

北　京

图书在版编目（CIP）数据

采购部规范化管理工具箱／周鸿编著．— 3 版．—
北京：人民邮电出版社，2013.1
　（弗布克1＋1管理工具箱系列）
　ISBN 978-7-115-30231-1

Ⅰ. ①采…　Ⅱ. ①周…　Ⅲ. ①采购—企业管理　Ⅳ.
①F274

中国版本图书馆 CIP 数据核字（2012）第 286846 号

内 容 提 要

　　本书通过全方位细化采购部各岗位的工作事项，详细介绍了采购部各岗位的具体职责、制度、表格、流程和方案，内容涉及采购计划管理、供应商开发与管理、采购价格管理、采购谈判与合同管理、采购进度控制、采购质量控制、采购结算管理和采购成本控制等多个方面，可以极大地促进采购部的运作效率和工作业绩，增强团队的凝聚力和战斗力。

　　本书适合企业采购部经理、主管、一线采购人员及企业培训师、咨询师使用，同时也适合高校相关专业师生阅读参考。

◆ 编　著　周　鸿
　　责任编辑　王飞龙
　　执行编辑　包华楠
　　责任印制　焦志炜

◆ 人民邮电出版社出版发行　　北京市丰台区成寿寺路 11 号
　　邮编 100164　　电子邮件 315@ ptpress. com. cn
　　网址 http://www. ptpress. com. cn
　　北京七彩京通数码快印有限公司印刷

◆ 开本：787×1092　1/16
　　印张：18.5　　　　　　　　　　2013 年 1 月第 3 版
　　字数：171 千字　　　　　　　　2024 年 9 月北京第 32 次印刷

定　价：45.00 元（附光盘）
读者服务热线：（010）81055656　印装质量热线：（010）81055316
反盗版热线：（010）81055315
广告经营许可证：京东市监广登字20170147号

"弗布克1+1管理工具箱系列"改版序

"弗布克1+1管理工具箱系列"图书自上市6年来,赢得了数十万读者的广泛关注。他们对本系列图书的全面性、针对性、实用性、方便性给予了高度评价,同时针对书中存在的问题提出了诚恳的批评意见和有效的改进建议。

应广大读者的建议和要求,2013年年初,我们修订和增补了本系列图书,使得系列品种规模达到19种。经改版后,"弗布克1+1管理工具箱系列"图书涵盖了企业人力资源部、行政部、市场营销部、客户服务部、生产部、质量管理部、财务部、采购部、仓储部、产品管理部、综合管理部、技术研发部、设备部、培训部、项目部15大部门的规范化管理内容,同时针对物业公司、物流公司、商场超市、酒店宾馆4类企业提供了规范化的管理体系。

在本次改版工作中,我们对读者反映的问题进行了校正,对原有图书的部分内容体系做了相应的修改、删除和增补。希望通过本次改版和扩版,这套图书能够为广大读者带来更多的工作便利。

多年的企业规范化管理经验告诉我们,把规范化管理落实到部门,进而落实到部门的每一个岗位和每一件工作事项上,是高效执行、规范化管理、精细化管理的重要环节和有效措施。只有层层实行规范化管理,做到"人人有事干,事事有规范,办事有流程,工作有方案",才能提高企业的整体管理水平,从根本上提高企业的执行力,增强企业的竞争力。

"弗布克1+1管理工具箱系列"图书(1本书+1张光盘),以企业规范化管理为中心,立足于企业各个部门的管理实践,针对某一个部门、某一个岗位、某一类事件的管理问题,运用"职责+制度+表格+流程+方案"五位一体的解决方案,为企业提供各个部门规范化运作的系统工具。

因此，本系列图书可以作为企业各部门实施规范化管理的操作手册，也可以作为各岗位工作人员进行自我管理和自我培训的辅助工具。

我们真诚地希望广大读者能够对本系列图书一如既往地关注和支持；同时，对于书中存在的问题和不足，读者朋友们能够继续给予批评和指正，以便我们再次改版时做得更好。

再版前言

《采购部规范化管理工具箱（第3版）》是"弗布克1+1管理工具箱系列"图书中的一本，本书通过全方位细化采购部各岗位的工作事项，详细介绍了采购部各岗位工作的具体职责、制度、表格、流程和方案，可以极大地提升采购部的运作效率，增强团队的凝聚力和战斗力。

在《采购部规范化管理工具箱（第2版）》的基础上，本书做了如下修订和补充。

1. 从整体内容结构上来说，我们调整了全书部分章节的内容，进一步理顺了采购管理的工作内容，突出了采购环节中最为重要的采购询价、采购谈判、采购合同评审、采购合同履行与订单管理、库存量控制、采购成本控制、采购稽核等诸多工作事项，使得采购管理工作事项更加模块化，工作内容更加全面详细、更加符合企业的实际情形。

2. 重新梳理了各岗位的工作职责，并根据实际需要修改或添加了部分岗位，使工作事项更加清晰化、条理化。

3. 重新整理了原有的流程，使相应的工作流程更符合采购部的实际工作需要，同时根据岗位及工作事项的补充，又增添了部分流程。

4. 更新了部分制度和表格，替换了原有的部分内容，细化了部分制度，增强了内容的实用性和针对性。

5. 改进了"职责+制度+流程+方案"的表现方式，图形、表格交互出现，既增强了本书的可读性，又方便了读者的使用。

6. 配套光盘内容更加实用。作者精心挑选了本书中一些重要的工作制度和相关表格，以Word文件的形式收录在光盘中，读者可以根据自身工作需要直接下载使用。

在本书编写的过程中，孙立宏、刘伟、程富建、刘宝丽负责资料的收集和整理，董芳芳、赵帅、李苏洋、任玉珍、邱志跃负责数字图表的编排，程淑丽参与编写了本书的第一章，朴明哲参与编写了本书的第二章，沈冬霞、李允参与编写了本书的第三、四章，袁晓烈、韩伟静参与编写了本书的第五章，张俊娟参与编写了本书的第六章，王淑燕参与编写了本书的第七章，李雯参与编写了本书的第八章，滕晓丽参与编写了本书的第九章，薛显东参与编写了本书的第十章，全书由周鸿统撰定稿。

目　录

第一章　采购部组织结构与责权

第一节　采购部职能与组织结构

一、采购部职能

采购部由企业采购系统最高负责人领导，在相关职能部门的配合协助下，严格制定并执行采购制度与采购工作流程，确保企业生产、经营活动顺利进行。采购部在企业中行使下列职能。

（一）建立采购部的组织架构

结合企业实际情况和发展需求，建立健全采购部的组织结构设计，明确职责分工，优化人员配置，提高采购工作绩效。

（二）建立健全采购管理制度体系

根据企业管理要求及部门任务，制定并严格执行采购规章制度，规范采购作业。

（三）采购计划管理

在调查和分析采购需求的基础上进行采购决策，编制采购计划与采购预算，指导采购活动。

（四）供应商管理

根据采购计划进行市场调研，选择、评审、考核供应商，建立并完善供应商档案。

（五）采购价格管理

建立并更新重要物资及常备物资的价格档案，指导采购作业与价格谈判，提高采购绩效。

（六）采购合同管理

组织合同评审，签订采购合同，建立采购合同台账并分类管理，监督合同的执行。

（七）采购进度控制

监督采购合同签订与执行，开展采购跟单与催货工作并进行交期管理，严格控制采购进度，确保供应及时。

（八）采购质量控制

建立采购认证体系，对供应商及采购物资的质量进行检验、认证，确保采购物资符合企业要求。

（九）采购成本控制

严格执行采购预算，监督采购询价、议价、订购过程中费用的使用情况，开展成本分析，有效控制采购成本。

（十）采购绩效管理

定期对部门采购作业及采购人员进行绩效考核，并根据采购结果实施奖惩，分析采购过程中的薄弱环节与问题，制订改进计划，提高采购绩效。

二、采购部组织结构

不同的企业，其采购部的职位设置也不同。为确保采购职能的实现，企业在设计采购部组织结构时必须充分考虑和分析采购需求、生产经营的规模与发展规划、内外部环境、管理水平、供应市场结构、物资价格弹性、产品技术、客户需求等方面的影响，确保采购组织的高效性和灵活性。

（一）按企业规模设计的采购部组织结构

1. 中小型企业采购部组织结构

中小型企业采购部组织结构如图 1-1 所示。

图 1-1　中小型企业采购部组织结构示例

2. 大型企业采购部组织结构

大型企业采购部组织结构如图 1-2 所示。

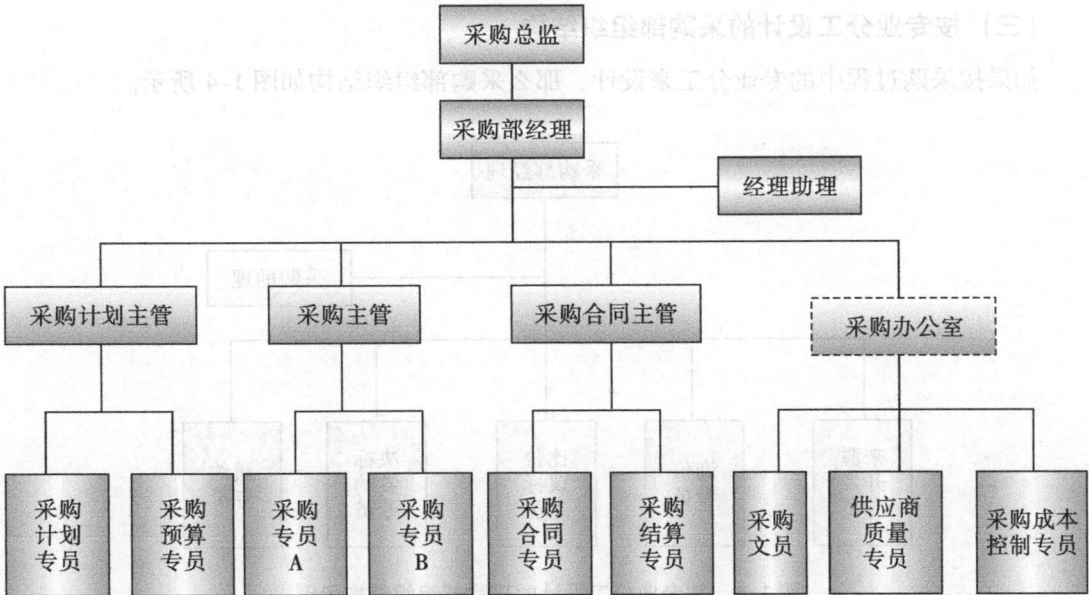

图 1-2　大型企业采购部组织结构示例

（二）按职能设计的采购部组织结构

如果按采购过程中的不同职能来设计，那么采购部组织结构如图 1-3 所示。

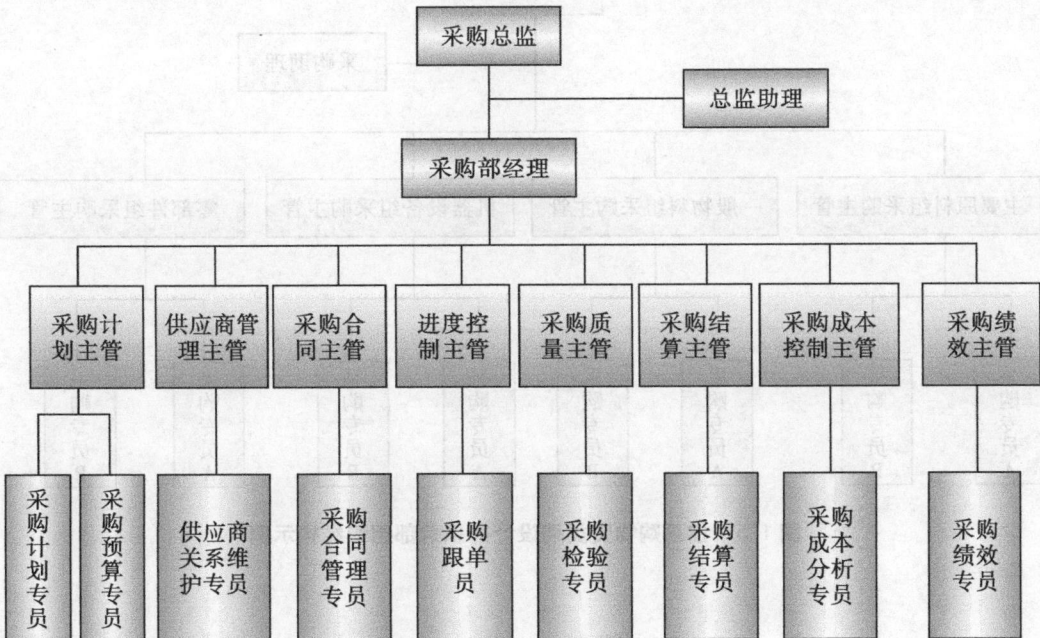

图 1-3　按职能设计的采购部组织结构示例

（三）按专业分工设计的采购部组织结构

如果按采购过程中的专业分工来设计，那么采购部组织结构如图1-4所示。

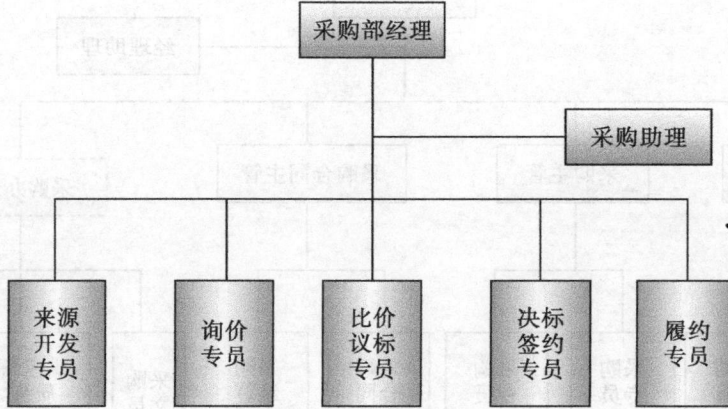

图1-4　按专业分工设计的采购部组织结构示例

（四）按采购物资类别设计的采购部组织结构

如果按采购物资的类别来设计，那么采购部组织结构如图1-5所示。

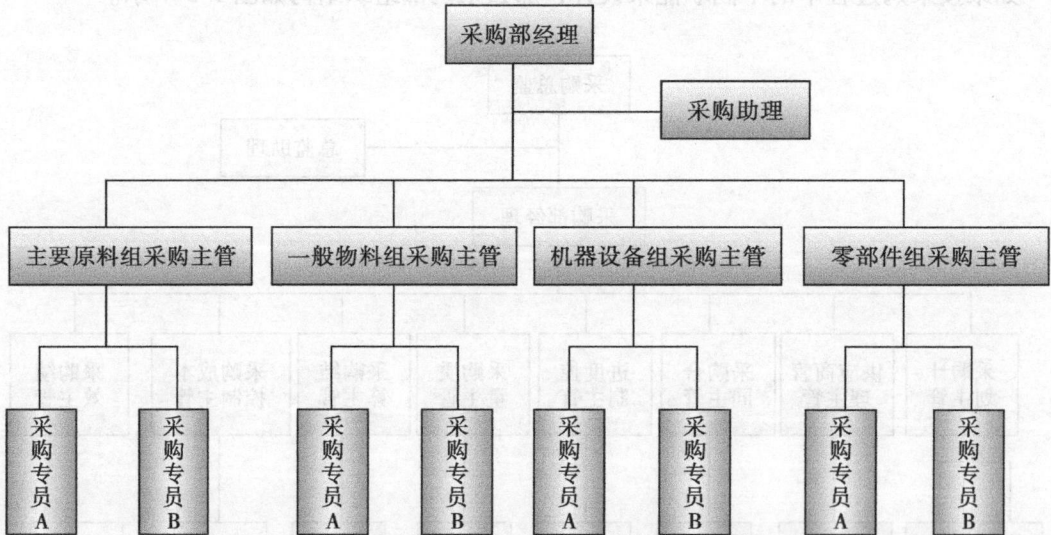

图1-5　按采购物资类别设计的采购部组织结构示例

（五）按采购地区设计的采购部组织结构

如果按采购地区来设计，那么采购部组织结构如图1-6所示。

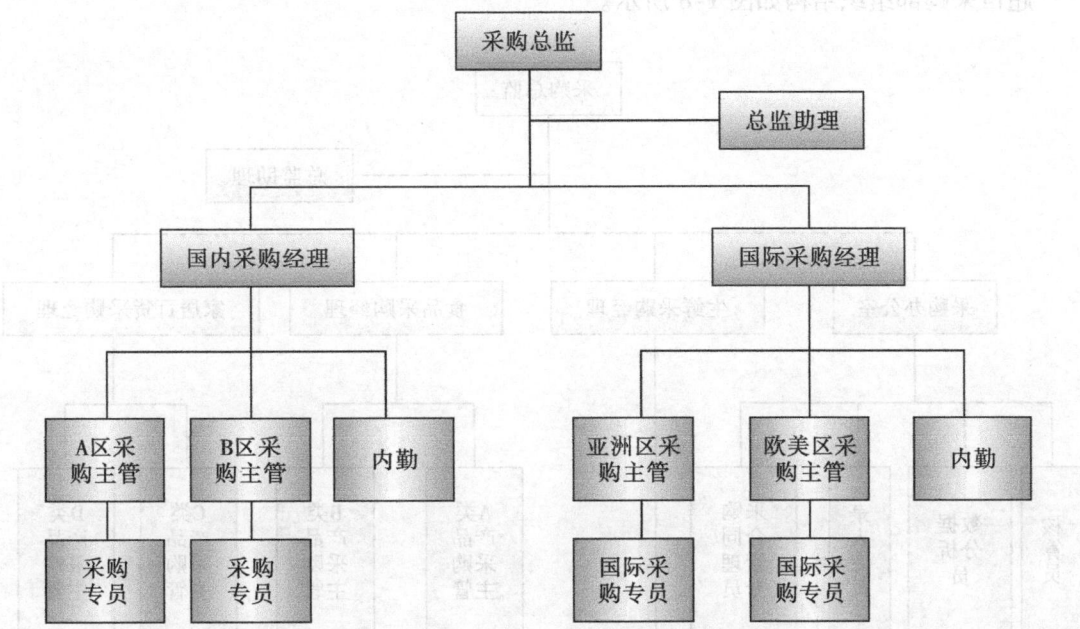

图1-6　按采购地区设计的采购部组织结构示例

（六）按采购渠道设计的采购部组织结构

如果按采购渠道来设计，那么采购部组织结构如图1-7所示。

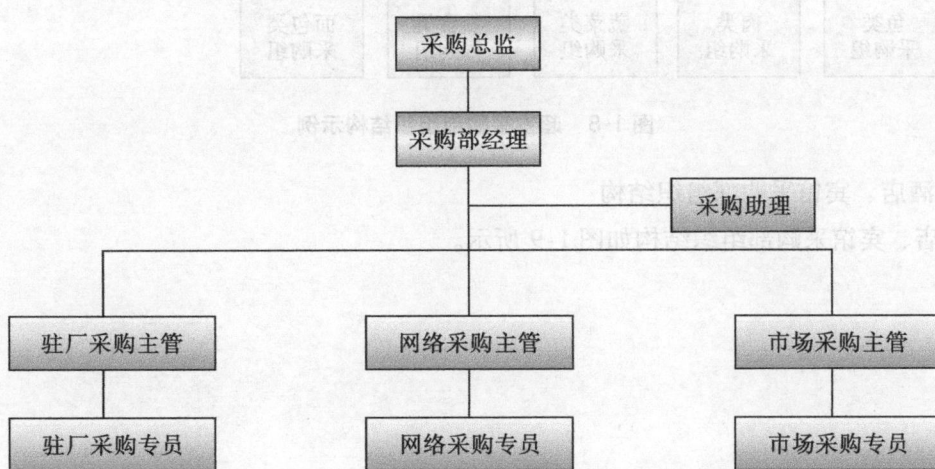

图1-7　按采购渠道设计的采购部组织结构示例

（七）按行业设计的采购部组织结构

1. 超市采购部组织结构

超市采购部组织结构如图1-8所示。

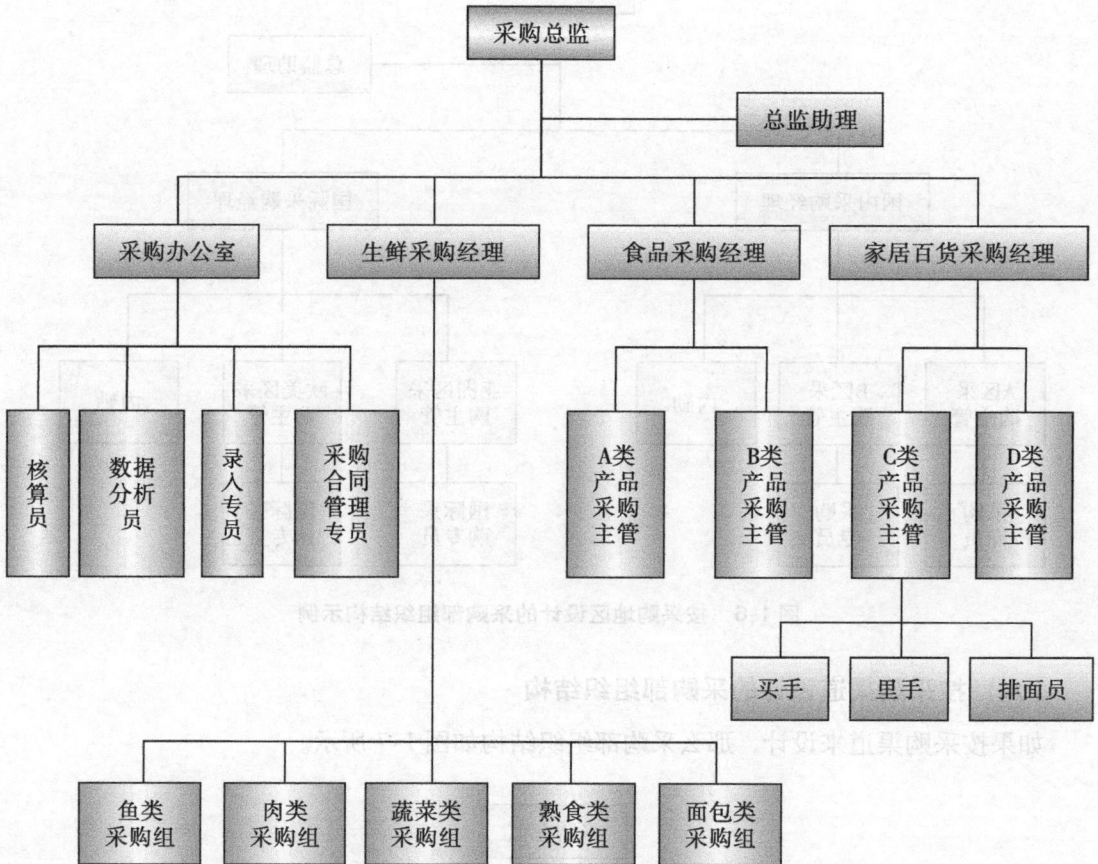

图1-8 超市采购部组织结构示例

2. 酒店、宾馆采购部组织结构

酒店、宾馆采购部组织结构如图1-9所示。

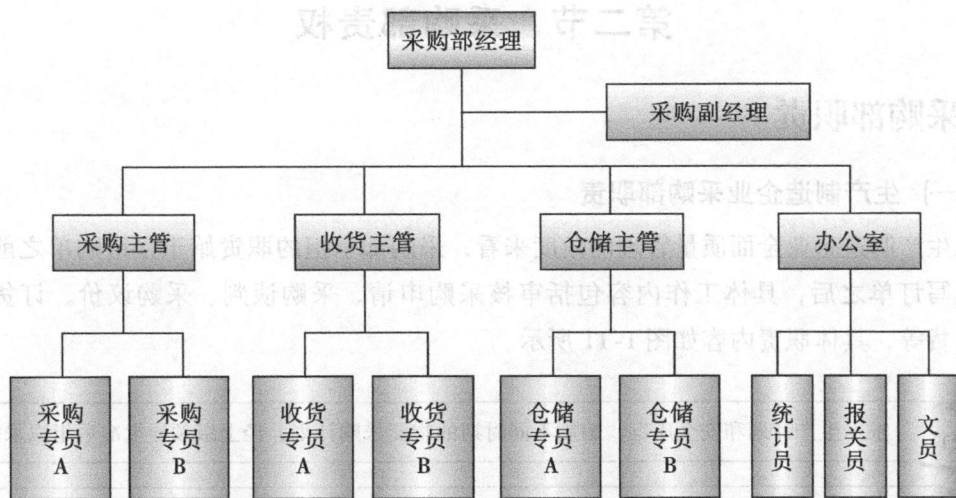

图1-9　酒店、宾馆采购部组织结构示例

3. 工程项目采购部组织结构

房地产、建筑施工企业的工程项目采购包括项目承包、分包招标采购和工程材料采购。同时，工程项目采购可分为企业统一采购、项目采购、统一采购与项目采购相结合三种采购方式。工程项目采购部组织结构如图1-10所示。

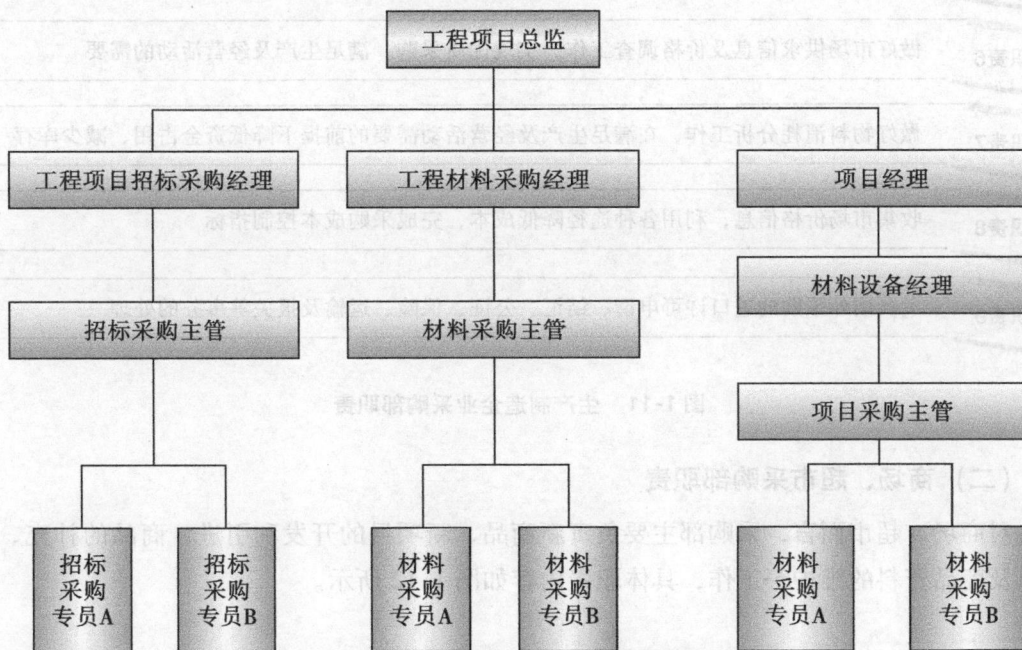

图1-10　工程项目采购部组织结构示例

第二节　采购部责权

一、采购部职责

（一）生产制造企业采购部职责

从生产制造企业全面质量管理的角度来看，采购部承担的职责始于接请购单之前，并延至填写订单之后，具体工作内容包括审核采购申请、采购谈判、采购议价、订货、验收、退货等，具体职责内容如图1-11所示。

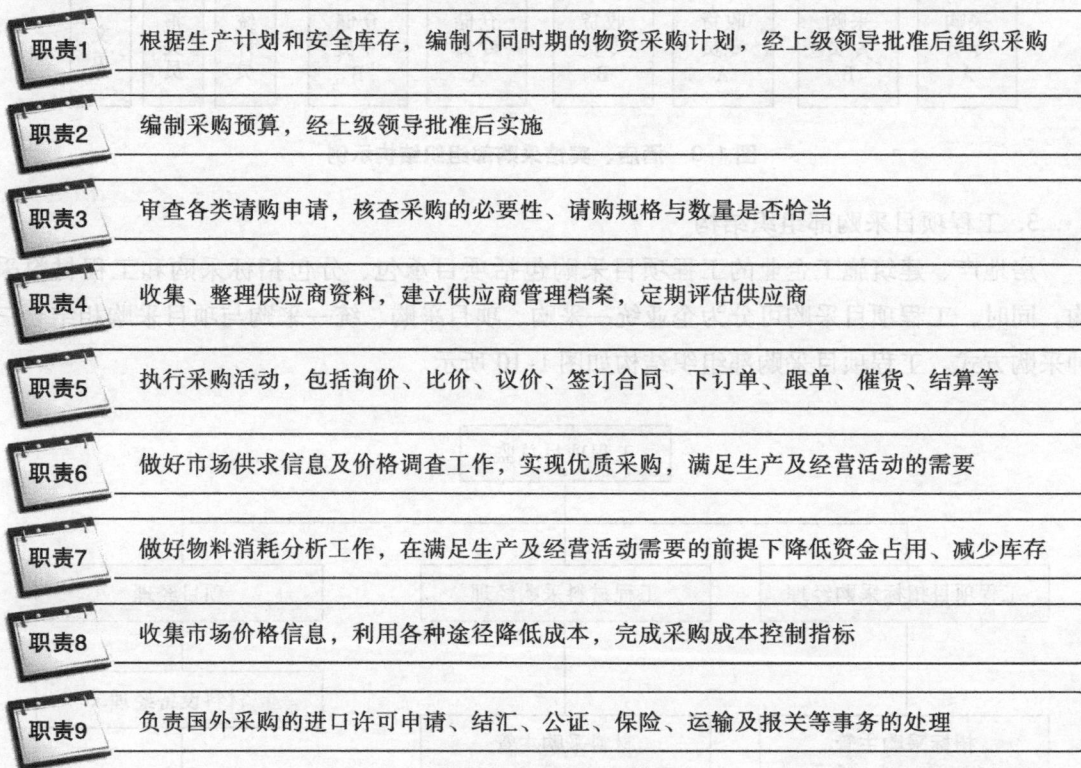

职责1	根据生产计划和安全库存，编制不同时期的物资采购计划，经上级领导批准后组织采购
职责2	编制采购预算，经上级领导批准后实施
职责3	审查各类请购申请，核查采购的必要性、请购规格与数量是否恰当
职责4	收集、整理供应商资料，建立供应商管理档案，定期评估供应商
职责5	执行采购活动，包括询价、比价、议价、签订合同、下订单、跟单、催货、结算等
职责6	做好市场供求信息及价格调查工作，实现优质采购，满足生产及经营活动的需要
职责7	做好物料消耗分析工作，在满足生产及经营活动需要的前提下降低资金占用、减少库存
职责8	收集市场价格信息，利用各种途径降低成本，完成采购成本控制指标
职责9	负责国外采购的进口许可申请、结汇、公证、保险、运输及报关等事务的处理

图1-11　生产制造企业采购部职责

（二）商场、超市采购部职责

对商场、超市而言，采购部主要负责新商品、新项目的开发和引进，商品的补充、退换以及商品资料的维护等工作，具体职责内容如图1-12所示。

| 职责1 | 确定商品定位取向，开发引进适销商品 |

| 职责2 | 通过市场调研，把握市场动态，及时调整商品结构 |

| 职责3 | 负责确定、调整商品在店内的陈列位置，增强商品的陈列效果 |

| 职责4 | 根据市场需要，组织、审核并落实商品促销活动，跟踪促销情况，提高市场竞争力 |

| 职责5 | 跟踪分店销售情况及配送中心配送信息，及时补充货源 |

| 职责6 | 及时处理滞销、损坏的商品 |

| 职责7 | 管理采购部驻店人员，加强与各分店的沟通与协调，及时传递和反馈信息 |

| 职责8 | 根据季节和促销需要对商品进行组合、加工、拆分，提高商品适销性 |

| 职责9 | 负责商品资料的维护，保证商品资料信息的准确性 |

| 职责10 | 负责采购部与分店、配送中心以及供应商之间的信息沟通 |

| 职责11 | 跟踪分析商品销售数据，为业务决策提供依据 |

| 职责12 | 负责商品采购合同档案管理工作 |

图1-12　商场、超市采购部职责

二、采购部权力

采购部的权力范围如图 1-13 所示。

权力1	有权对企业的发展、规划提出建议，有权建立采购部的规章制度
权力2	有权设定采购方式和支配额度内资金
权力3	有权代表企业选择、评估、确定合格的供应商
权力4	在计划范围内，有权代表企业对外签署采购合同
权力5	对于不合格的供应商，有权提出索赔或解除供应关系
权力6	有权对请购方式、手续权限和进度控制进行监督
权力7	在不影响企业正常经营的情况下，有权对外进行物资调配
权力8	有权处理企业废旧物资和损坏物资
权力9	有权对本部门员工的奖惩、职位调动、晋级和工作任务重新分配并提出建议

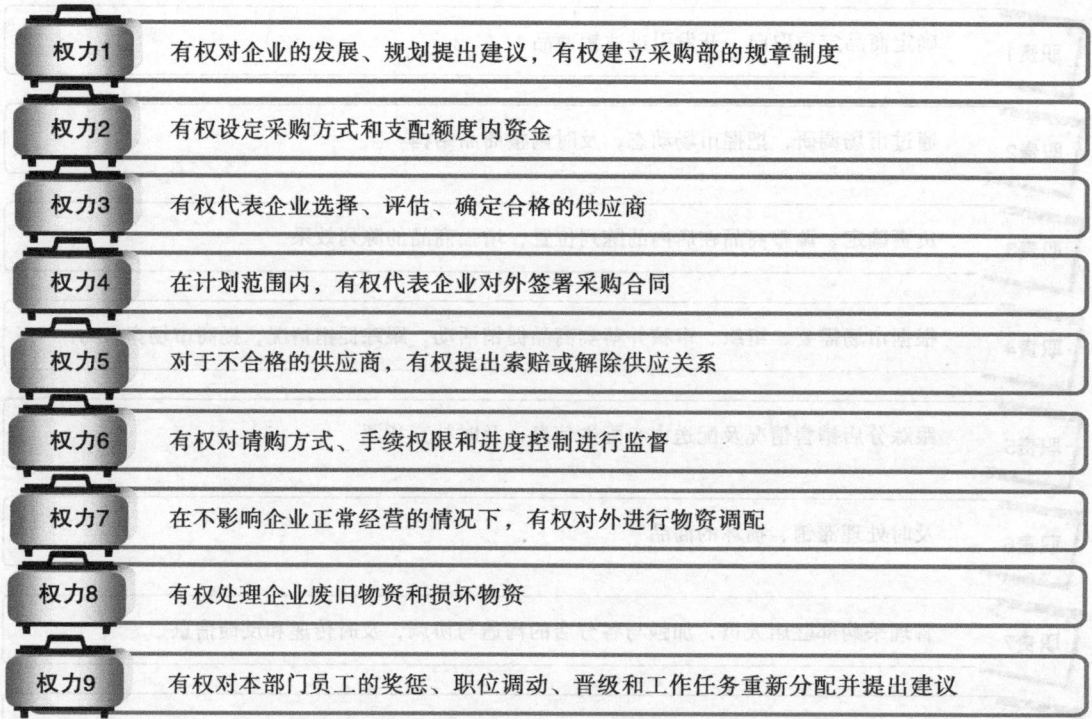

图 1-13　采购部权力

第三节　采购部管理岗位职责

一、采购总监岗位职责

采购总监的主要工作是全面主持企业采购工作，规划、指导和协调企业所需物资及相关服务的采购，确保物资供应及时，采购物资质量达标，降低采购成本。采购总监的岗位职责如表 1-1 所示。

表 1-1　采购总监岗位职责

工作大项	工作细化
1. 建立和完善企业采购管理体系	（1）分析企业内部采购需求和外部市场供需信息，根据企业经营目标制定采购战略规划，为重大采购决策提供建议和信息支持
	（2）根据企业管理规定和采购战略，组织制订采购管理相关规章制度、工作规范和工作计划，并监督和检查其执行情况
	（3）组织建立物资采购的供应系统，多方面开拓供应渠道

工作大项	工作细化
2. 审核采购相关工作	(1) 审核采购工作计划的制订、分解、实施及考核
	(2) 审核各部门呈报的年度采购计划，统筹策划和确定采购内容
	(3) 审核月度采购预算，并参加企业月度采购预算分析和平衡会议
	(4) 审查部门预算外的临时性采购需求，审核临时采购计划
3. 采购部人员管理	指导、监督、考核采购部人员的工作，根据工作需要提出人事调整建议，控制采购人事费用和人员编制

二、采购部经理岗位职责

采购部经理主要负责企业所需物资的采购及采购部的日常管理工作。采购部经理的岗位职责如表1-2所示。

表1-2　采购部经理岗位职责

工作大项	工作细化
1. 制定和完善采购制度	(1) 根据采购战略制定与采购工作相关的规章制度，经采购总监审核后贯彻执行
	(2) 根据企业采购战略制定采购部的工作方针和工作目标
	(3) 根据企业采购模式和各岗位的工作职责制定并完善企业的各项采购工作流程
	(4) 审核部门内部各岗位的工作计划，并监督落实情况
2. 控制采购成本	(1) 审核采购成本控制目标与计划，并监督其执行情况
	(2) 审核采购订单和物资调拨单，严格控制采购成本费用
	(3) 组织并做好国内外市场行情调研工作，负责采购价格的控制和价格变化趋势的预测工作
3. 供应商管理	(1) 负责指导下级员工进行供应市场调研，开发合格的供应商
	(2) 组织对供应商进行定期考核与评估
	(3) 选择并确定新的供应商，并对其进行审查
	(4) 指导下级员工做好供应商合作关系的维护工作
4. 采购谈判与合同管理	(1) 监督并参与大批量订货业务的洽谈工作，检查合同的执行进度和落实情况
	(2) 主持采购招标与采购合同评审工作，签订采购合同，建立合同台账

（续表）

工作大项	工作细化
5. 采购交期管理	全面负责采购进度控制，指导下级员工进行跟单和催货工作，展开采购交期管理，确保物资及时供应
6. 采购质量控制	（1）指导下级员工检验采购物资质量
	（2）负责采购物资废料和质量事故的预防与处理工作，并编制采购质量分析报告，呈采购总监审阅
7. 部门日常管理	负责本部门的日常管理工作与其他部门间的协调工作，完成上级领导交办的其他工作

三、采购主管岗位职责

采购主管的岗位职责是协助采购部经理完成采购管理及部门管理等工作，具体职责内容如表1-3所示。

表1-3　采购主管岗位职责

工作大项	工作细化
1. 日常工作管理	（1）协助采购部经理开展采购工作及部门管理工作
	（2）分派、指导和监督采购人员的日常工作
	（3）协助采购稽核员开展检查工作，监督采购人员行为，防止出现索贿、受贿等事件
2. 编制采购计划及预算	（1）根据企业年度经营计划及本部门的工作目标编制采购计划，报采购部经理审核
	（2）在采购部经理指导下编制采购预算，并控制采购费用
3. 供应商考评与维护	（1）开展供应商评审与评估工作，对供应商的各项能力进行考评，并协助通过企业评审的供应商进行认证
	（2）负责供应商的维护和考核，协助采购部经理完成优秀供应商的奖励和不合格供应商的处理工作
4. 采购合同管理	负责签订小额采购合同，对大额采购合同进行评审并交由采购部经理签订
5. 采购物资验收管理	（1）组织与协调各部门进行采购物资的接收和检验工作，若发现不合格物资，则应及时联络供应商进行处理
	（2）编制物资接收的单据，协助仓储部等部门完成采购物资的入库工作

（续表）

工作大项	工作细化
6. 采购成本控制	（1）编制降低采购成本的方案
	（2）组织实施各类采购成本控制措施，核定采购订货数量、订货费用和库存水平

四、采购稽核员岗位职责

采购稽核员的岗位职责是负责稽核采购人员及其采购行为，以确保采购人员的行为符合企业规范，具体职责内容如表1-4所示。

表1-4　采购稽核员岗位职责

工作大项	工作细化
1. 企业内部制度稽核	（1）对企业采购内部控制制度的建立和执行情况进行检查与评价
	（2）稽核采购人员的行为规范及采购流程等
2. 采购工作稽核	（1）稽核采购需求的合理性
	（2）稽核采购物资与服务的价格
	（3）检查采购招标、比价和议价等是否依据相关规定办理
	（4）稽核供应商的选择与评审、采购价格谈判等过程
	（5）检查采购物资的质量与数量
3. 采购合同审查	审核采购合同内容是否符合法律、法规的规定，并检查合同的执行情况
4. 采购人员监督	（1）监督采购人员的日常工作行为
	（2）检查采购人员对相关规章制度的执行情况

第二章　采购计划管理

第一节　采购计划管理岗位职责

一、采购计划主管岗位职责

采购计划主管在采购部经理的指导下全面管理企业的采购计划，组织编制采购计划和采购预算，并对执行情况进行监督检查，确保企业的生产经营活动顺利、有序地进行。采购计划主管的岗位职责如表2-1所示。

表2-1　采购计划主管岗位职责

工作大项	工作细化
1. 制订采购计划	（1）根据企业年度生产计划、销售计划和经营发展战略等制订年度采购计划，并对其进行分解
	（2）汇总企业及各部门的物资月度申购计划，结合年度采购计划，制订详细的月度采购计划
	（3）根据采购计划的执行情况编制增补计划或临时计划
2. 监控采购计划执行	（1）监控采购计划的执行过程，并定期向采购部经理汇报采购计划的执行情况
	（2）评审采购计划的达成情况
	（3）平衡采购计划，并根据生产、销售的实际情况调整采购供货期
3. 库存控制	（1）监控库存变化，及时补充库存，使库存维持合理的结构及数量水平
	（2）实时掌握物资的库存情况，对订购的物资从订购至到货实行全程跟踪
4. 处理其他工作	（1）深入了解市场的竞争态势，多方收集供应商信息，不断拓宽供货渠道
	（2）完成上级领导交办的其他工作

二、采购计划专员岗位职责

采购计划专员的岗位职责是协助采购计划主管编制采购计划，具体职责内容如表2-2所示。

表2-2　采购计划专员岗位职责

工作大项	工作细化
1. 编制采购预算	（1）收集采购预算的编制依据，编制年度采购预算并报上级领导审批
	（2）根据采购需求的变化情况提出采购预算修正案，并报上级领导审批
2. 监督采购预算执行	（1）根据采购预算的执行情况编制采购预算分析报告
	（2）监督采购预算的执行情况，确保采购预算不超支
	（3）落实采取成本控制措施，审核采购支出

三、采购预算专员岗位职责

采购预算专员的岗位职责是协助采购计划主管编制采购预算，并监督预算的执行情况，具体职责内容如表2-3所示。

表2-3　采购预算专员岗位职责

工作大项	工作细化
1. 接受各部门的请购需求	（1）负责收集各部门上交的"请购单"
	（2）汇总各部门的请购需求，确定物资的总需求量
2. 编制采购计划	（1）协助采购计划主管编制单项采购工作计划，并及时报上级领导审批
	（2）根据采购计划的执行情况协助采购计划主管编制增补计划或临时计划
	（3）根据需求计划编制采购订单，选择合理时间和批量下订单

第二节　采购计划管理制度

一、采购计划编制制度

下面是某企业的采购计划编制制度，供读者参考。

制度名称	采购计划编制制度	编　　号	
		执行部门	

第1条　目的。

为编制合理的采购计划，加强对采购计划的管理，确保公司的生产经营活动顺利、有序地进行，特制定本制度。

（续）

第 2 条　适用范围。

本制度适用于公司采购计划的编制工作。

第 3 条　管理职责。

采购计划主管在采购部经理的指导下负责组织编制年度、季度、月度采购计划，并严格监督其执行情况。

第 4 条　编制采购计划的重要性。

1. 预估用料数量、交期，防止断料，确保生产经营活动正常进行。

2. 避免库存过多、资金积压、空间浪费。

3. 配合公司资金运用、周转，配合生产、销售计划的顺利达成。

4. 指导采购作业。

第 5 条　采购计划分类。

公司采购计划包括但不限于以下三类：年度采购计划、月度采购计划和日采购计划。

　1. 年度采购计划是指根据公司年度经营计划，在对市场信息和需求信息进行充分分析与收集的基础上，依据往年历史数据对比预测制订的采购计划。

　2. 月度采购计划是指在对年度采购计划进行分解的基础上，依据上月实际采购情况、库存情况和市场行情等制订的采购计划。

　3. 日采购计划是指在对月度采购计划进行分解的基础上，依据各部门每日经营所需物资的汇总及审核制订的采购计划。

第 6 条　采购计划的编制依据。

　采购部在编制采购计划时应考虑经营计划、需求部门的采购申请、年度采购预算、库存情况、公司资金供应情况等相关因素。

第 7 条　采购计划的编制步骤。

采购计划的编制步骤如下图所示。

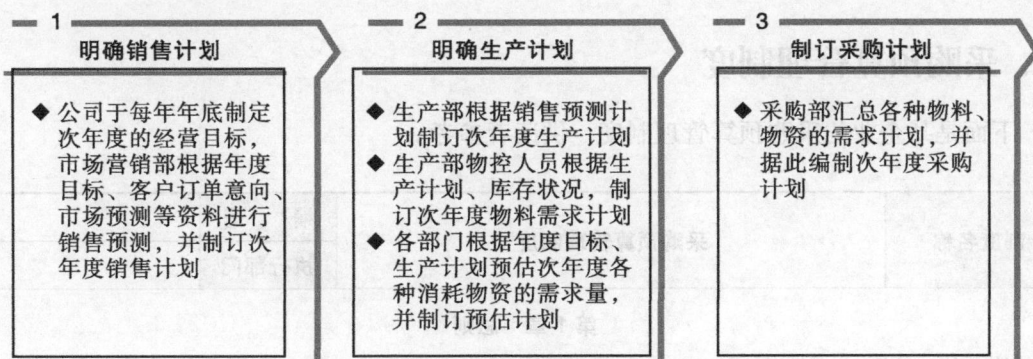

1 明确销售计划	2 明确生产计划	3 制订采购计划
◆ 公司于每年年底制定次年度的经营目标，市场营销部根据年度目标、客户订单意向、市场预测等资料进行销售预测，并制订次年度销售计划	◆ 生产部根据销售预测计划制订次年度生产计划 ◆ 生产部物控人员根据生产计划、库存状况，制订次年度物料需求计划 ◆ 各部门根据年度目标、生产计划预估次年度各种消耗物资的需求量，并制订预估计划	◆ 采购部汇总各种物料、物资的需求计划，并据此编制次年度采购计划

采购计划的编制步骤

（续）

第8条　采购计划编制注意事项。

采购部在编制采购计划时应注意以下事项。

1. 采购计划要避免过于乐观或保守。

2. 考虑公司年度目标达成的可能性。

3. 生产、销售计划的可行性和预见问题。

4. 物料需求与物料清单、库存状况的确定性。

5. 物料标准成本的影响。

6. 保障生产与降低库存的平衡。

7. 物料采购价格和市场供需的可能变化。

第9条　采购计划专员应审查各部门的申请采购物资是否能由现有库存满足或有无可替代的物资，只有现有库存不能满足的申请采购物资才能列入采购计划中。

第10条　如果"采购申请表"中所列的物资为公司内其他部门所生产的产品，在质量、性能、交期、价格相同的情况下，需采用公司产品。

第11条　对于已申请的采购物资，请购部门若需要变更规格、数量或撤销请购申请时，必须立即通知采购部，以便采购部及时根据实际情况更改采购计划。

第12条　如遇急需物资，请购部门应填写"紧急采购申请表"，由该部门负责人审核签字后，报公司主管副总核准后列入采购范围。

第13条　采购计划应同时报送财务部审核，以利于公司资金的安排。

第14条　采购部负责本制度的制定、解释、修订、废止等工作。

第15条　本制度自公布之日起执行。

编制人员		审核人员		批准人员	
编制日期		审核日期		批准日期	

二、采购预算管理制度

下面是某企业的采购预算管理制度，供读者参考。

制度名称	采购预算管理制度		编　号	
			执行部门	

第1章　总则

第1条　目的。

为加强对公司采购预算的管理，有效控制采购成本，特制定本制度。

（续）

第2条　适用范围。

本制度适用于公司采购预算管理工作。

第3条　管理职责。

1. 采购部负责根据采购计划编制采购预算，并严格执行。

2. 财务部协助采购部编制采购预算，整合公司整体预算，并监督采购预算的执行情况。

3. 总经理负责审批采购预算。

第2章　采购预算的编制

第4条　采购预算的编制目标。

1. 采购部凭采购预算进行采购，并控制采购费用的支出。

2. 方便财务部据此筹措和安排采购所需的资金，保证资金支付的准确性与及时性。

第5条　采购预算的编制依据。

1. 生产经营所需的物资数量。

2. 预计物资期末库存量。

3. 本期计划末结转库存量。结转库存量由仓储部和采购部根据各种物资的安全库存量和提前采购期进行确认。

4. 物资计划价格。物资计划价格由采购部根据物资的当前价格并结合可能影响物资价格变化的因素进行确定。

第6条　影响采购预算编制的因素。

在编制采购预算时，相关部门负责人应充分考虑以下影响采购预算的五项因素。

1. 采购环境。

2. 公司销售计划。

3. 物资使用清单。

4. 存量管制卡。

5. 物料标准成本的设定。

第7条　采购预算的编制方法。

采购部必须根据物资采购的具体内容选择合适的采购预算方法，如固定预算、弹性预算、滚动预算、增量预算、零基预算、定期预算等。

第8条　采购预算的编制步骤。

1. 采购部应采用目标数据与历史数据相结合的方法确定预算数，并据此编制采购预算草案，报财务部审核。在编制采购预算的过程中，采购部必须对预算留有适当的余量，以应付可能出现的紧急采购情况。

2. 采购部应与财务部进行协商，在充分考虑公司的现实状况、市场状况和公司预算整体的基础上，综合平衡采购预算草案。

3. 采购部应根据平衡过的采购预算草案编制正式的采购预算，并报主管副总与总经理审批。

（续）

第3章 采购预算的执行与调整

第9条 采购预算的执行。

1. 经核定的分期采购预算，当期未动用的，不得保留；如确有需要，下期补办相关手续。

2. 未列入预算的紧急采购，由使用部门领用后，补办追加相关手续。

3. 采购预算由使用部门严格执行，其他部门予以监督。

4. 预算外的采购必须经采购部经理、主管副总、总经理逐级审批后方可执行，否则必须按采购预算相关内容办理。

第10条 采购预算的调整。

采购预算的调整审批程序必须与编制审批程序保持一致，不得更改。如遇有下列情况之一者，采购预算需要进行调整。

1. 公司经营方向发生变更。

2. 受重大自然灾害的影响。

3. 公司内部重大政策调整。

4. 外界发生重大事件，如政治经济事件、宏观政策的调整等。

5. 市场经济形势发生重大变化，导致公司经营目标需要调整。

第4章 附则

第11条 本制度由采购部负责解释。

第12条 本制度自公布之日起执行。

编制人员		审核人员		批准人员	
编制日期		审核日期		批准日期	

三、月度采购计划管理制度

下面是某企业的月度采购计划管理制度，供读者参考。

制度名称	月度采购计划管理制度	编　　号	
		执行部门	

第1章 总则

第1条 目的。

为加强月度采购计划的编制、审核、执行、增补等管理工作，对预算外的采购计划进行审批，指导采购作业，有效降低采购成本，满足生产经营的需求，现结合公司的实际情况，特制定本制度。

第2条 适用范围。

本制度适用于公司所有的原材料、仪器仪表、固定资产、设备、备品备件、各种生产及非生产性低值易耗品等物资的月度采购计划的编制、审核、下达、增补、执行等各项相关工作。

（续）

第2章　月度采购计划的制订与审批

第3条　采购部应及时跟相关需求上报部门确认采购提前期，并共享采购提前期信息。

第4条　向部门负责人上报需求计划时，需参考采购提前期，制订滚动需求计划。

第5条　超预算采购计划须经主管副总、财务部经理审核。

第6条　采购计划专员将采购计划（去除价格信息）递送需求部门和仓储部。

第7条　对于双方已确认采购提前期而要求提前供货的物资需求，需求部门应说明原因，采购计划专员对该种情况进行记录与统计。

第8条　采购计划主管与采购计划专员编制月度采购计划时，采购主管须安排人员配合工作，以保证月度采购计划的准确性。

第9条　本月计划物资应在本月内采购。

第10条　月度采购计划的制订程序。

1. 采购部经理参与生产计划的制订和变动调整，制订物料需求计划。

2. 采购计划专员每月1日根据各需求部门提交的年度采购计划调整申请，月度材料、备件、固定资产需求计划，仓储部提交的收发存报表，以及公司物资需求计划和年度采购计划等，结合月底库存量、安全库存量和采购提前期编制月度采购计划。

3. 采购计划专员根据历史交易价格和供应商信息，在月度采购计划上填制价格信息和预计到货日，提交正式的月度采购计划。

第11条　月度采购计划的审批程序。

1. 每月2日下午，采购部经理审核采购计划专员上报的月度采购计划，不同意则返回采购计划专员重新编制，同意即签署肯定意见。

2. 月度采购计划总金额如在预算内，直接报财务部审核，否则报主管副总审核。

3. 月度采购计划总金额如超预算，主管副总每月2日下午根据实际情况审核月度采购计划，同意后递送财务部；主管副总如不同意月度采购计划，应组织各部门协调，采购计划专员必须重新调整月度采购计划。

4. 每月3日，财务部经理根据年度预算判断月度采购计划是否在预算内，如在预算内，签署意见后转回采购部，否则报主管财务副总审核。

5. 主管财务副总根据资金状况和实际需求审核超预算计划，同意后转回采购部，否则采购部计划专员必须重新调整月度采购计划。

6. 每月5日，采购计划专员收到财务部经理或主管财务副总审核下达的月度采购计划（去除价格因素）后，将其分解下发至采购专员及需求部门和仓储部等相关部门。

第12条　国际物资采购计划须在每月3日前报采购部经理、财务部、主管副总审核和总经理审批。

第3章　月度采购计划增补办理

第13条　需求部门的增补采购计划须经部门经理审核同意。

（续）

第14条　采购部经理、主管副总和财务部经理审核增补采购计划。

第15条　采购计划专员月底统计增补采购计划数，并分析原因。

第16条　增补的物资应是对生产经营活动有重要影响、必须紧急订购的物资。

第17条　增补采购计划必须附详细说明。

第18条　非生产类采购计划增补申请。

1. 非生产类采购计划增补由需求部门申请人员根据需要编制"增补需求计划申请表"。

2. 需求部门经理根据实际需要审核本部门"增补需求计划申请表"。

3. 需求部门经理审核同意"增补需求计划申请表"后，申请人员在部门经理的指导下准备必要的说明和支持文件。

4. 主管副总根据实际需要审核"增补需求计划申请表"及必要的说明和支持文件。

5. 需求相关部门申请人员将主管副总审核同意的"增补需求计划申请表"及必要的说明和支持文件递送采购计划专员。

第19条　仓储安全预警。

1. 仓储部发现库存低于安全库存预警线时应编制"安全库存预警单"，并递送采购部。

2. 采购计划专员接到"安全库存预警单"后，判断月度采购计划是否已执行完毕。

3. 采购计划专员根据"安全库存预警单"分析原因并及时进行处理。

第20条　当出现以下情况之一时，相关人员须补报"增补需求计划申请表"。

1. 需求部门临时订单。

2. 不可预期设备损坏。

3. 生产、经营临时需求。

4. 月度采购计划已执行完毕又接到"安全库存预警单"。

5. 其他情况。

第21条　月度增补采购计划的审批程序。

1. 需求部门经理审核"增补需求计划申请表"，同意后签署意见并将表单递送采购部。

2. 采购计划专员接到需求部门提交的"增补需求计划申请表"后，应于一个工作日内编制月度增补采购计划。

3. 采购部经理于半个工作日内审核月度增补采购计划，若不同意，则转回采购计划专员，要求其重新编制。

4. 主管副总于一个工作日内审核经采购部经理同意的非生产类和采购金额高于五万元的生产类月度增补采购计划。

5. 采购计划专员将采购部经理或主管副总审核同意的月度增补采购计划递送财务部。

6. 财务部经理根据资金状况，针对月度增补采购计划签署部门意见，并在半个工作日内将采购金额低于五万元的生产类月度增补采购计划直接反馈给采购部。

7. 非生产类和采购金额高于五万元的生产类增补计划由主管财务副总在半个工作日内审核完毕。

（续）

8. 经主管财务副总审核过的月度增补采购计划应及时反馈给采购部，采购部去除价格因素后抄送需求部门。

第4章　附则

第 22 条　本制度由采购部制定，解释权和修订权归采购部所有。

第 23 条　本制度自公布之日起执行。

编制人员		审核人员		批准人员	
编制日期		审核日期		批准日期	

第三节　采购计划管理表格

一、采购申请单

编号：　　　　　　　　　　　　　　　　　　　　　日期：＿＿＿年＿＿月＿＿日

申请部门		部门编号		项目编号	
需求时间		收货地址		联系人	
				联系电话	
申请理由					
采购对象	□ 固定资产　　　　□ 生产用料　　　　□ 办公用品（家具、文具） □ 办公用品（其他）　　□ 低值易耗品　　　□ 其他				

采购项目描述	名称	规格	用途	数量	需求日期	预计单价	金额

预算情况	年度预算	已用预算	部门可用预算	预算编号	尚余预算

审核	财务部		申请人	
	使用部门经理		预算负责人	

23

二、生产请购单

编号：　　　　　　　　　　　　　　　　　　　　　　　　　　　日期：＿＿＿年＿＿月＿＿日

<table>
<tr><td rowspan="6">请购项目</td><td colspan="2"></td><td>品名</td><td colspan="2">规格</td><td colspan="2">料号</td><td colspan="2">部门</td><td>数量</td></tr>
<tr><td rowspan="4">用途说明</td><td rowspan="4"></td><td colspan="2">需要日期</td><td></td><td colspan="2">预算编号</td><td></td></tr>
<tr><td colspan="2">总经理</td><td></td><td colspan="2">生产部经理</td><td></td></tr>
<tr><td colspan="2">采购总监</td><td></td><td colspan="2">经办人</td><td></td></tr>
<tr><td>料别</td><td colspan="2">□原料</td><td colspan="2">□物料</td><td colspan="2">□设备</td><td colspan="2">□零配件</td><td>□其他</td></tr>
<tr><td>交货情况</td><td colspan="2">□一次交货</td><td colspan="2">□分批</td><td></td><td></td><td></td><td></td></tr>
<tr><td rowspan="6">询价记录</td><td>供应商名称</td><td>单价</td><td>总价</td><td>交货期及品质</td><td>供应商选择</td><td rowspan="4">参考资料</td><td>库存量</td><td></td><td>可用天数</td><td></td></tr>
<tr><td></td><td></td><td></td><td></td><td></td><td>请购量</td><td></td><td>可用天数</td><td></td></tr>
<tr><td></td><td></td><td></td><td></td><td></td><td>前次购买单价</td><td></td><td>供应商</td><td></td></tr>
<tr><td></td><td></td><td></td><td></td><td></td><td colspan="2">总经理</td><td></td><td>采购部经理</td><td></td></tr>
<tr><td></td><td></td><td></td><td></td><td></td><td colspan="2">主管副总</td><td></td><td>采购专员</td><td></td></tr>
</table>

三、设备采购申请表

<table>
<tr><td>序号</td><td>名称</td><td>规格型号</td><td>零件编号</td><td>数量</td><td>单位</td><td>参考单价</td><td>要求到货时间</td><td>购买单价</td><td>备注</td></tr>
<tr><td>1</td><td></td><td></td><td></td><td></td><td></td><td></td><td></td><td></td><td></td></tr>
<tr><td>2</td><td></td><td></td><td></td><td></td><td></td><td></td><td></td><td></td><td></td></tr>
<tr><td>3</td><td></td><td></td><td></td><td></td><td></td><td></td><td></td><td></td><td></td></tr>
<tr><td rowspan="2">申请部门</td><td>经办人</td><td colspan="4"></td><td rowspan="2">备注</td><td colspan="3"></td></tr>
<tr><td>负责人</td><td colspan="4"></td><td colspan="3"></td></tr>
<tr><td rowspan="2">审批意见</td><td colspan="2">设备部经理</td><td colspan="2">采购部经理</td><td colspan="3">主管副总</td><td colspan="2">总经理</td></tr>
<tr><td colspan="2"></td><td colspan="2"></td><td colspan="3"></td><td colspan="2"></td></tr>
</table>

（续表）

完成情况	订货期	___年_月_日	订货人		预计到货期	_月_日（如在_月_日前收不到货，请与订货人联系）	
	收货期	___年_月_日	收货人		数量型号是否相符	有无合格证	
						有无说明书	
	收货情况简述						
供应商资料	名称		联系人				
	地址		邮编				
	电话		传真				
	开户行		账号				

四、物资采购计划表

编号：   日期：___年_月_日

物资名称	规格	部门	全年采购总量	单价	金额	每月采购计划						
						1月		2月		3月		……
						数量	金额	数量	金额	数量	金额	……	……

批准日期：___年_月_日   审核日期：___年_月_日   编制人：

五、订单采购计划表

编号：   日期：___年_月_日

物资名称	品名规格	适用产品	上旬		中旬		下旬		库存量	订购量
			单号	用量	单号	用量	单号	用量		

六、项目采购计划表

编号：   日期：____年__月__日

制表人			项目名称					项目经理				
采购计划编号	采购物资名称	规格型号	单位	数量	单项金额	询价时间	订货时间	签订合同时间	到货时间	采购方式	采购负责人	备注
采购金额总计												

七、年度采购预算表

编号：   日期：____年__月__日

年度预算总额												
季度预算	第一季度			第二季度			第三季度			第四季度			备注
采购项目	1月	2月	3月	4月	5月	6月	7月	8月	9月	10月	11月	12月	累计
物资A												
物资B												
……												

八、采购现金预算表

填表人：   采购部经理：

序号	物资类别	1月			2月			3月			……
		新购	预付	到期	新购	预付	到期	新购	预付	到期	……
1											
2											
3											
……											

审批：   审核：

九、计划外采购申请表

项目名称			需求时间	
项目预算总额			项目负责人	
			联系电话	
项目类型	□ 办公设备采购　□ 生产材料采购 □ 办公用品采购　□ 生产用仪器设备采购 □ 工程建设采购　□ 其他		申请采购方式	□ 招标采购 □ 比价采购 □ 国际采购 □ 网络采购
申请理由	负责人签字：		___年__月__日（公章）	
采购部 审核意见	负责人签字：		___年__月__日（公章）	
财务部 审核意见	负责人签字：		___年__月__日（公章）	
总经理意见	负责人签字：		___年__月__日（公章）	

十、采购变更申请审批表

请购部门			原请购单编号	
品名		规格	采购日期	
变动内容				
变动原因				
联系电话		经办人		
采购部 意见	采购专员		日期：___年__月__日	
	采购主管		日期：___年__月__日	
	采购部经理		（盖章）___年__月__日	
财务部 核准意见	经办人		日期：___年__月__日	
	负责人		（盖章）___年__月__日	
主管副总			（盖章）___年__月__日	
总经理			（盖章）___年__月__日	
备注	1. 随附资料包括原采购请购书复印件、已采购合同复印件。 2. 本表一式四份，请购部门、采购部、财务部、仓储部各一份。			

第四节 采购计划管理流程

一、采购计划工作流程

1. 采购计划工作流程示例

	总经理	采购总监	采购部	相关部门

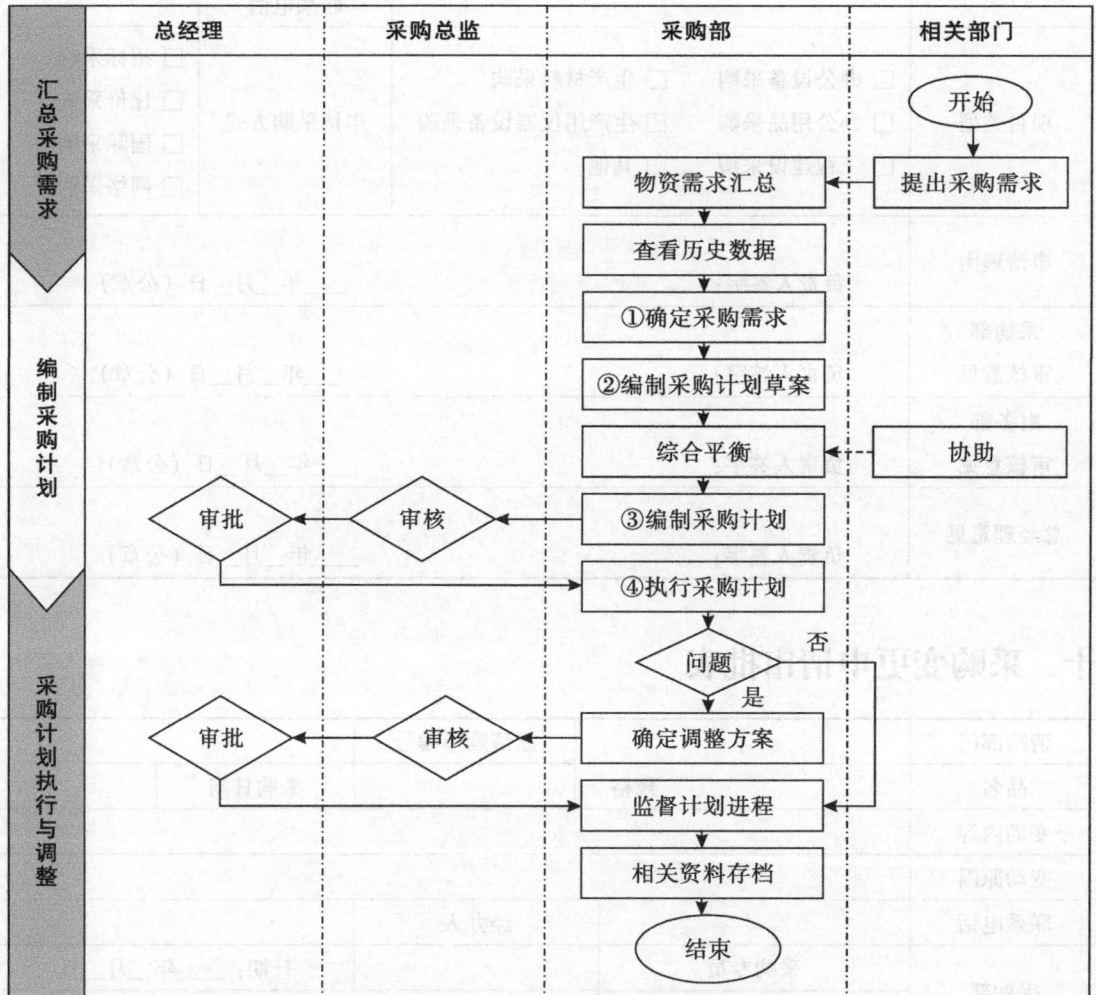

流程（左侧分段）：
- 汇总采购需求
- 编制采购计划
- 采购计划执行与调整

流程图内容：
开始 → 提出采购需求 → 物资需求汇总 → 查看历史数据 → ①确定采购需求 → ②编制采购计划草案 → 综合平衡（协助） → ③编制采购计划 → 审核 → 审批 → ④执行采购计划 → 问题（否/是）→ 确定调整方案 → 审核 → 审批 → 监督计划进程 → 相关资料存档 → 结束

2. 采购计划工作流程关键节点说明

任务概要	采购计划工作
关键节点	相关说明
①	采购部汇总各部门的采购需求，结合上年度生产销售状况和本年度经营目标，确定本年度采购需求，包括采购物资类别、采购数量、采购金额、采购方式等内容

（续表）

关键节点	相关说明
②	采购预算专员根据已确定的采购需求进行采购预算，并与财务部协商进行试算平衡后，编制正式的采购预算并报采购总监与总经理审批
③	采购计划专员根据采购需求、预算等制订采购计划，报采购总监审核、总经理审批
④	经相关领导审批后，采购部严格执行采购计划，若发现异常问题，则应调整相关预算与计划，采购计划与预算的调整需由授权人员进行审核

二、采购预算管理流程

1. 采购预算管理流程示例

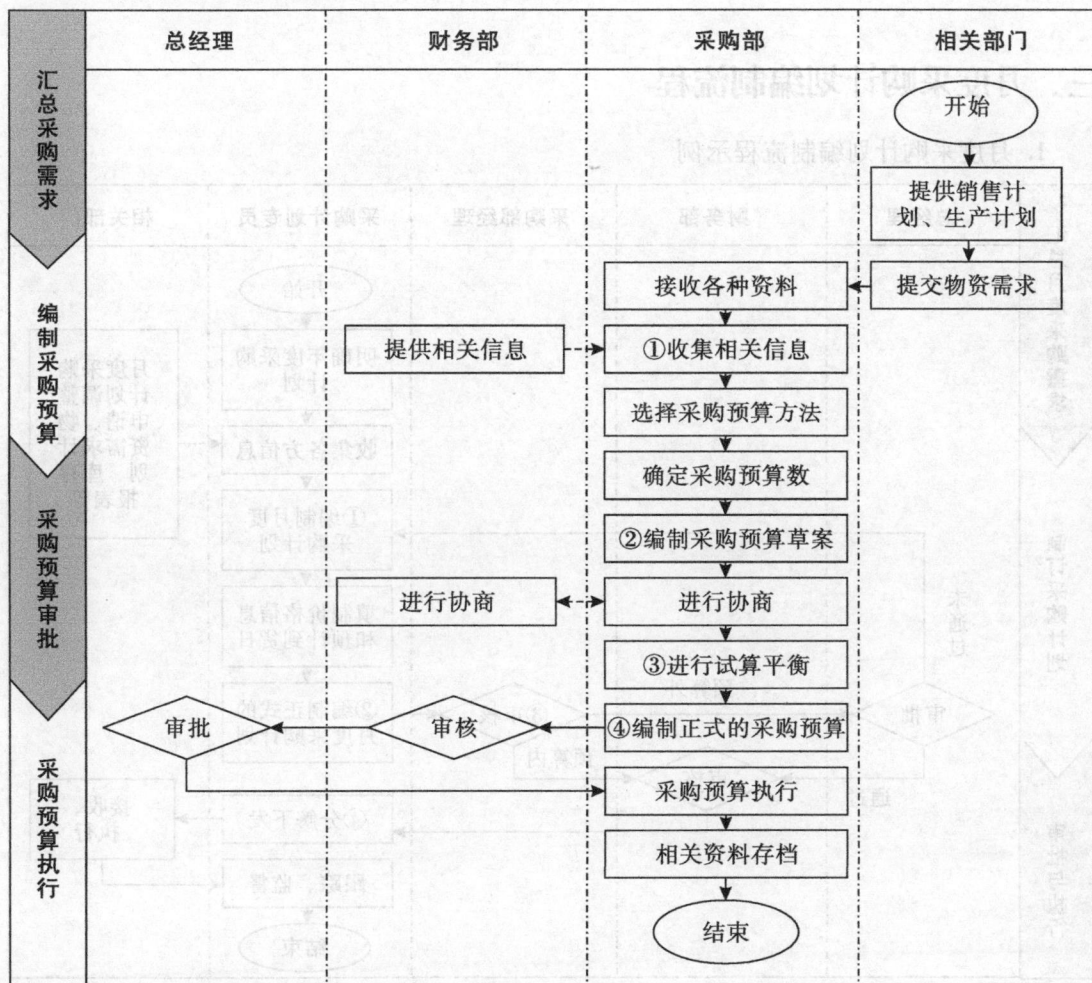

	总经理	财务部	采购部	相关部门
汇总采购需求				开始 → 提供销售计划、生产计划 → 提交物资需求
编制采购预算		提供相关信息	接收各种资料 → ①收集相关信息 → 选择采购预算方法 → 确定采购预算数 → ②编制采购预算草案	
采购预算审批	审批	进行协商 / 审核	进行协商 → ③进行试算平衡 → ④编制正式的采购预算	
采购预算执行			采购预算执行 → 相关资料存档 → 结束	

29

2. 采购预算管理流程关键节点说明

任务概要	采购预算管理
关键节点	相关说明
①	采购部收集并整理由仓储部提供的物资需求计划，财务部提供的上年度物资单价，次年度汇率、利率等各项预算基准以及相关市场信息等资料
②	采购预算专员对收集到的资料进行分析，据此选择采购预算方法，确定采购数量，编制采购预算草案，报财务部审核
③	采购部与财务部进行协商，在充分考虑企业现实资金状况、市场状况和公司预算整体的基础上，对采购预算草案进行试算平衡
④	采购部根据试算平衡后的采购计划草案编制正式的采购预算，并报相关领导审批后严格执行

三、月度采购计划编制流程

1. 月度采购计划编制流程示例

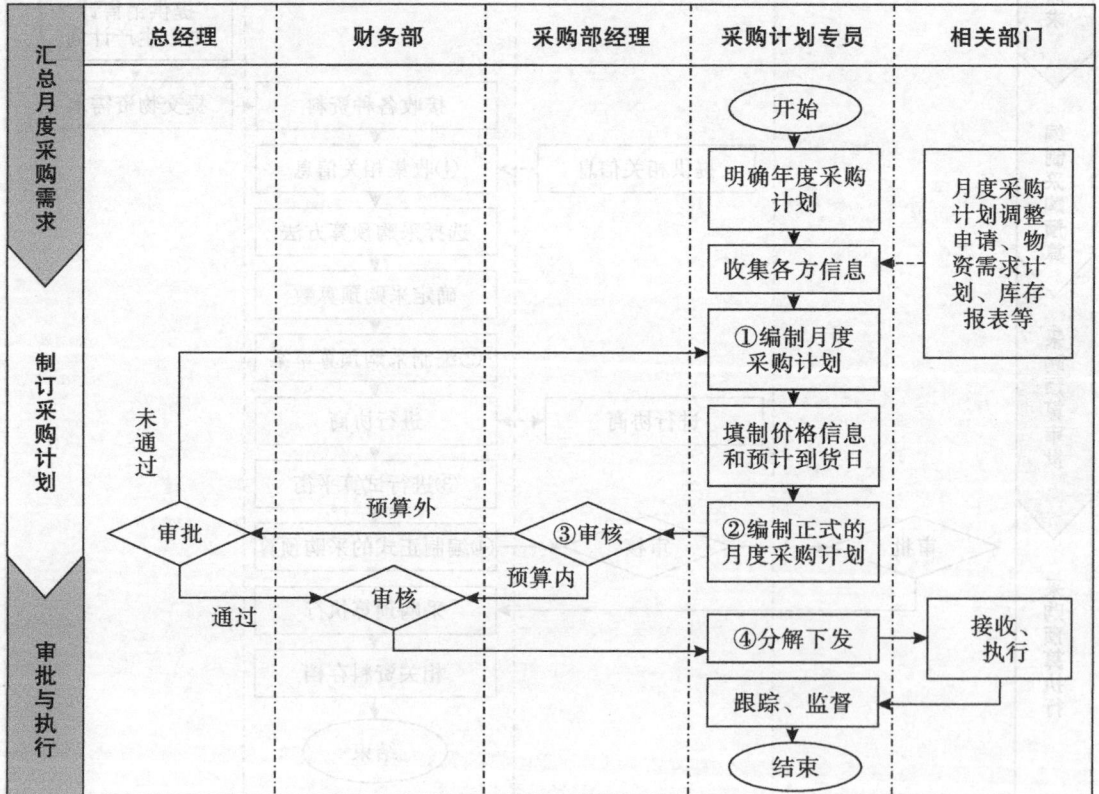

30

2. 月度采购计划编制流程关键节点说明

任务概要	月度采购计划编制
关键节点	相关说明
①	采购计划专员明确年度采购计划，并根据月度采购计划调整申请、库存报表、采购提前期等因素编制月度采购计划
②	采购计划专员根据历史交易价格和供应商信息，在月度采购计划上填制价格信息和预计到货日，并提交正式的月度采购计划
③	采购部经理审核月度采购计划，如在预算内，可直接递送财务部；如在预算外，则报总经理审批后再转交财务部
④	经财务部审核后，采购计划专员将月度采购计划除去价格信息后递送需求部门及仓储部，并监督采购部执行月度采购计划

四、月度采购计划增补流程

1. 月度采购计划增补流程示例

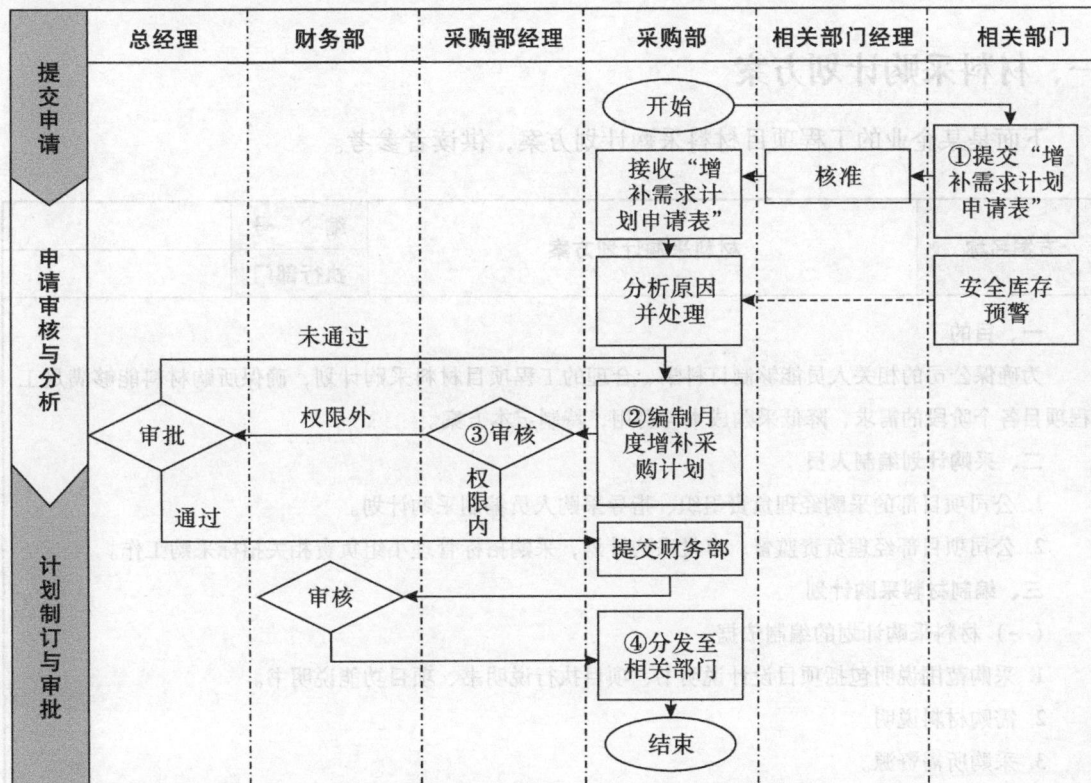

2. 月度采购计划增补流程关键节点说明

任务概要	月度采购计划增补
关键节点	相关说明
①	需求部门申请人员按实际需要编写"增补需求计划申请表"，报部门经理审核并签字后，准备必要的说明文件递送采购部
②	采购部接收"增补需求计划申请表"和仓储部发来的"安全库存预警单"，分析原因并及时处理，编制月度增补采购计划
③	采购部经理审核月度增补采购计划，若是非生产类和采购金额高于五万元的生产类紧急采购，则需报总经理审批
④	采购部将月度增补采购计划报财务部审核，经财务部审核后，采购部发放月度增补采购计划

第五节　采购计划管理方案

一、材料采购计划方案

下面是某企业的工程项目材料采购计划方案，供读者参考。

方案名称	材料采购计划方案	编　号	
		执行部门	

一、目的

为确保公司的相关人员能够制订科学、合理的工程项目材料采购计划，确保所购材料能够满足工程项目各个阶段的需求，降低采购成本与费用，特制定本方案。

二、采购计划编制人员

1. 公司项目部的采购经理负责组织、指导采购人员编制采购计划。

2. 公司项目部经理负责监督、审批采购计划，采购招标管理小组负责相关招标采购工作。

三、编制材料采购计划

（一）材料采购计划的编制依据

1. 采购范围说明包括项目设计说明书、项目执行说明书、项目功能说明书。

2. 需购材料说明。

3. 采购所需资源。

（续）

4. 需购材料的市场状况。

5. 相关计划结果。

6. 采购时的制约条件与基本假设。

（二）材料采购计划的编制程序

1. 收集采购材料信息。

2. 分析需购材料的库存及采购数量。

3. 确定采购方式。

4. 预测采购成本与费用。

5. 编制正式的采购计划并报审。

（三）编制材料采购计划

1. 确定采购需求。

2. 预测采购风险。

3. 采购方式与合同类型的选择。

4. 采购计划文件。

四、编制材料采购预算

根据材料采购计划，采购预算专员负责编制材料采购预算。"材料采购预算表"如下表所示。

材料采购预算表

材料类别	材料名称	采购数量	单价	采购周期	材料成本	人工成本	总成本
总计	材料 总预算		人工 总预算			材料采购 总预算	

五、材料采购计划文件管理

材料采购计划文件由材料采购计划表、材料采购作业计划、材料采购要求说明和采购工作文件组成。

（续）

（一）材料采购计划表

材料采购计划表

编号：   日期：___年__月__日

材料名称	规格	经济定量	项目使用阶段	采购方式	交货期	采购等级	责任人

（二）材料采购作业计划表

材料采购作业计划表

采购阶段	实施项目	开始时间	结束时间	责任人	备注
采购准备阶段	收集采购资料				
	确定采购需求				
	确定采购材料并分类				
	选择供应商				
	执行招标计划				
采购实施阶段	向供应商询价并确定价格				
	进行采购招标				
	与供应商签订采购合同				
	执行采购合同				
材料验收阶段	验收采购材料				
	完成采购扫尾工作				

（续）

（三）材料采购说明表

材料采购说明表

材料类别	包含内容				关键指标	预算总额
	编号	名称	数量	单价		
					1.	
					2.	
					3.	
					1.	
					2.	
					3.	
预算金额总计						

（四）采购工作文件

采购工作文件包括招标书、询价单、谈判邀请书、初步合作意见书、供应商调查表等。此类文书可参考公司的相关资料，使用时注意不得随意修改已有格式。具体格式略。

编制人员		审核人员		批准人员	
编制日期		审核日期		批准日期	

二、采购预算编制方案

下面是某企业的采购预算编制方案，供读者参考。

方案名称	采购预算编制方案	编　号	
		执行部门	

一、背景

为了规范采购预算的编制，制定科学、合理的采购预算，有效指导采购作业，控制采购成本，特制定本方案。

二、定义

采购预算是指采购部在一定计划期间（年度、季度或月度）编制的材料采购用款计划，公司的采购预算必须与公司整体的预算相吻合，不能独立于整体预算之外。

三、采购预算的编制内容

1. 列入采购预算的各种材料的采购数量和金额以公司进行生产和经营维修所需的原材料、零部件、备件等为主。

2. 设备更新和基本建设所需的机器设备和工程材料应另编单项采购预算，不包括在计划期间的采购预算内。

（续）

四、采购预算的编制依据

1. 计划期间生产和经营所需物资的计划需用量。

2. 预计本期期末库存量。

3. 计划期期末结转库存量。

4. 物资计划价格。

五、影响采购预算的因素

1. 采购环境。

2. 年度销售计划、生产计划。

3. 物资使用清单。

4. 存量管制卡。

5. 物资标准成本的设定。

六、选择合适的采购预算编制方法

采购预算的编制方法多种多样，有固定预算、弹性预算、滚动预算、零基预算和定期预算等。由于上述采购预算编制方法的特点和编制原理不同，采购预算编制人员在编制采购预算的过程中需根据外部环境及本公司内部的预算水平进行选择。采购预算编制人员在选择采购预算编制方法时可参照下表所述内容。

采购预算编制方法一览表

方法名称	优点	缺点	适用范围
固定预算	简便易行、较为直观	（1）机械呆板，可比性差 （2）不利于正确地控制、考核和评价采购预算的执行情况	适用于在一定范围内相对稳定的采购项目，如采购金额变化很小或者采购金额固定的采购项目
弹性预算	（1）克服了传统采购预算编制方法的缺陷，扩大了采购预算的适用范围 （2）有利于客观地对采购预算的执行情况进行控制、考核、评价 （3）避免由于业务量发生变化而对采购预算进行的频繁修订	操作复杂，工作量大	（1）适用于采购数量随着业务量变化而变化的采购项目 （2）适用于市场价格及市场份额不确定的采购项目

（续）

（续表）

方法名称	优点	缺点	适用范围
滚动预算	（1）有利于根据前期的采购预算的执行情况及时调整和修订近期的采购预算 （2）有助于保证采购支出的连续性和完整性 （3）能够充分发挥采购预算的指导和控制作用	操作复杂，工作量大	适用于规模较大、时间较长的工程类或大型设备采购项目
增量预算	预算编制方法简便、容易操作	（1）使采购预算中的某些不合理因素得以长期沿袭 （2）容易使基层采购单位养成资金使用上"等、靠、要"的思维习惯	适用于由于某些计划采购项目的实现而相应增加的支出采购项目
零基预算	（1）确保重点采购项目的实现 （2）有利于合理配置资源，切实提高企业采购资金的使用效益	预算工作量大，需要投入大量的人力资源	适用于各种采购项目
定期预算	预算期间与会计年度相配合，便于考核和评价采购预算的执行结果	（1）跨期长 （2）具有一定的盲目性和滞后性	适用于服务性质的经常性采购项目

七、编制采购预算

采购预算的编制一般包括七个步骤，如下图所示。

（续）

```
                    ┌─────────┐
                    │  开始   │
                    └────┬────┘
                         │
        ┌────────────────▼─────────────────┐        ┌──────────────────────────┐
        │ 明确公司及各部门的战略目标        │        │      编制采购预算草案      │
        └────────────────┬─────────────────┘        └─────────────┬────────────┘
                         │                                        │
        ┌────────────────▼─────────────────┐        ┌─────────────▼────────────┐
        │      制订明确的工作计划           │        │      改善采购预算          │
        └────────────────┬─────────────────┘        └─────────────┬────────────┘
                         │                                        │
        ┌────────────────▼─────────────────┐        ┌─────────────▼────────────┐
        │      确定采购所需资源             │        │      提交采购预算          │
        └────────────────┬─────────────────┘        └─────────────┬────────────┘
                         │                                        │
        ┌────────────────▼─────────────────┐              ┌───────▼───────┐
        │   确定准确的采购预算数据          │──────────────│     结束      │
        └──────────────────────────────────┘              └───────────────┘
```

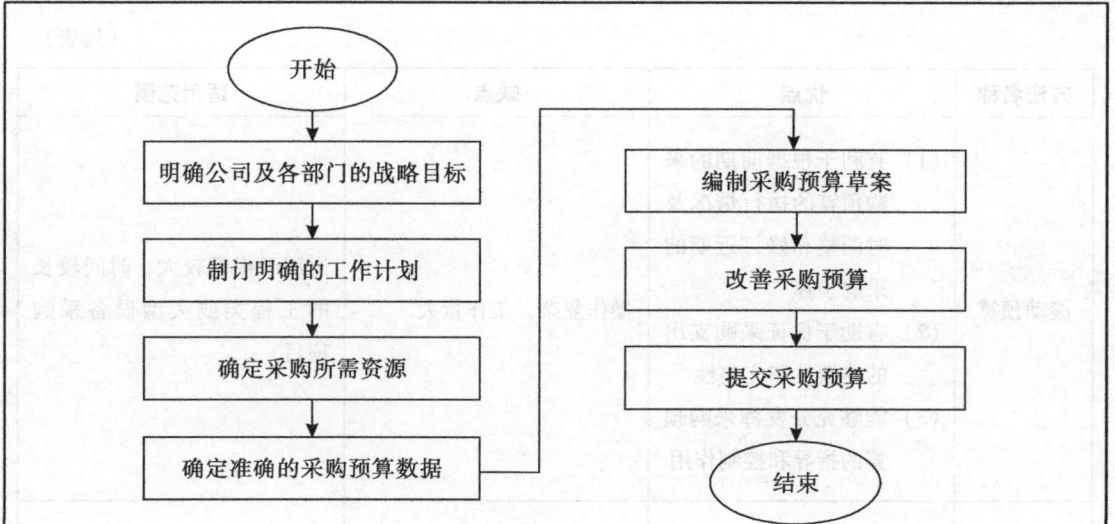

采购预算的编制步骤

（一）明确公司及各部门的战略目标

采购部作为公司的一个部门，在编制采购预算时要从公司总体的战略规划出发，审查本部门和公司的目标，确保两者协调一致。

（二）制订明确的工作计划

采购预算编制人员必须了解本部门及相关部门（如生产部等）的业务活动，明确采购职责和范围，制订出详细的采购计划。

（三）确定采购所需资源

按照采购计划，采购预算编制人员需对采购支出作出切合实际的估计，预测为实现目标所需的人力、物力、财力等资源。

（四）确定较准确的采购预算数据

1. 确定采购预算数据是编制采购预算的难点之一。采购预算编制人员可将目标与历史数据相结合，据此确定采购预算数据，即对历史数据和未来目标逐项分析，使收入、成本费用等各项预算切实、合理、可行。

2. 有经验的采购预算编制人员也可以通过以往的经验对采购预算数据作出准确判断。

（五）编制采购预算草案

采购部编制采购预算草案，报财务部审核后进行试算平衡。

（六）改善采购预算

1. 确定采购预算偏差范围。由于采购预算总是与实际有所差异，采购预算编制人员必须根据实际情况选定一个偏差范围。偏差范围可以根据行业内平均水平或公司的经验数据来确定。

（续）

　　2. 计算偏差值。为了控制和确保采购业务的顺利开展，采购预算编制人员应该定期比较采购实际支出和采购预算支出的差距，计算采购预算偏差值（采购实际支出金额减去采购预算支出金额）。

　　3. 调整采购预算。如果采购预算偏差值超出了允许的范围，那么采购预算编制人员需分析原因，对具体的采购预算提出修改建议，进行必要的改善。

　　（七）提交采购预算

　　采购预算须经采购部经理、主管副总、财务部经理审核和总经理审批通过后方可执行。

编制人员		审核人员		批准人员	
编制日期		审核日期		批准日期	

三、采购数量计划编制方案

　　下面是某企业的采购数量计划编制方案，供读者参考。

方案名称	采购数量计划编制方案	编　号	
		执行部门	

　　一、背景

　　为了加强采购规范化管理，指导采购人员选择合适的采购数量，制订科学、合理的采购计划与采购预算，在确保生产经营活动顺利进行的同时节约采购成本，特制定本方案。采购数量计划的作用体现在以下五个方面。

　　1. 预估物资需求的时间与数量，防止供应中断，影响产销活动。

　　2. 避免物资储存过多，占用流动资金、仓储空间，增加仓储成本。

　　3. 配合公司生产销售计划与资金调度。

　　4. 明确物资采购的时间和数量，使采购人员事先做好准备，保证适时、适量地采购物资。

　　5. 确立物资耗用标准，以便控制物资使用成本。

　　二、适用范围

　　本方案适用于公司采购部制订采购数量计划相关工作事项。

　　三、采购数量的确定步骤

　　采购数量的确定步骤如下图所示。

（续）

```
          ┌─────────┐
          │  开始   │
          └────┬────┘
               │
     ┌─────────▼──────────┐
     │  分析影响采购数量的因素  │
     └─────────┬──────────┘
               │
     ┌─────────▼──────────┐
     │  计算适当的采购数量    │
     └─────────┬──────────┘
               │
     ┌─────────▼──────────┐
     │  选择合适的订货方法    │
     │  控制采购数量        │
     └─────────┬──────────┘
               │
     ┌─────────▼──────────┐
     │  运用数量策略        │
     └─────────┬──────────┘
               │
          ┌────▼────┐
          │  结束   │
          └─────────┘
```

采购数量的确定步骤

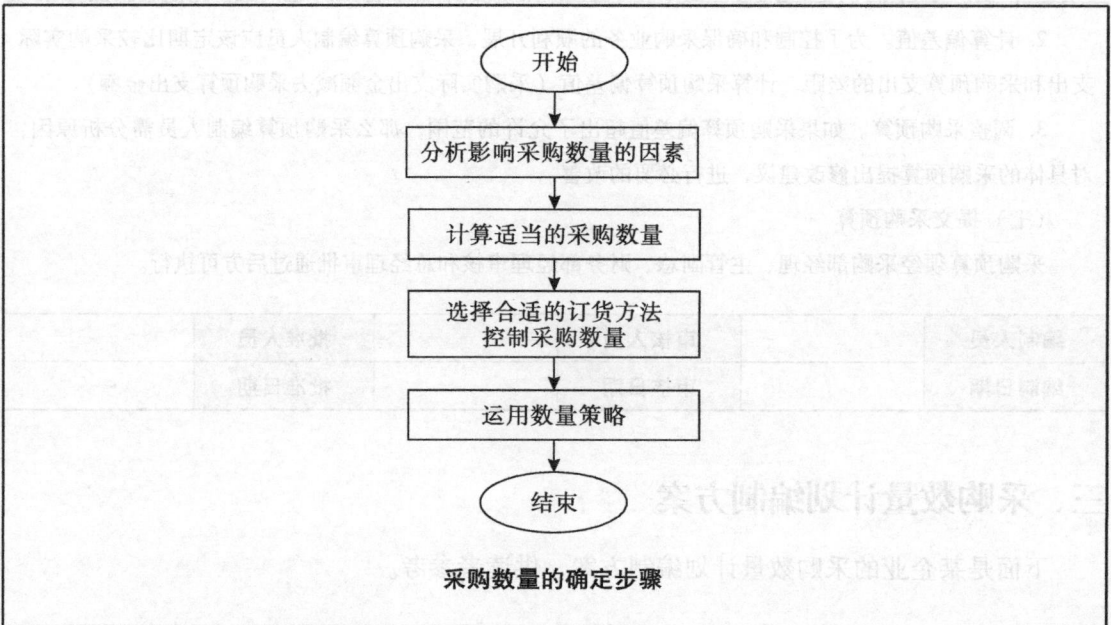

四、分析影响采购数量的因素

1. 生产的需求量。

2. 采购批量大小与价格的关系。一般来说，采购的数量越多，价格越低，反之则价格越高。

3. 库存量的大小和库存成本的多少。

4. 采购物资的特性包括物资的保存时间、运输条件和仓储条件等。

5. 采购支出必须在公司的承受能力范围内，即物资的采购费用和仓储费用等必须合理。

6. 市场动态和价格的波动。

五、选择计算采购数量的方法

采购计划编制人员应根据采购物资的各种要素灵活地选择计算采购数量的方法。计算采购数量的方法如下表所示。

计算采购数量的方法说明表

方法名称	特点说明
经济采购数量法	指存货总成本最低情况下所订的采购数量
	经济采购数量 $= \dfrac{2 \times 期间内需求量 \times 单次订购成本}{物资单位成本 \times 单位储存成本占物资成本的百分比}$
固定数量法	每次订购的数量相同
	根据过去的经验决定

（续表）

方法名称	特点说明
固定期间法	每次采购的期间是固定的
	每次采购的数量因剩余库存的不同而不同
	采购期间的长短由经验决定
	固定期间法可以节约成本
需求计划法	采购数量 = 生产需求量 – 现有库存量

六、通过订货方式确定并控制采购数量的方法

通过订货方式确定并控制采购数量的方法主要有两种，采购人员可以根据订货方式的特点和实际情况灵活选择，具体内容如下表所示。

通过订货方式确定并控制采购数量的方法说明表

订货方式	详细说明
定期订货	确定采购周期，一般为 1 周或 1 个月
	预测下一周期的销售量
	采购数量 = [（订货周期 + 调度周期）× 消费预订量] – 现有库存量 – 已订货但还未到库的数量 + 安全库存量
定量采购	计算经济采购数量
	订货点 =（年生产数量/12）× 调度周期 + 安全库存量

七、确定采购数量的策略

采购人员可根据实际情况灵活地选择相应策略来确定采购数量。关于确定采购数量的策略的具体说明如下表所示。

（续）

	确定采购数量的策略的优缺点比较表		
策略名称	优点	缺点	适应状况
长期合约	（1）期约交货，来源稳定 （2）享有较大的价格优惠 （3）一次采购分批送货，节约采购费用	（1）价格协商不易，合约形同虚设 （2）合约数量固定，难以配合生产调整	（1）主要物资、长期使用的必需品 （2）品质规格标准化的物资 （3）购买竞争激烈的物资
短期合约	能够按照生产需求确定采购数量，降低库存成本	采购费用较高，来源不稳定	（1）非经常需要的物料 （2）补充临时性短缺 （3）价格波动大的物资
多家供应	（1）卖方竞争，交易条件好 （2）来源分散，供应不易中断 （3）市场信息多，有利于把握市场趋势	（1）分散采购，损失批量折扣 （2）买卖双方缺少依存关系，没有供应责任 （3）增加交易管理成本	（1）需求数量庞大的主要物资 （2）卖方无法独立供应的物资 （3）规格标准化的物资
独家供应	双方利害与共，供应商供应责任大	（1）供应集中，风险高 （2）难以把握市场趋势	（1）来源管制或独占的物资 （2）精密复杂的物资 （3）产品寿命极短，设计规格经常变化的物资
现用现购	（1）可以在一定程度上降低采购成本 （2）避免因物资的腐蚀挥发而造成的库存损失	需要即时寻找供应商，供应速度可能满足不了生产经营的需要	（1）按订货生产的物资 （2）供应来源丰富的物资 （3）价格看跌的物资 （4）易腐蚀挥发的物资 （5）需求数量和时间不确定的物资
预购备用	库存充足，确保生产经营活动的顺畅进行	增加了库存费用	（1）需求量稳定的物资 （2）存量管制的物资 （3）高耐久性的物资
投机采购	（1）节约采购成本 （2）避免货物短缺问题	需要大量的资金投入	（1）价格看涨的物资 （2）预期来源短缺的物资

（续）

八、填写"物资采购数量计划一览表"

物资采购数量计划一览表

编号：　　　　　　填表人：　　　　　　　　　　日期：____年__月__日

物资编号	物资名称	规格型号	供应商	本日存货		本日存货耗用期限	订购日期	订购数量	到货日期	入库后库存总量
				日期	存货量					

编制人员		审核人员		批准人员	
编制日期		审核日期		批准日期	

第三章　供应商开发与管理

第一节　供应商开发与管理岗位职责

一、招标采购主管岗位职责

招标采购主管的岗位职责是在采购部经理的指导下全面负责招标采购的各项工作，包括建立招标采购工作规范、编制招标文件、开展投标评审、签订招标合同等，具体职责内容如表3-1所示。

表3-1　招标采购主管岗位职责

工作大项	工作细化
1. 制订招（投）标制度及计划	（1）参与编制并严格执行企业的招（投）标采购管理制度和工作流程
	（2）制订采购招标工作计划，组织招标采购工作，做好招标采购准备
	（3）根据物资需求部门或项目需求等编制招标文件，并在媒体上发布招标公告
2. 招标采购管理工作	（1）组织开展邀标、资格审查、考察等招标准备工作，并对通过资格预审的投标人发放招标文件
	（2）及时组织开标、评标会议，确定评标人员，并进行评标、定标
	（3）负责招标过程中的事项和问题的答疑
	（4）组织招标后合同的谈判、起草、评审和签订工作，并监督合同的执行情况
3. 招标采购预算管理	（1）严格执行招标采购预算，控制采购成本
	（2）整理和审查供应商提供的价格，剔除超过招标预算价格的供应商
4. 进口物资的采购与验收管理	（1）协助质量管理部办理与报检进口物资采购手续的工作
	（2）参与进口物资的验收，协助仓储部办理入库等工作

二、供应商管理主管岗位职责

供应商管理主管的岗位职责是在采购部经理的指导下建立并完善供应商管理体系，开展供应商的开发、监督、评估和管理工作，协调供应商关系，优化企业的供应商队伍，具体职责内容如表3-2所示。

表3-2 供应商管理主管岗位职责

工作大项	工作细化
1. 建立并完善供应商管理体系	（1）根据企业战略规划和年度运营计划分析资源供应市场，制订并实施供应商开发与管理计划
	（2）根据供应商开发计划组织制定供应商开发流程，监督该流程的贯彻实施
	（3）结合企业运营需求建立合格的供应商资料库
2. 供应商监督与评估	（1）参与产品的询价、比价、议价工作，负责样品价格的确认及分析
	（2）组织并做好供应商评估与审核工作，确保采购行为符合有关政策法规和道德规范
	（3）协助采购部经理对供应商供货、质量、交期和售后服务进行监控
	（4）对供应商进行考核，并根据考核结果及时指导供应商的日常工作，使其改进产品或服务
	（5）负责定期对供应商的技术能力、质量保证能力、生产支付能力进行考核与评估，编制供应商评估报告，经上级领导审批后下发至相关部门
3. 供应商维护	（1）定期拜访供应商，做好供应商维护工作
	（2）定期对供应商数据进行核查和管理
4. 其他日常管理	（1）负责指导、培养、监督、考核下级员工的工作
	（2）协调、配合部门内部或其他相关部门的工作

三、供应商管理工程师岗位职责

供应商管理工程师的岗位职责是具体执行供应商管理工作，为供应商提供质量控制帮助，对供应商进行考核与评估，具体职责内容如表3-3所示。

表3-3 供应商管理工程师岗位职责

工作大项	工作细化
1. 提供技术支持	（1）为采购进货检验提供技术支持，审核并更新检验流程
	（2）与生产部相关人员密切配合，解决生产过程中发现的供应商材料的质量问题

（续表）

工作大项	工作细化
1. 提供技术支持	（3）负责新供应商、新模具和新产品的首件检验，监督、控制供应商变更材料或重要制造工艺后的产品质量
	（4）了解供应商的生产流程和关键控制点，监督并协助供应商采取适当的方法解决采购物资的质量问题
	（5）负责协调验证和处理不良品材料审核单，跟踪供应商改进措施并验证其有效性
	（6）向本部门或其他部门人员提供相关的培训支持
2. 供应商考核	（1）建立健全供应商评价体系与考核标准，制定供应商质量标准手册
	（2）对供应商进行考核与评估，并根据考核结果进行等级管理
3. 供应商维护	（1）当采购物资的数量或质量要求出现变更时，及时同供应商进行沟通，并负责供应商更新信息维护
	（2）对供应商的日常行为进行准确记录，定期分析并及时提出相关问题和改进意见

四、供应商开发专员岗位职责

供应商开发专员的岗位职责是在供应商管理主管的领导下负责供应商开发的日常管理工作，提高企业对供应商的管理能力，具体职责内容如表3-4所示。

表3-4　供应商开发专员岗位职责

工作大项	工作细化
1. 供应商开发规划	（1）协助供应商管理主管制订和实施供应商开发计划
	（2）制定并完善供应商开发流程，监督该流程的贯彻实施
2. 供应商筛选与维护	（1）负责潜在供应商的拜访和评估工作，选择和推荐潜在供应商
	（2）参与制定并完善供应商开发管理资料库
3. 供应商评估	（1）负责产品询价、比价、议价和样品价格的确认及维护工作
	（2）参与供应商的定期评价工作

五、供应商管理专员岗位职责

供应商管理专员的岗位职责是协助供应商管理主管处理相关日常事务，建立并完善供应商档案库，协助进行供应商开发，维护与供应商的关系，及时完成上级领导交办的其他工作，具体职责内容如表3-5所示。

表3-5 供应商管理专员岗位职责

工作大项	工作细化
1. 供应商评估与维护	（1）协助供应商管理主管做好供应商评估和审核工作，及时记录评审过程
	（2）定期进行供应商拜访并做好供应商维护工作
	（3）定期开展市场行情调查，收集并整理市场信息，汇报供应商情况，以及编制分析报告
2. 供应商考核与监督	（1）根据供应商日常表现对其进行考核打分
	（2）协助供应商管理主管对采购物资的质量、交期、售后服务工作进行监督
3. 供应商档案管理	（1）建立供应商管理档案，及时收录供应商信息
	（2）及时更新供应商管理档案，将供应商发生的重大事件及变动记录在案

第二节 供应商开发与管理制度

一、供应商管理制度

下面是某企业的供应商管理制度，供读者参考。

制度名称	供应商管理制度	编　　号	
		执行部门	

第1章 总则

第1条 目的。

选择合格的供应商并对其进行持续监控，确保其能为公司提供合格的产品与服务。

第2条 适用范围。

本制度适用于为公司提供产品与服务的所有供应商。

第3条 管理职责。

1. 采购部、质量管理部、设计部负责对供应商进行评价。

2. 采购部、质量管理部负责对供应商进行考核。

3. 总经理负责合格供应商的审批工作。

（续）

第2章　合格供应商的标准

第4条　评价合格供应商。

公司相关人员评价合格供应商时应按照以下标准综合考虑。

1. 供应商应有合法的经营许可证和一定的资金实力。

2. 优先选择按国家（国际）标准建立质量体系并已通过认证的供应商。

3. 对于关键原料，应对供应商的生产能力与质量体系进行考察，主要包括如下图所示的五个方面的要求。

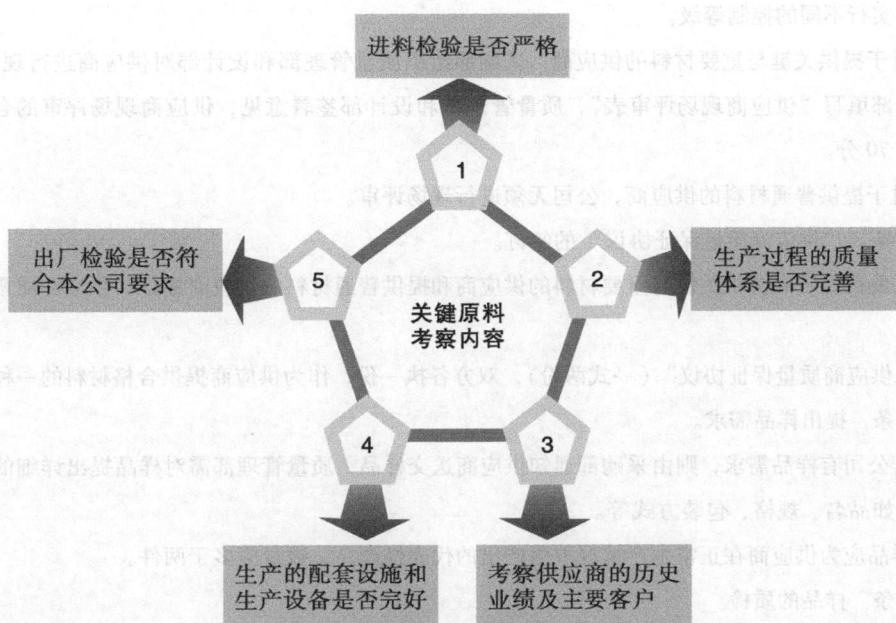

关键原料考察内容

4. 具有足够的生产能力，能满足本公司连续的需求及进一步扩大产量的需要。

5. 能有效处理紧急订单。

6. 有具体的售后服务措施且效果令人满意。

7. 同等价格择其优，同等质量择其廉，同价同质择其近。

8. 样品通过试用且合格。

第3章　供应商的评价程序

第5条　供应商的初步评审。

1. 质量管理部、采购部、设计部及其他部门视公司实际需求寻找合适的供应商，同时收集多方面的资料，如以质量、服务、交期、价格作为筛选的依据，并要求有合作意向的供应商填写"供应商基本资料表"。

（续）

2. 采购部对"供应商基本资料表"进行初步评审，挑选出值得进一步评审的供应商，召集本部门、质量管理部和设计部的相关人员对供应商进行现场评审。现场评审时评审人员应填写"供应商现场评审表"。

3. 在对供应商进行初步评审时，采购部必须确定采购的物资是否符合相关法律、法规的要求和安全要求，对于有毒品、危险品，应要求供应商提供相关证明文件。

第6条　供应商的现场评审。

1. 根据所购材料对产品质量的影响程度，可将采购物资分为关键、重要、普通材料三个级别，对不同级别实行不同的控制等级。

2. 对于提供关键与重要材料的供应商，采购部组织质量管理部和设计部对供应商进行现场评审，并由采购部填写"供应商现场评审表"，质量管理部和设计部签署意见，供应商现场评审的合格分数必须达到70分。

3. 对于提供普通材料的供应商，公司无须进行现场评审。

第7条　"供应商质量保证协议"的签订。

1. 采购部负责和提供关键与重要材料的供应商和提供普通材料的供应商签订"供应商质量保证协议"。

2. "供应商质量保证协议"（一式两份），双方各执一份，作为供应商提供合格材料的一种契约。

第8条　提出样品需求。

1. 若公司有样品需求，则由采购部通知供应商送交样品，质量管理部需对样品提出详细的技术质量要求，如品名、规格、包装方式等。

2. 样品应为供应商在正常生产情况下生产出的代表性产品，数量应多于两件。

第9条　样品的质检。

1. 样品在送达公司后，由设计部和质量管理部负责完成样品的材质、性能、尺寸、外观质量等方面的检验工作，并填写"样品检验确认表"。

2. 经确认合格的样品，需在样品上贴"样品标签"，并注明合格，标识检验状态。

3. 合格的样品至少为两件，一件返还供应商，作为供应商生产的依据；一件留在质量管理部，作为今后检验的依据。

第10条　确定"合格供应商名单"。

1. 在"供应商基本资料表"、"供应商现场评审表"、"供应商质量保证协议"和"样品检验确认表"四份资料完成后，采购部将供应商列入"合格供应商名单"，交总经理批准。

2. 原则上一种材料需暂定两家或两家以上的合格供应商，以供采购时选择。

3. 对于唯一供应商或独占市场的供应商，可直接列入"合格供应商名单"。

（续）

4. 接单生产时，如果客户指定供应商名单，那么采购部必须按客户提供的供应商名单进行采购。客户提供的供应商名单应直接列入本公司的"合格供应商名单"。如需从非客户提供的供应商处采购，必须事先得到客户的书面批准。

5. 适时对供应商进行考核，并根据考核结果修订"合格供应商名单"，删除不合格供应商。修订后的"合格供应商名单"由总经理批准后生效。

第4章　供应商的监督与考核

第11条　考核对象。

供应商考核对象为列入"合格供应商名单"的所有供应商。

第12条　考核方法。

公司对供应商实行评分分级制度，供应商的考核项目包括质量、交期、服务、价格水平等。

第13条　考核频率。

对于提供关键与重要材料的供应商，应每月考核一次；对于提供普通材料的供应商，应每季度考核一次。

第14条　考核结果的处理。

1. 考核结果在90分以上的供应商，优先采购。

2. 考核结果在80～89分的供应商，要求其对不足部分进行整改，并将整改结果以书面形式提交公司，供应商评审小组对其提交的整改措施和结果进行确认。

3. 考核结果在70～79分的供应商，要求其对不足部分进行整改，并将整改结果以书面形式提交公司，供应商评审小组对其提交的整改措施和结果进行确认，决定是否继续采购或减少采购量。

4. 考核结果在70分以下的供应商，须从"合格供应商名单"中删除，并终止向其采购。

5. 考核标准和考核结果由采购部书面通知供应商。

第15条　对合格供应商进行交期监督。

采购部应要求供应商准时交货，同时记录由供应商原因引起的分批发运造成的超额费用。

第16条　对合格供应商进行质量监督。

1. 质量管理部和采购部应保存合格供应商的供货质量记录，产品不合格时应对供应商提出警告，连续两批产品不合格则暂停采购，另选供应商，或待其提高产品质量后再行采购。

2. 对于不合格的供应商，应取消其供货资格，将其从"合格供应商名单"中删除。

第5章　供应商政策的执行、反馈与变更

第17条　供应商政策的执行与反馈。

供应商管理相关部门在接到"供应商政策执行通知书"后，须按规定执行，并严格遵守保密制度。在政策执行的过程中若发现任何问题，应立即反馈给采购部。

第18条　供应商政策的临时性变更。

1. 当出现如下图所示的情况之一时，经采购总监的书面同意后，可对供应商政策作临时性调整。

（续）

（1）某供应商的发展战略或地域销售政策发生对公司有利或不利的重大调整

（2）某供应商决定把本公司作为重要客户

（3）重要供应商出现经营危机

（4）市场供应价格发生剧烈震荡，导致供需双方作出重大的政策调整

（5）其他需作临时性调整的情况

供应商政策的变更条件

2. 临时性供应商等级调整同样应填写"供应商等级变动申请表"，并在表格右上方注明临时字样和调整时限。

3. 一旦调整结束，应立即恢复其原有等级，若需继续保留临时等级，则报总经理特批，并于该季度在供应商评审会议上通过。

第6章　建立供应商质量体系

第19条　对供应商质量体系的开发。

每年由采购部组织供应商学习质量体系标准，并要求供应商制订质量体系推行计划，通过质量体系认证。

第20条　供应商质量体系的评定。

1. 对于提供关键与重要材料的供应商，应每年评定一次；对于提供普通材料的供应商，应每两年评定一次。

2. 质量管理部制订评定计划，采取评定小组现场评定或供应商自我评定的办法。

3. 按质量体系制定"供应商质量体系评定表"，列明评定内容。

4. 如果供应商通过了质量体系的第二方或第三方认证，并提供了认证资料（证书或报告），则可免除评定。

第7章　附则

第21条　本制度由采购部制定，解释权和修订权归采购部所有。

第22条　本制度自公布之日起执行。

编制人员		审核人员		批准人员	
编制日期		审核日期		批准日期	

二、供应商筛选制度

下面是某企业的供应商筛选制度，供读者参考。

制度名称	供应商筛选制度	编　　号	
		执行部门	

第1章　总则

第1条　目的。

为了保证采购物资能满足公司的需要，有效评价供应商的资质和能力，加强对供应商的管理，特制定本制度。

第2条　适用范围。

本制度适用于为公司提供产品与服务的所有供应商。

第3条　管理职责。

1. 采购部和质量管理部负责供应商的筛选与考核工作。

2. 总经理负责对相关部门选择的供应商进行审批。

第2章　供应商信息的收集与调查

第4条　供应商信息的收集与调查由采购部负责，其他相关部门予以配合。

第5条　供应商调查主要包括材料供应状况、材料品质状况、专业技术能力、机器设备状况、管理水平和财务及信用状况六个方面的内容。

第6条　凡与公司建立供应关系且符合条件的供应商，均应填写"供应商调查表"，作为公司选择和评估供应商的参考依据。

第7条　若供应商的生产经营条件发生变化，则公司应要求供应商及时对"供应商调查表"进行修改和补充。

第8条　采购部应组织相关人员随时调查供应商的动态及产品质量，"供应商调查表"应每年复查一次，以便了解供应商的动态，同时根据变动情况更新原有资料内容。

第9条　供应商信息收集的方式有问卷调查、实地考察、委托验证。

第3章　供应商评审管理

第10条　评审小组的成员可以由采购部、生产部、质量管理部、财务部及其他相关部门的人员组成。

第11条　供应商评审管理。

1. 对供应商的评审主要从供应商的一般经营状况、供应能力、技术能力、品质能力等方面进行。

2. 对于临时采购的供应商，采购部应对其经营资格进行审查，并报采购部经理审核。

3. 对于长期采购的供应商，采购部应对其经营资格、信誉、服务、采购标的、质量等进行审核，并于审核通过后确认其合格供应商资格，报相关领导审批。采购部应对合格供应商每年进行一次复审。

（续）

4. 对于正在合作的长期采购供应商，采购部应至少每季度对其进行一次考评，并根据考评结果分配下期的采购比例，由采购部经理和采购副总审批。供应商名单应不断更新。

第4章 供应商档案管理

第12条 采购部负责建立供应商档案，使用部门予以配合，对每个选定的供应商必须有详尽的供应商档案。

第13条 供应商档案由采购部指定人员负责管理，未经采购部经理允许，任何人都不得随便查阅。

第14条 供应商档案包括"供应商调查表"，"供应商审批表"，"供应商质量档案"，供应商提供的合格证明、价格表及相关资料等。

第5章 附则

第15条 本制度由采购部和质量管理部联合制定，相关内容分别由相关部门负责人解释和修订。

第16条 本制度自公布之日起执行。

编制人员		审核人员			批准人员	
编制日期		审核日期			批准日期	

三、供应商考核制度

下面是某企业的供应商考核制度，供读者参考。

制度名称	供应商考核制度	编　号	
		执行部门	

第1章 总则

第1条 目的。

为了保证公司与供应商能有效合作，鼓励供应商在品质、交期、价格、优惠条件等多方面进行改善，提高公司采购质量，降低采购成本，公司对供应商的各项指标进行阶段性的评估与考核，特制定本制度。

第2条 适用范围。

1. 列入"合格供应商名单"的供应商。

2. 对产品与服务产生直接影响的供应商。

3. 根据对采购物资的品质需求与供应商的依附程度选择供应商。

第3条 管理职责。

1. 供应商管理主管负责制订供应商考核标准、考核文件与计划，组织开展供应商考核工作，并根据考核结果编写相应的评估报告以指导采购作业。

（续）

2. 采购部、质量管理部和技术部参与供应商考核评估。

3. 总经理负责审批考核评估结果。

第4条　考核原则。

公司采取公开、公平和公正的原则对供应商进行考核评估。

第2章　供应商考核

第5条　供应商考核内容。

供应商考核内容如下表所示。

供应商考核内容一览表

考核内容	具体说明
履约情况	是否履行采购合同的相关规定
价格方面的考核	是否按照采购合同规定的价格进行供货
	是否根据市场的变化调整价格并及时提供调整信息
	所提供物资的价格是否高于同品牌、同型号产品的一般价格
	价格是否有下降空间
交货方面的考核	是否按照《××合同》内所规定的日期准时交付产品或提供物资
	是否按照《××合同》所规定的交付方式进行交付
质量方面的考核	物资或产品是否符合《××合同》所规定的质量标准
	是否存在因包装、工艺、材料的缺陷而产生的质量问题
	生产工艺质量是否能够保证产品或物资质量
服务方面的考核	售前服务是否周到、全面
	售后服务是否及时、良好，出现问题时是否能够及时处理并加以解决
其他考核	对供应商的生产技术、人员操作等方面进行考核

第6条　供应商考核评分。

相关人员可以从以下几个方面对供应商进行评分，具体内容如下表所示。

（续）

评分内容一览表

评分项目	包含内容
价格水平	优惠程度、涨价处理能力、成本下降空间
质量水平	物料进货的优良品率、质量保证体系、样品质量、对质量问题的处理
交货能力	交货及时性、供货弹性、样品及时性、逾期率
工艺技术能力	工艺技术先进性、后续研发能力、产品设计能力、技术问题反应能力
后援服务	物资订购保证、售后服务能力
人员管理	团队管理能力、员工综合素质
合作情况	合同履约率、合作年限、年供货额外负担与所占比率

第 7 条 评分结果。

根据供应商得分情况采取相应措施，具体内容如下表所示。

评分结果及措施一览表

供应商得分区间	相应采购措施
90（含）分以上	优先采购此供应商的物资
80~89分	要求供应商对其不足进行修改、并将修改结果以书面形式提交公司，供应商评审小组对其提交的整改措施和结果进行确认
70~79分	要求其对不足部分进行整改，并将整改结果以书面形式提交公司，供应商评审小组对其提交的整改措施和结果进行确认，决定是否继续采购或减少采购量
70分以下	将其从"合格供应商名单"中删除，并终止向其采购

注：考核标准和考核结果由采购部书面通知供应商。

第 8 条 供应商考核频率。

企业按月或年对供应商进行考核，具体内容如下图所示。

（续）

1. 月度考核

按月对供应商提供的产品或货物质量与交货情况进行检查、考核与评估

2. 年度考核

每年度根据"供应商月度考核表"统计供应商在考核期间（一年）订货总次数、总交货金额、质量优劣情况、退货率、发生交货延误率、发生数量差错率，以及因各种原因未能及时交货时是否采取了迅速、及时、合理的补救措施等；考核结果应填入"供应商年度考核表"，并将其列入供应商档案

供应商考核频率

第9条　供应商评级。

1. 供应商在考核期间内的平均分数为供应商的评级分数，满分为100分。

2. 根据供应商的评级得分将其区分为A、B、C级，相应分数及奖励情况如下表所示。

供应商级别、分数及奖励情况表

级别	分数	奖励情况
A级	80分以上	酌情增加订购量5%～10%，享受供应本公司材料、设备的资格
B级	70～80分	不予奖励，正常交易
C级	70分以下	减少订购量，由供应商提出改善和预防措施；若限期内未见改善，则由采购部和质量管理部协商决定对该供应商的处理办法

第10条　供应商更新。

总经理根据供应商年度考核表对供应商作出评定审批意见。采购部根据审批结果修订"合格供应商名单"，对于合格的供应商，继续保留其合格供应商资格；对于不符合标准的供应商，则将其列为观察供应商，限期改进以观后效或取消其供应商资格，并对"合格供应商名单"进行更新。

第11条　供应商资料存档。

供应商管理主管应安排相关人员对供应商资料进行保存、备案。

第3章　附则

第12条　本制度由采购部制定，解释权和修订权归采购部所有。

第13条　本制度自公布之日起执行。

编制人员		审核人员		批准人员	
编制日期		审核日期		批准日期	

四、采购招标管理制度

下面是某企业的采购招标管理制度，供读者参考。

制度名称	采购招标管理制度	编　号	
		执行部门	

第1章　总则

第1条　目的。

为了保证所采购物资、设备价格合理，并且符合规定的质量与交期要求，保证采购招标按照公平、公正、公开和竞争择优原则进行，特制定本制度。

第2条　适用范围。

本制度适用于公司进行采购公开招标、邀请招标和评标的全过程。

第3条　管理职责。

1. 采购部负责规章制定、修改、废止的起草工作。

2. 总经理负责对规章的制定、修改、废止进行审批。

第4条　制度内容。

本制度包括采购招标程序、采购招标管理相关文件等。

第2章　采购招标管理

第5条　编制招标报告。

1. 按照采购计划审批权限向公司主管领导提交招标报告。

2. 招标报告的具体内容包括：招标内容、招标方式、分标方案、招标计划安排、投标人资质（资格）条件、评标方法、评标小组组建方案以及开标、评标工作的具体安排等。

第6条　采购招标程序。

1. 编制招标文件。招标文件的主要内容如下表所示。

招标文件的主要内容一览表

内容		具体文件形式及要求
招标条件	招标通知	招标公告或招标邀请书
	招标人须知	招标项目概况信息表
	招标项目介绍	项目名称、规格、型号、数量和批次、运输方式、交货地点与时间、验收方式
	招投标规定	有关招标文件澄清、修改的规定
		投标文件的编写要求、密封方式及保送份数、投标有效期

（续）

（续表）

内容		具体文件形式及要求
招标条件	投标人资料要求	有关资格和资信证明文件格式、内容的要求
	投标要求	投标报价、报价编制方式、与报价单同时提供的资料
	标底	标底的确定方法
	评标与中标	评标的标准、方法和中标原则
	递送投标文件	递送投标文件的方式、地点和截止时间，招标方联系人的姓名、地址、电话和 E – mail
	投标保证金	投标保证金的数额和交付方式
	开标	开标时间安排与开标地点
合同条件		通用条款和专用条款
技术要求		技术规定及规范

2. 对外发布招标信息。

3. 在规定日期接受投标人编制的资格预审文件及资料。

4. 向资格预审合格的供应商发售招标文件。

第 7 条　开标。

1. 开标方式一般为公开开标。

2. 确定开标时间和地点。

3. 开标前确认投标供应商身份。

4. 开标前检查投标书的密封情况。

5. 开标时应宣布供应商名称、各投标总金额、有无折扣或投标保证金等。

6. 对于没有开封或开标时没有宣读的投标书，均不予考虑。

7. 开标后不允许投标人改变其投标条件。

第 8 条　评标。

1. 对招标文件中的有关问题进行澄清，并书面通知所有潜在投标人。

2. 采购部组织人员成立评标小组，明确、统一评标标准，并由供应商管理主管担任评标小组的负责人，编制"评标小组备案表"（如下表所示）。

评标小组备案表

项目编号：　　　　　　　　　　　　　小组成立时间：＿＿年＿月＿日

项目名称			
招标机构名称		招标备案编号	

（续）

（续表）

评标开始时间		预结束时间		开标时间	
小组负责人		评估小组人数		专家人数	
初审评估人员名单					
序号	姓名	职务	联系方式	评审意见	
现场评估人员名单					
序号	姓名	职务	联系方式	评审意见	
专家人员名单					
序号	姓名	专业领域	联系方式	评审意见	
备注					

招标机构：（公章）　　　　　　　　　　　　　　　　小组负责人签字：

日期：___年__月__日　　　　　　　　　　　　　　日期：___年__月__日

3. 在规定的时间和地点接受符合招标文件要求的投标文件。

4. 组织召开采购招标评标会。

5. 鉴定投标文件。

6. 分析投标文件。

7. 进行比价、议价。

8. 编制评标报告。

第9条　定标。

1. 在评标小组推荐的中标供应商中确定中标供应商。

2. 发送中标通知书，并将中标结果通知所有投标供应商。

3. 进行合同谈判，并与中标供应商签订书面合同。

第3章　附则

第10条　本制度根据《中华人民共和国招标投标法》的相关规定，由采购部和总经办联合制定，相关内容分别由相关部门负责人负责解释和修订。

第11条　本制度自公布之日起执行。

编制人员		审核人员		批准人员	
编制日期		审核日期		批准日期	

五、供应商样品检验管理制度

下面是某企业的供应商样品检验管理制度，供读者参考。

制度名称	供应商样品检验管理制度	编　　号	
		执行部门	

第1章　总则

第1条　目的。

为规范供应商样品检验工作，确保采购物资符合公司的要求，结合公司的实际情况，特制定本制度。

第2条　适用范围。

本制度适用于采购样品的检验与供应商评估等相关工作事项。

第3条　管理职责。

公司采购部负责组织采购样品的检验工作，配合质量管理部和设计部进行样品检验。

第4条　基本原则。

1. 所有生产用原材料、辅料、零配件等，采购部在发出采购订单之前，均按本制度办理。

2. 采购部开发新供应商时，由采购专员直接向供应商索取样品，同时填写"样品检验申请表"一份，经总经理核准后，交质量管理部等相关部门检验。

第2章　样品需求管理

第5条　产生样品需求的原因。

1. 用于新工艺流程或配合新设备的使用。

2. 新产品设计、旧产品优化设计产生的用料需求。

3. 公司客户特别提出的需使用物资。

第6条　样品申请。

1. 生产部或其他相关部门根据作业需要向采购部提出样品需求，并填写"样品需求表"（如下表所示）。

样品需求表

编号：　　　　　　　　　　　　　　　　　　　　　　　　　　　日期：____年__月__日

申请部门		申请人	
供应商		预定交期	
品名规格		数量	
规格与构成概况			

（续）

（续表）

若样品属旧版修改原旧版数据处理	□ 继续保存	□ 由质量管理部收回	□ 销毁
备注	供应商送样品时需附文件包括检测报告、样品（小件5份，大件3份）、报价单、制造过程说明、保证书等		
核准	质量管理部	采购部	经办人

2. 采购部直接向供应商索取样品，以争取时效。

3. 采购部提出样品需求并填写"样品需求表"。

4. 采购部须将经核准的"样品需求表"或相关资料发给供应商留存。

5. 相关部门索取样品时应在"样品需求表"中注明所需样品的详细规格及在备注栏中标注所需的附件文件与数据。

第3章　样品检验

第7条　转交检验。

1. 采购部接到供应商的样品及必要文件（如检验报告等）时应于当日转交质量检验人员进行检验。

2. 新供应商送样时，质量检验人员应依据已核准的"样品检验申请表"检验样品。

3. 对于第一次使用的物资，供应商送样时，采购部应将样品送质量检验人员直接进行检验。

4. 样品检验合格后，相关人员应填制"样品检验一览表"。

第8条　样品验证。

质量检验人员接到供应商提供的样品后，检验负责人指派专人进行点检、验证，并在"样品检验评估报告"（如下表所示）中记录相关实测数据并作出结论，报质量管理部经理批示。

样品检验评估报告

编号：　　　　　　　　　　　　　　　　　　日期：___年__月__日

供应商		物资编号	
品名		规格	
待检物来源	□ 厂商送样	□ 取自第___批生产用料	
检验原因	□ 机械尺寸变更　□ 电气规格变更　□ 厂商更换　□ 材质变更 □ 制程变更　□ 新物资（第一次使用）　□ 其他		
判定	□ 合格通过　　　　□ 有条件合格通过　　　　□ 试产后再判定 □ 限时___年__月__日前，限量___ □ 规格不符、不予检验确认 □ 供应商已足，不再考虑新供应商		

（续）

（续表）

本次评估方式		□ 参数验证	□ 功能验证	□ 供应商测试报告评估
1	验证项目	规格描述	验证结果	备注
2				
3				
……				
备注	1. 该供应商第_____次送来样品。 2. 物资将使用于_____。			
核准		审查	承办	

第9条 拒收通知。

质量检验人员判定样品为不合格品时应将"样品检验评估报告"及不合格样品交采购部寄还供应商，请其改进后重新送样或更换送样供应商。

第10条 取消送样资格的规定。

凡同一供应商连续两次送样被判不合格，则取消其送样资格。

第11条 检验合格的规定。

样品检验合格后，由质量检验人员负责填制"样品合格通知书"（一式三份），转交档案管理人员，档案管理人员将"样品合格通知书"发给相关单位，采购部负责转交一份给供应商，作为采购供应的依据。

第12条 有条件检验通过。

供应商送的样品、资料与公司的要求出现少许差异时，质量检验人员可以在"检验合格书"中修改或注明，作为"有条件检验通过"。

第13条 供应商须按采购部的要求交货，若实际交货时尚需对零件做少许变动，以改进品质，则不必重新送样及重新测试检验，可视为"有条件检验通过"，并在"样品检验评估报告"上标明"有条件检验通过"的字样。

第4章 样品管理及问题处理

第14条 除紧急采购之外，样品未经公司检验通过前，采购部不得向供应商下订单，否则一律按退货处理。

第15条 样品通过检验后，由采购部统一管理，作为批量采购的比对参考。

第16条 供应商须按采购订单的要求及条件按时交货。

第17条 例如外观、颜色及某些结构在书面上很难明确注明的，公司应留存样品，作为进料检验比对的标准以及公司与供应商品质标准产生争议时的协调依据。

（续）

第18条 样品检验合格后，批量采购发生品质问题或采购条件配合困难时，由采购部向质量管理部申请或由质量管理部自行提出"样品检验作废/恢复通知书"（如下表所示），经上级领导核准后，采购部不得与此供应商再发生业务关系。

样品检验作废/恢复通知书

☐ 样品检验作废通知书

☐ 样品检验恢复通知书

日期：____年__月__日

供应商			
检验通知单编号		品名	
原因分析	☐ 作废理由　　☐ 恢复理由　　☐ 生产作废　　☐ 采购作废		
采购部意见	签字：　　　　　　　　　　　　　　日期：____年__月__日		
质量管理部意见	签字：　　　　　　　　　　　　　　日期：____年__月__日		
审核		承办	

第19条 若供应商原有问题得到改善并已获得质量检验人员认可，则由采购部出具"样品检验作废/恢复通知书"，恢复其合格供应商资格。

第5章 附则

第20条 本制度由采购部和质量管理部共同制定。

第21条 本制度自公布之日起执行。

编制人员		审核人员		批准人员	
编制日期		审核日期		批准日期	

第三节　供应商开发与管理表格

一、供应商调查表

编号：　　　　　　　　　　　　　　　　　　　　　　　　填表人：

供应商基本信息	公司名称			厂址		
	成立日期		占地面积		企业性质	
	负责人			联系人		
	电话		传真		E- mail	
	公司网址					
生产技术设备信息	主要产品及用途					
	检测仪器校对情况					
	主要生产线					
	设计开发能力					
	正常生产能力	__单位/月		最大生产能力		__单位/月
	正常交货周期					
	最短交货期及说明					
产品信息	主要产品及原材料					
	产品介绍					
	产品遵守标准	□ 国际标准	□ 国家标准		□ 行业标准	□ 企业标准
	产品认证情况					
	产品销售区域					
人员信息	公司总体职工数			管理人员		
	技术人员数			质量管理部人数		
财务信息	固定资产净值			营运资金		
	资产负债率			短期负债		
	银行信用等级					
调查时间	____年__月__日			调查人		
部门主管签字						

二、样品评估表

编号：

供应商名称			联系人	
送样品名			联系电话	
样品规格			E-mail	
样品基本检测	外观			
	尺寸	（主要尺寸各取五点，看其是否在公差内）		
初步功能评判结果				
	质量管理部经理	检测员		日期
样品试生产结果				
	生产部经理	试验员		日期
判定结果				
	质量管理部经理	经办人		日期
采购部意见				
	采购部经理	经办人		日期

三、供应商评分表

编号： 填写人： 日期：____年__月__日

供应商基本情况表	名称			计划承接公司产品			
	厂址			涉及加工工艺过程			
	联系人		职务	电话		传真	
	主要生产设备						
	主要检测工具						
评价项目数		评价内容		优	良	中	差	劣

评价项目数	评价内容	优 5	良 4	中 3	差 2	劣 1
1	企业规模					
2	企业信誉					
3	产品质量					
4	产品价格					

（续表）

评价项目数	评价内容	优 5	良 4	中 3	差 2	劣 1
5	产品认证水平					
6	生产技术					
7	加工工艺					
8	开发能力					
9	不合格品控制					
10	配合度					
11	准时交货					
12	历史合作情况					
13	服务范围					
14	售后服务					
15	质量保证体系					

总得分	
评价说明	

评价单位信息			
评价部门/人员	评价意见	签字	日期
总经理审批意见	签字：　　　　　　　　　　　　日期：＿＿年＿月＿日		

四、供应商筛选表

编号：　　　　　　　　　　　　　　　　　　　　　　　日期：＿＿＿年＿月＿日

采购项目				筛选供应商数量				筛选人员										
供应商名称	生产技术			设备情况			产品质量			服务水平			认证水平			管理水平		
	优	良	差	优	良	差	优	良	差	优	良	差	优	良	差	优	良	差
筛选结果																		
筛选总结																		
总经理意见																		

日期：＿＿＿年＿月＿日

五、合格供应商列表

日期：＿＿＿年＿月＿日

序号	供应商编号	供应商名称	联系方式	供应物资	最后复查时间	备注

确认：　　　　　　　　　审核：　　　　　　　　　　　　　　填表：

六、供应商考核评估表

（一）供应商考核表

供应商编号：　　　　　　　　　　　　　　　　　　　　考核周期：＿＿＿天

供应商名称					联系人	
地址及邮编					电话	
考核项目	所占比例	考核指标	指标计算方法			得分
价格	30%	平均价格比率（15%）	（供应商的供货价格－市场平均价格）×100%			
		最低价格比率（15%）	（供应商的供货价格－市场最低价格）×100%			

（续表）

考核项目	所占比例	考核指标	指标计算方法	得分
产品质量	30%	质量合格率（15%）	合格件数/抽样件数×100%	
		退货率（15%）	退货/交货次数×100%	
交货情况	20%	交货准时率（10%）	准时次数/总交货次数×100%	
		按时交货量率（10%）	期间内实际未交货量/期间内应交货量×100%	
服务情况	10%	配合度（5%）	出现问题时配合解决的速度	
		信用度（5%）	期间内失信次数/期间内合作总次数×100%	
管理情况	10%	管理制度是否完善，质量手册是否完整、全面		
总分	100 分	最后得分		
所属等级				

得分分级说明

等级	分数标准	相应措施
A	85～100 分	可加大采购量或给予一定的奖励，质量、逾期率为满分，经管理小组进一步考察，认定特别优秀的供应商的物料可享受免检待遇
B	70～84 分	合格供应商，可正常采购
C	61～69 分	指导供应商，减量采购或暂停采购
D	60 分以下	不合格供应商，予以淘汰

考核人员名单

姓名	所属部门	考核项目	考核意见	签字确认

填表人：　　　　　　　　　　　　　　　　　　　审核人：

（二）供应商考核汇总表

编号：　　　　　　　　　　　　　　　　　　　日期：＿＿年＿月＿日

供应商名称	各项考核分数					等级
	价格得分	质量得分	交付得分	服务得分	管理得分	

（续表）

考核人员名单		
姓名	所属部门	签字确认
考核评语		
总经理意见		

（三）供应商月度评估表

编号：   日期：____年__月__日

供应商名称			联系人	
地址			联系方式	
评估项目			评估得分	备注
质量项目	批合格率			
	合格批次			
	包装质量			
交付项目	到货总批次			
	按时到货批次			
	按时交货率			
产品项目	产品价格			
	产品认证水平			
服务项目	售后服务			
	配合度			
其他项目	开发能力			
	生产工艺改进			
	人员素质能力			
评分总计				
相关意见、建议				
评估者				

（续表）

评估人员列表			
姓名	评估意见	所属部门	签字确认

七、特殊承诺供应商列表

日期：____年__月__日

序号	供应商名称	采购材料类别	计量单位	年度采购量	年度采购金额	合作内容	特殊承诺事项
1							
2							
3							
……							

填表人：　　　　　　　　　　　　　　　审批人：

八、供应商登记变动申请表

编号：　　　　　　　　　　　　　　　　日期：____年__月__日

供应商名称				编号	
供应产品名称	数量	金额	年供货量	重要程度	备注
变动原因					
申请变动原因					
申请变动依据					
申请人			采购部经理		
采购总监			总经理		

第四节　供应商开发与管理流程

一、供应商管理流程

1. 供应商管理流程示例

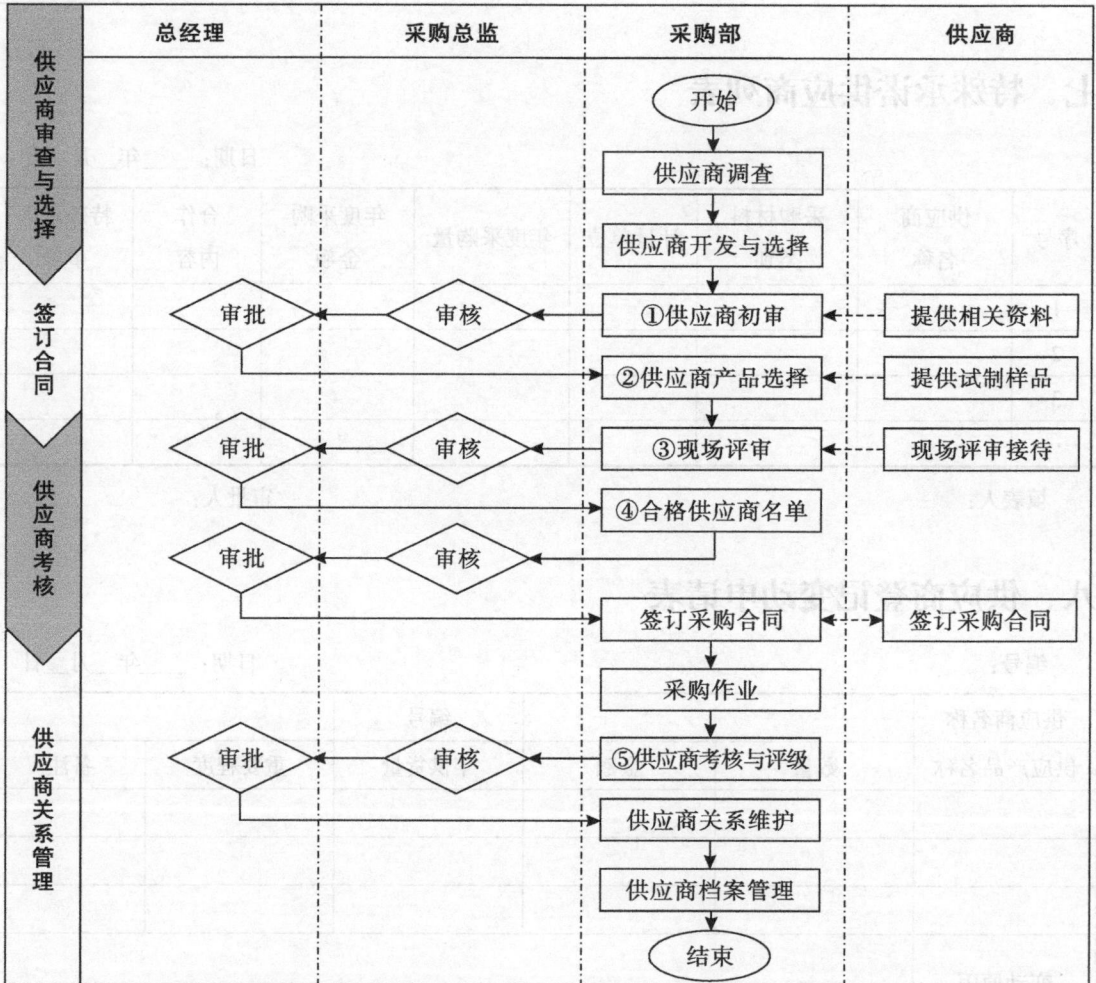

	总经理	采购总监	采购部	供应商

流程纵向阶段标识：
- 供应商审查与选择
- 签订合同
- 供应商考核
- 供应商关系管理

流程图（采购部列）：
开始 → 供应商调查 → 供应商开发与选择 → ①供应商初审 → ②供应商产品选择 → ③现场评审 → ④合格供应商名单 → 签订采购合同 → 采购作业 → ⑤供应商考核与评级 → 供应商关系维护 → 供应商档案管理 → 结束

审核审批环节：
- ①供应商初审 → 审核（采购总监）→ 审批（总经理）
- ③现场评审 → 审核（采购总监）→ 审批（总经理）
- ④合格供应商名单 → 审核（采购总监）→ 审批（总经理）
- ⑤供应商考核与评级 → 审核（采购总监）→ 审批（总经理）

供应商列：
- 提供相关资料 → ①供应商初审
- 提供试制样品 → ②供应商产品选择
- 现场评审接待 → ③现场评审
- 签订采购合同 → 签订采购合同

2. 供应商管理流程关键节点说明

任务概要	供应商管理
关键节点	相关说明
①	供应商管理主管组织人员对初步选定的供应商进行初审，审核内容包括供应商的产品、质量、财务、技术力量、设备和服务的客户等资料，并将初审结果报总经理审批

（续表）

关键节点	相关说明
②	收到供应商提供的样品后，供应商管理主管应组织质量、技术等相关人员按公司相关规定对样品进行检测，并编制检测报告，送相关授权人员审批
③	对于重要产品或原料供应商，应由供应商管理主管组织质量、技术、设备等相关人员对其进行现场评估，评估供应商能否满足公司的要求，并编制评估报告，报采购总监审核、总经理审批
④	根据现场评审与样品检测结果，采购部选定合格供应商，并按照产品的重要程度选定不同比例的供应商编制成册，供采购作业选择
⑤	定期对供应商进行考核与评级，确保其所供应产品的质量符合公司的要求，采购部相关负责人还应根据考核与评级结果不断更新"合格供应商名单"

二、供应商开发流程

1. 供应商开发流程示例

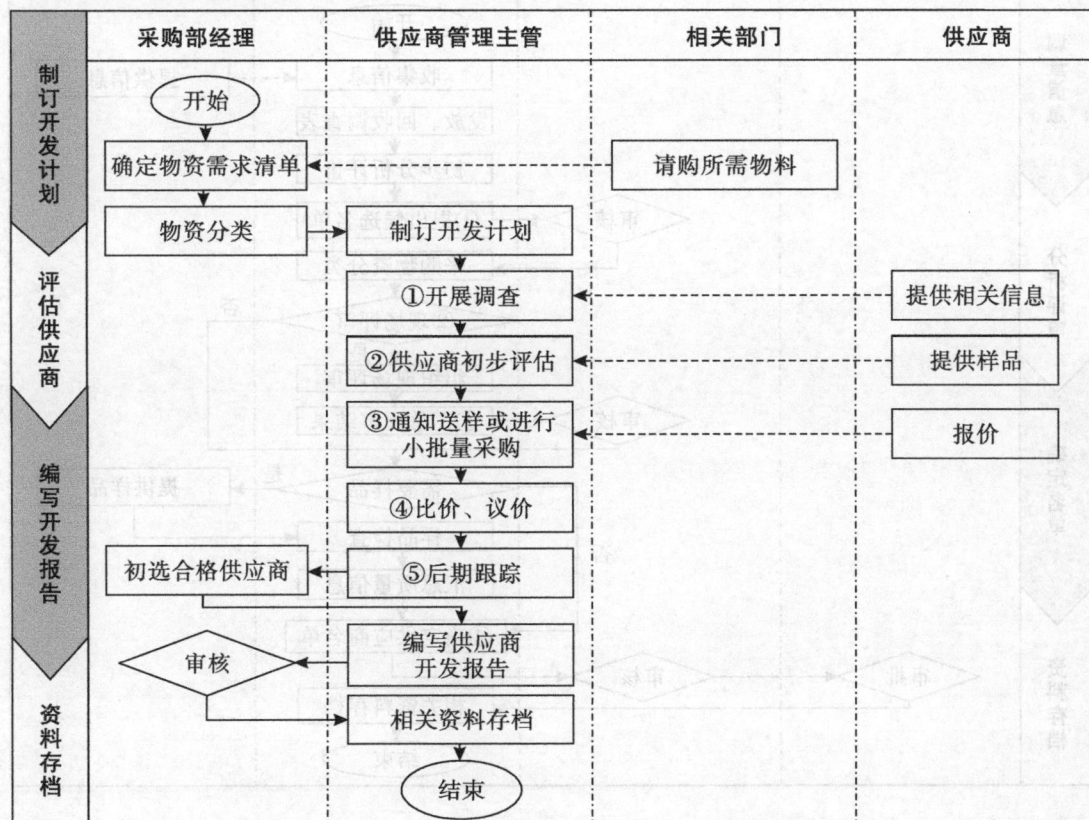

2. 供应商开发流程关键节点说明

任务概要	供应商开发
关键节点	相关说明
①	供应商管理主管根据供应商开发计划开展调查、信息收集工作
②	供应商管理主管对收集到的供应商资料进行分析与评估，并组织成立供应商评审小组，对部分供应商进行实地调查
③	供应商管理主管通知初步评估合格的供应商送样或进行小批量采购
④	供应商管理主管评定样品或合格材料的等级，并进行比价、议价，确定最优的性价比
⑤	供应商管理主管负责供应商后期跟踪工作，并定期对其进行绩效考核，提交供应商开发报告

三、供应商选择流程

1. 供应商选择流程示例

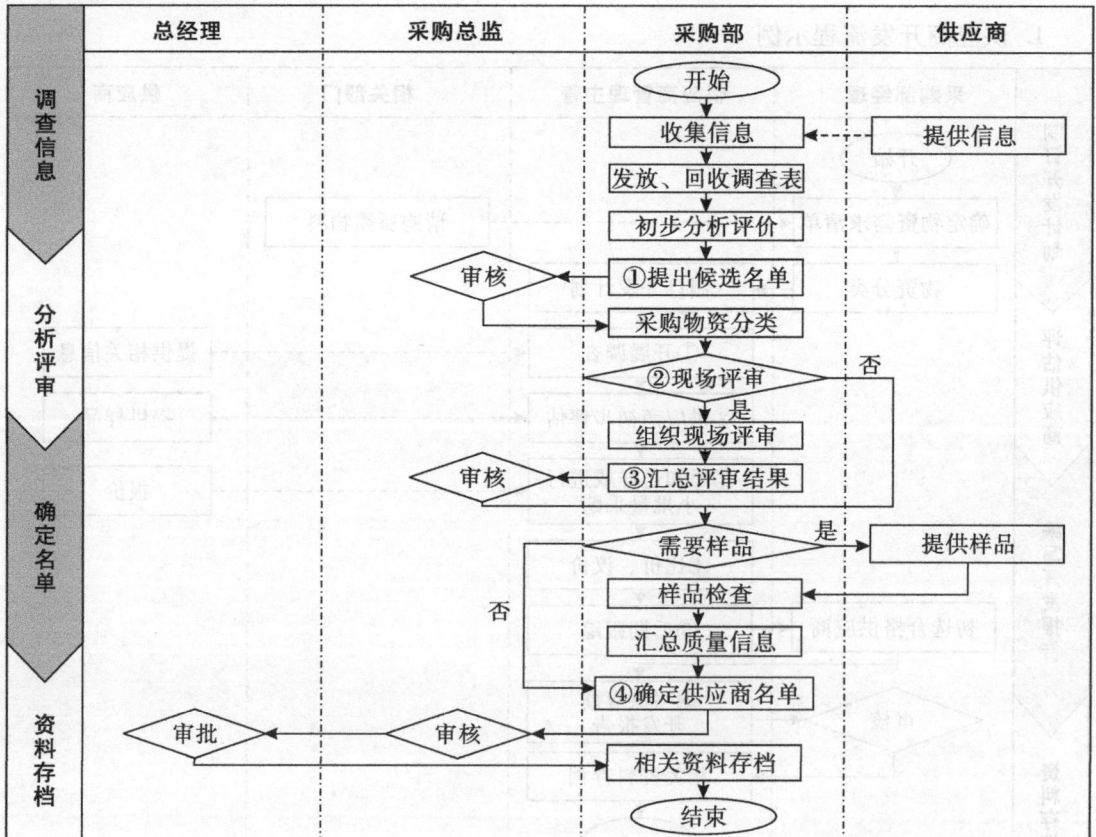

2. 供应商选择流程关键节点说明

任务概要	供应商选择
关键节点	**相关说明**
①	通过筛选，拟定"候选供应商名单"，并报采购总监审核
②	根据采购物资的种类及实际需要判断是否对供应商进行现场评审
③	相关部门负责人汇总评价结果，在候选名单上注明供应商的等级排序；对于无需现场评审的供应商，可直接编制"供应商等级排序名单"
④	根据样品质量分析剔除不合格供应商，进而确定"合格供应商名单"；对于无需提供样品的供应商，可直接将其列入供应商名单

四、供应商初审流程

1. 供应商初审流程示例

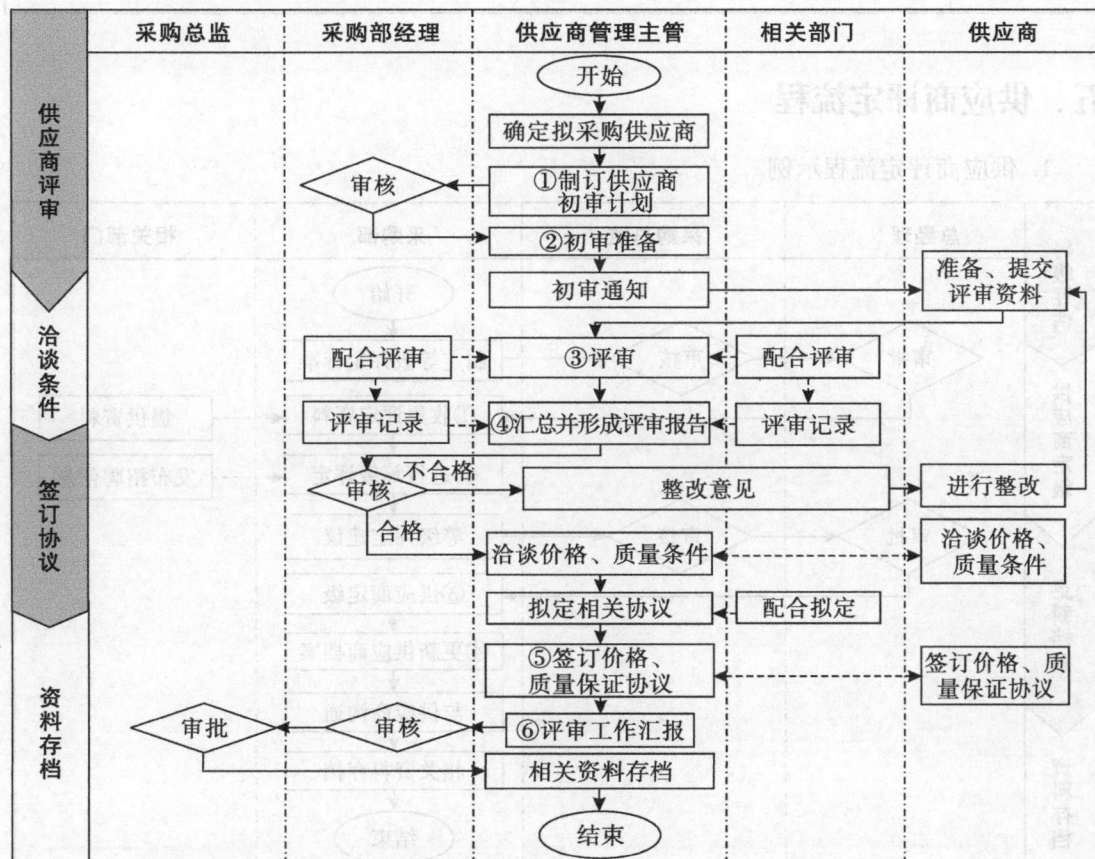

2. 供应商初审流程关键节点说明

任务概要	供应商初审
关键节点	相关说明
①	供应商管理主管确定拟采购供应商，并制订供应商初审计划，经采购部经理审核通过后执行
②	供应商管理主管按照供应商初审计划做好相关准备工作，并将"初审通知"发给供应商
③	所有参加评审的人员须按供应商提供的评审资料对其相关情况进行评审打分，记录评审情况并填写"供应商评审记录表"
④	供应商管理主管汇总所有供应商评审记录，并进行整理与分析，编写供应商评审报告
⑤	供应商管理主管根据洽谈结果拟定并与供应商签订"价格协议"和"质量保证协议"
⑥	采购部经理对"价格协议"和"质量保证协议"进行审核，如果是重要物资采购，则应报采购总监审核、总经理审批

五、供应商评定流程

1. 供应商评定流程示例

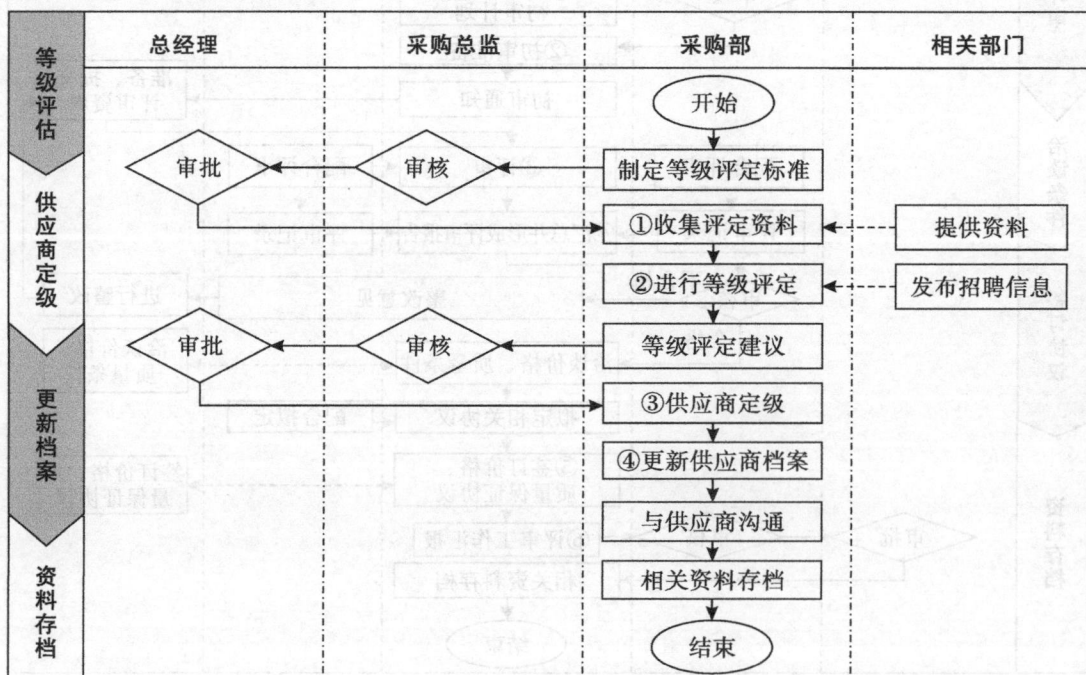

2. 供应商评定流程关键节点说明

任务概要	供应商评定
关键节点	相关说明
①	供应商管理主管安排相关人员收集评定资料，包括样品质量检验记录、产品供应情况等资料
②	参与评定人员应按评定标准对供应商进行评价，并在"供应商评价表"上打分，供应商管理主管则负责提出供应商等级评定建议
③	供应商管理主管根据供应商等级评定建议给供应商定级，形成"供应商等级列表"
④	供应商管理主管及相关人员根据新评定的供应商等级更新供应商档案

六、供应商考核流程

1. 供应商考核流程示例

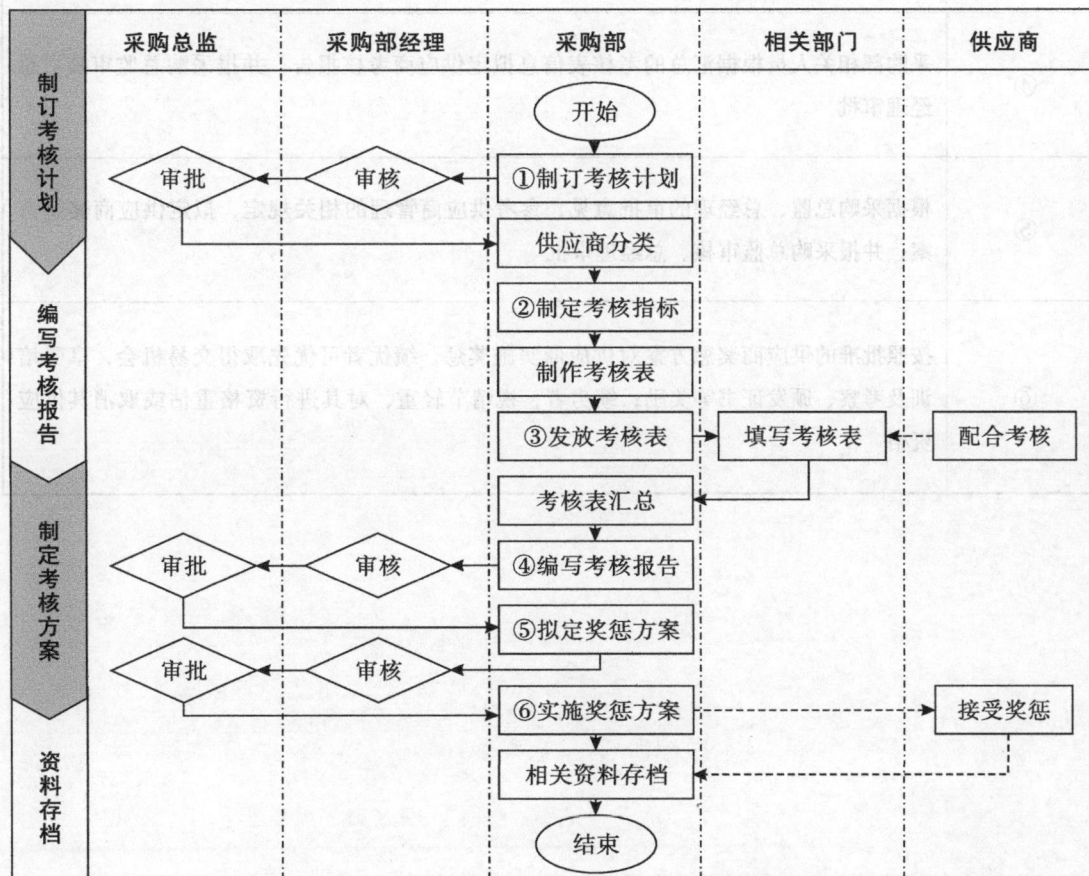

2. 供应商考核流程关键节点说明

任务概要	供应商考核
关键节点	相关说明
①	制订供应商考核计划（包括考核目的、考核方式、组织人员、参与人员等内容）并报采购总监审核
②	根据对供应商的分类分别设置不同的考核指标，对各个考核指标建立评分等级，形成完整的供应商考核指标体系
③	在完成考核表的制作后，一方面要收集供应商的信息，了解考核指标的每个项目，另一方面要向相关部门发放"供应商考核评分表"，对供应商实施考核，必要时可组织考核小组赴供应商生产现场进行考核
④	采购部相关人员根据汇总的考核表信息拟定供应商考核报告，并报采购总监审核、总经理审批
⑤	根据采购总监、总经理的审批意见，参考供应商管理的相关规定，拟定供应商奖惩方案，并报采购总监审核、总经理审批
⑥	按照批准的供应商奖惩方案对供应商实施奖惩，绩优者可优先取得交易机会，享受培训及考察、颁发证书等奖励；绩劣者，视情节轻重，对其进行资格重估或取消其供应资格

七、采购招标管理流程

1. 采购招标管理流程示例

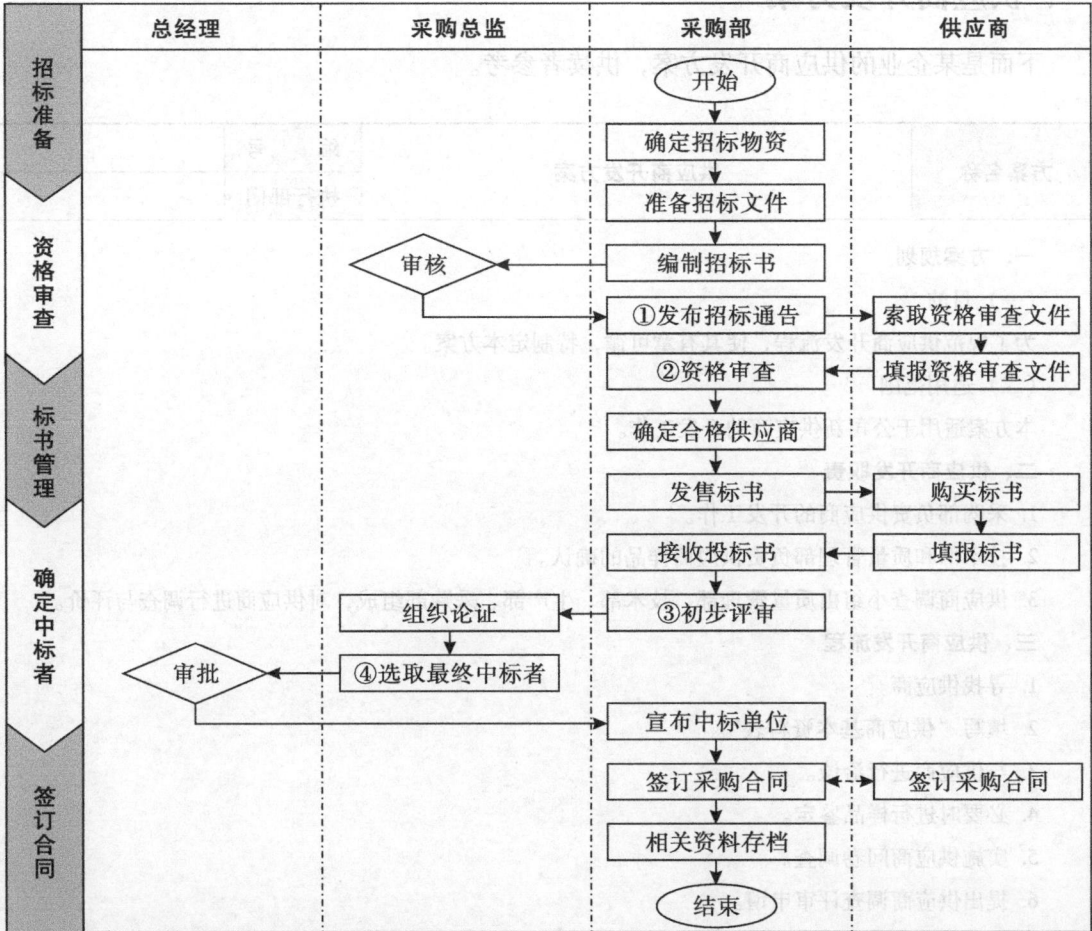

	总经理	采购总监	采购部	供应商
招标准备			开始 → 确定招标物资 → 准备招标文件	
资格审查		审核 ←	编制招标书	
			①发布招标通告 → 索取资格审查文件	
			②资格审查 ← 填报资格审查文件	
标书管理			确定合格供应商	
			发售标书 → 购买标书	
			接收投标书 ← 填报标书	
确定中标者		组织论证 ← ③初步评审		
	审批 ←	④选取最终中标者		
			宣布中标单位	
签订合同			签订采购合同 ↔ 签订采购合同	
			相关资料存档 → 结束	

2. 采购招标管理流程关键节点说明

任务概要	采购招标管理
关键节点	相关说明
①	发布招标通告，说明招标项目的名称、地点和任务等情况
②	收到供应商资格审查文件后，对供应商资质、信誉等方面进行审查，使其满足公司的要求
③	对供应商的投标书进行初步审核，剔除不合格供应商
④	采购总监组织相关人员或专家对经筛选通过的投标书进行论证，选出最终中标者

第五节　供应商开发与管理方案

一、供应商开发方案

下面是某企业的供应商开发方案，供读者参考。

方案名称	供应商开发方案	编　　号	
		执行部门	

一、方案规划

（一）目的

为了规范供应商开发流程，使其有章可循，特制定本方案。

（二）适用范围

本方案适用于公司新供应商的开发工作。

二、供应商开发职责

1. 采购部负责供应商的开发工作。

2. 技术部和质量管理部负责供应商样品的确认。

3. 供应商调查小组由质量管理部、技术部、生产部、采购部组成，对供应商进行调查与评价。

三、供应商开发流程

1. 寻找供应商。

2. 填写"供应商基本资料表"。

3. 与供应商进行洽谈。

4. 必要时进行样品鉴定。

5. 实施供应商问卷调查。

6. 提出供应商调查评审申请。

四、寻找供应商信息

新供应商信息的来源途径一般包括以下十种。

1. 各种采购指南。

2. 新闻传播媒体，如电视、广播、报纸等。

3. 各种产品发表会。

4. 各类产品展示（销）会。

5. 行业协会。

6. 行业或政府的统计调查报告或刊物。

7. 同行或供应商介绍。

8. 公开征询。

（续）

9. 供应商主动联络。

10. 其他途径。

五、填写"供应商基本资料表"

采购部向供应商发送"供应商基本资料表"（如下表所示），由供应商填写。

供应商基本资料表

供应商编号：　　　　　　　　　　　　　　　　　　　　日期：＿＿年＿月＿日

名称		地址					法人
联系人		电话					
传真		E－mail				网址	

公司概况	资本额	＿＿万元	机器设备	名称	台数	厂牌规格	购入时间	购入成本	性能
	建厂登记日期								
	营业执照								
	往来银行								
	开始往来时间								
	停止往来时间								
	所属协会团体								
	协力工厂数								
	协力工厂利用率								
	平均月营业额								

材料来源	材料名称	供应商	备注	员工	职能	人数	干部数	员工数	大学及以上	高中	平均月薪

主要产品	名称	比例	名称	比例	主要客户	名称	比例	名称	比例

确认：　　　　　　　　　　审核：　　　　　　　　　　填表：

（续）

六、实施供应商问卷调查

（一）问卷设计

问卷由采购部负责设计，质量管理部、技术部等相关部门协助。采购部在设计问卷时应注意以下五点事项。

1. 依本公司需要设计内容及格式。

2. 尽可能多地掌握供应商信息。

3. 易于填写。

4. 通俗易懂。

5. 便于整理。

（二）供应商调查

"供应商问卷调查表"（如下表所示）一般包括材料零件确认、质量验收与管制、采购合同、付款方式、售后服务、建议事项。

供应商问卷调查表

供应商名称：　　　　　　　　　　编号：　　　　　　　　　　日期：____年__月__日

项目	调查内容	了解程度状况
材料零件确认	1. 您对本公司的样品确认流程是否了解？	□ 了解　　□ 不了解　　□ 请求当面沟通了解
	2. 您对本公司认定的材料交货依据的规格及样品是否了解？	□ 了解　　□ 不了解　　□ 请求当面沟通了解
	3. 您对本公司认可的样品是否持保留意见	□ 了解　　□ 不了解　　□ 请求当面沟通了解
质量验收与管制	1. 您对本公司的质检标准与方法是否了解？	□ 了解　　□ 不了解　　□ 请求当面沟通了解
	2. ……	
	3. ……	
采购合同	1. 贵公司目前的产品产量能够满足本公司的需求吗？	□ 可以　　□ 不可以　　□ 需设法弥补
	2. ……	
	3. ……	
付款方式	1. 您对本公司的付款条件及手续是否了解？	□ 了解　　□ 不了解　　□ 请求当面沟通了解
	2. ……	
	3. ……	

（续）

（续表）

项目	调查内容	了解程度状况
售后服务	1. 发生质量问题时，您一般主动与哪个部门或主管进行沟通？	☐ 质量管理部　☐ 技术部　☐ 采购部 ☐ 总经理
	2. ……	
	3. ……	
建议事项		

七、其他后续工作

依供应商调查规定，由供应商调查小组负责对供应商进行实际调查及评审，确定是否可以列入"合格供应商名单"。

编制人员		审核人员		批准人员	
编制日期		审核日期		批准日期	

二、供应商调查方案

下面是某企业的供应商调查方案，供读者参考。

方案名称	供应商调查方案	编　号	
		执行部门	

一、方案规划

（一）目的

为了解供应商的生产能力、质量管理水平等，确认其是否有能力提供符合成本、交期、品质的物料，特制定本方案。

（二）适用范围

本方案适用于拟开发供应商调查及本公司合格供应商的年度复查。

二、供应商调查内容

对供应商的调查主要包括财务能力调查、生产设施调查、生产能力调查、成本调查与分析、管理能力调查、质量体系调查、态度调查、绩效评估、销售战略调查和贸易政策。

（续）

三、供应商调查程序

1. 采购部在实施采购前应组织供应商调查小组对拟开发供应商进行调查，以确定其合格供应商资格。

2. 供应商调查小组在对供应商实施调查评价时须如实填写"供应商调查表"（如下表所示）。

供应商调查表

编号： 　　　　　　　　　　　　　　　　　　　日期：____年__月__日

供应商编号				供应商名称		
调查时间				已接受调查次数		

调查评价项目		得分	评分说明	调查评价者	备注
价格评价	1. 原料价格				
	2. 加工费用				
	3. 估价方法				
	4. 付款方式				
技术评价	1. 技术水准				
	2. 资料管理				
	3. 设备状况				
	4. 工艺流程				
	5. 作业标准				
质量评价	1. 质量管理部组织体系				
	2. 品质规范标准				
	3. 检验方法记录				
	4. 纠正预防措施				
生产管理评价	1. 生产计划体系				
	2. 交期控制能力				
	3. 进度控制能力				
	4. 异常排除能力				
合计					

（续）

3. 各部门应根据评估结果提出建议，供总经理核定。

4. 未经调查认可的供应商，不得列为本公司的供应商。

四、供应商调查评估

供应商调查评估的内容如下表所示。

供应商调查评估内容说明表

评估项目	项目细分	评估部门
价格评估	（1）原料价格 （2）加工费用 （3）估价方法 （4）付款方式	采购部
技术评估	（1）技术水平 （2）技术资料管理 （3）设备状况 （4）工艺流程与作业标准	技术部
质量评估	（1）质量管理部组织与体系 （2）品质规范与标准 （3）检验方法与记录 （4）纠正预防措施	质量管理部
生产管理评估	（1）生产计划体系 （2）最短和最长的交货期限 （3）进度控制方法 （4）异常情况排除能力	生产管理部

五、供应商复评

1. 对于经调查认可的合格供应商，原则上应每年复评一次。

2. 复评流程同首次调查评价流程。

（续）

3. 复查不合格的供应商，不可列入次年"合格供应商名单"内。

4. 若供应商的交期、质量、价格或服务发生重大变化，则复评小组可于一年内随时对供应商进行必要的复评。

编制人员		审核人员		批准人员	
编制日期		审核日期		批准日期	

三、供应商筛选方案

下面是某企业的供应商筛选方案，供读者参考。

方案名称	供应商筛选方案	编　号	
		执行部门	

一、总体规划

（一）目的

1. 通过评估筛选，寻求最佳供应商。

2. 降低采购成本，保证供应商提供的产品能满足公司的要求，确保公司的产品质量稳定。

（二）适用范围

本方案适用于所有有意向向公司提供产品与服务的供应商，并对采购人员的采购工作提供指导。

（三）管理职责

1. 采购部负责采购物资的计划、分类及供应商资料的收集和整理，供应商选择、供货价格谈判、采购合同签订等全过程的组织与管理工作。

2. 质量管理部协助供应商管理主管对供应商所提供产品的质量进行检验、评估，同时跟踪、监督合格供应商所提供产品的质量情况。

3. 采购部和质量管理部共同对供应商作出评定，选择合格供应商。

（四）筛选时机

1. 当公司有新产品采购需求时。

2. 当现有的合格供应商不能满足公司的采购需求时。

3. 当现有的合格供应商因发生重大质量事故而停产整顿或有重大变更时。

4. 当现有的合格供应商在审核中不合格且限期整改后仍未通过审核，需要更换供应商时。

二、供应商筛选评价指标体系

对供应商进行筛选时，采购部应根据供应商资料及初步评审结果填写"供应商筛选评分表"（如下表所示），对供应商进行打分，得分高者选定为候选供应商。

（续）

供应商筛选评分表

评选考核项目	具体指标	分数	实际得分	小计	总计
产品质量水平	（1）物料的优良品率	5分			
	（2）质量体系	5分			
	（3）样品质量	5分			
	（4）对质量问题的处理承诺	5分			
交货能力	（1）交货的及时性	5分			
	（2）扩大供货的弹性	5分			
	（3）送样品的及时性	5分			
价格水平	（1）优惠程度	4分			
	（2）消化涨价的能力	4分			
	（3）成本下降的空间	4分			
技术能力	（1）工艺技术的先进性	5分			
	（2）后续研发能力	5分			
	（3）产品设计能力	6分			
	（4）技术问题的反应能力	4分			
后援服务	（1）零星订货保证	5分			
	（2）配套售后服务能力	5分			
	（3）运输距离	5分			
人员配置	（1）质量团队	3分			
	（2）员工素质	3分			
现有合作状况	（1）合同履约率	3分			
	（2）年均供货额外负担和所占比例	3分			
	（3）合作年限	3分			
	（4）合作关系融洽程度	3分			

三、供应商筛选程序

（一）收集供应商资料

1. 采购部和物料部依据产品生产需求及市场有关信息收集目标供应商的详细资料。

2. 应收集的供应商原始资料包括如下图所示的九项内容。

（续）

（1）本公司上一年度向该供应商采购物资的总量

（2）本公司自今年年初以来向该供应商采购物资的数量

（3）该供应商的基本情况，包括发展战略、全国销售代理扩张情况

（4）该供应商在国内的年销售额及本公司的采购量占其总销售额的比例

（5）该供应商在本地域的发展预测

（6）该供应商的信用状况、理赔及涉讼记录

（7）该供应商的价格敏感程度，供货的及时性、准确性以及其客户服务与客户评审政策

（8）该供应商产品质量控制体系及生产组织、管理体系

（9）如果是初次接触的供应商，则应按供应商调查要求收集供应商的各种原始资料

应收集的供应商原始资料

（二）初步评审供应商

1. 供应商原始资料由采购部负责统计和分析，并进行初评，填写"供应商筛选评分表"。

2. 根据公司的具体需求，供应商一般应满足以下七项条件。

（1）通过质量管理体系认证，具有较强的质量保证能力

（2）产品工艺技术先进合理，生产、检测、试验设备齐全

（3）在行业内具有一定的竞争优势

（4）具有较强的产品设计研发能力

（5）企业生产经营及财务状况良好，具备良性发展的潜力

（6）产品价格合理

（7）售后服务良好

供应商应满足的条件

供应商只有符合上述条件，才能进入下一轮的评审。

（三）检测供应商产品

采购部向供应商提供采购物资的有效技术资料（至少包括技术部的技术图纸、质量管理部的"进料检验控制标准"），要求供应商提供样品，送采购质量控制主管及质量管理部进料检验专员进行检验（检验时应以"原材料检验规程"为依据），检验完毕后，质量管理部进料检验专员应将检验结果填入相应的"供应商产品质量评价表"，并及时将该表返回采购部。

（续）

（四）供应商产品试用

通过产品检测的供应商，采购部可向其试订小批量样品，送生产部试用。试用完毕后，生产部需及时将试用结果填入相应的"供应商产品质量评价表"，并将该表返回采购部。

（五）现场评审供应商

1. 现场评审条件。产品检测及试用合格后，由现场评审小组对候选供应商进行现场考察及评审。

2. 现场评审小组的人员构成。现场评审小组一般由采购总监或其授权人员（可以是质量管理部经理或采购部经理）任组长，公司内审员、技术部经理、生产管理部技术工程师及其他相关的事业部人员任组员。

3. 现场评审频率及时间。供应商现场评审是半年度评审，现场评审时间一般为6月＿日、12月＿日，遇休息日顺延。

4. 现场评审内容。现场评审内容主要包括质量体系管理能力、实物质量、财务状况、产品研发能力、工艺保证能力、交货服务能力六个方面的内容。

5. 供应商的原始资料、初评意见、"供应商等级变动申请表"等相关资料需提前两天提交现场评审小组组长。

6. 考察结束后，指定授权人员（一般为质量管理部经理或采购部经理）汇总现场评审结果，经采购总监审核确认后，签发"供应商政策执行通知书"（机密级），并由采购部与财务部负责执行。

7. 供应商确认。采购部负责对现场评审合格的供应商进行汇总并列出"合格供应商名单"，呈报采购总监及总经理批准。上级领导同意后，采购部可根据公司的实际需要与合格供应商签订供货合同。

四、签订供货合同

（一）供货合同签订程序

1. 采购货品分类。

2. 制订采购计划。

3. 进行采购谈判。

4. 签订采购合同。

（二）建立合格供应商档案

1. 采购部负责编制并维护"合格供应商档案"。

2. "合格供应商档案"的内容主要包括供应商的简介和调查表、供应商供应产品明细表、质量技术协议和技术保密协议、营业执照和生产许可证、第二方审核报告和第三方审核证书、采购合同或订单、往来传真记录及采购往来业绩评价记录七个方面的内容。

编制人员		审核人员		批准人员	
编制日期		审核日期		批准日期	

四、供应商考核方案

下面是某企业的供应商考核方案，供读者参考。

方案名称	供应商考核方案	编 号	
		执行部门	

一、目的

为了保证公司所需物资得到有效、及时的供应，提高供应商的供货能力，特制定本方案。

二、适用范围

本方案适用于向公司提供产品（外购、外协）与服务的供应商的评估、考核及选择工作。

三、管理职责

1. 采购总监负责对供应商的考核结果进行裁决。

2. 采购部相关人员负责供应商考核指标的评分工作，并统计考核结果。

3. 质量管理部负责供应商所供应产品的质量及其他方面的评分工作。

四、考核实施细则

1. 考核类别。供应商考核分为月度考核与年度考核两种。

2. 考核项目及评分标准。对供应商的考核主要从产品质量状况、产品交付情况、产品价格水平、服务质量与管理能力五个方面进行，评分标准如下表所示。

供应商考核项目及评分标准

考核内容及权重		考核标准			考核得分
考核内容	权重	评分说明	最高分	最低分	
产品质量状况	60%	1. 主要从进料检验合格率与现场生产不良退货率两方面进行考核 2. 进料检验合格率达到____%，每低1%减____分 3. 现场生产不合格率低于____%，每高出1%减____分			
产品交付情况	15%	准时交货率达到____%，每低1%减____分			
产品价格水平	10%	与同类产品市场采购价格平均水平相比，偏高（____分）、居中（____分）、偏低（____分）			
服务质量	10%	满意度评价达到____分。每低5分减____分			
管理能力	5%	主要从管理人员的流动率、员工培训状况、企业发展前景等方面进行考核，具体考核标准根据公司相关规定进行			

（续）

五、考核结果及运用

公司可将供应商的考核结果分为四个级别，针对不同级别的供应商采取不同的供应商政策，具体内容如下表所示。

供应商等级划分及对应政策

考核得分	供应商类别	结果运用
90～100 分	一级供应商	优先采购
80～89 分	二级供应商	继续合作，但要求其对不足之处予以改善
70～79 分	三级供应商	要求其对不足之处予以改善，根据改善后的结果决定是否对其进行采购、减少采购或是停止采购
70 分以下	四级供应商	减少或暂停采购，并通知供应商提高供货能力

编制人员		审核人员		批准人员	
编制日期		审核日期		批准日期	

五、工程采购招标方案

下面是某企业的工程采购招标方案，供读者参考。

方案名称	工程采购招标方案	编　号	
		执行部门	

一、工程采购招标项目概况

（一）项目名称与概况

（略）。

（二）招标工程项目资金情况介绍

（略）。

二、招标工作小组

公司成立由采购部、工程预算部、经营管理部、审计监察部、投资发展部、市场营销部、财务部等相关部门负责人组成的工程采购招标工作小组，全面负责工程采购招标工作。

三、招标及合同签订时间

（一）开标、评标和定标时间

____年__月__日上午 8 时 30 分，在公司总部办公楼主楼第一会议室公开开标、评标，统计汇总后依据综合评分定标；随后与中标人签订合同；如有变动，另行通知。

（续）

（二）招标签订合同有效时间

合同签订之日至____年__月__日。

四、招标方式

公开招标。

五、招标程序

（一）发布招标公告与资格预审

1. 起草工程采购招标文件，发布招标公告。

2. 发出资格预审文件，投标人填写资格预审文件并提交工程采购招标工作小组。

3. 对投标人进行资格预审，符合资质条件的，发放"资格预审合格通知书"；不符合资质条件的，发放"资格预审结果通知书"。

（二）组织现场勘察

1. 向通过资格预审的投标人发售招标文件、图纸等有关资料。

2. 组织现场勘察，按照招标文件预先确定的时间组织投标人勘察现场，让投标人了解工程项目的现场情况、自然条件、施工条件、周围环境条件等，便于投标人编制投标书。

（三）问题答疑

工程采购招标工作小组负责以书面形式向投标人解答疑问，并将所解答的问题发送给每一位投标人，作为补充文件。补充文件也是招标文件的组成部分，与招标文件具有同等法律效力。

（四）确定中标单位及签订合同

1. 投标人到公司招标采购中心报名，提交投标书并交纳投标押金。

2. 审核投标单位资质证明文件，必要时对其进行实地考察。

3. 组织开标（投标人陈述，每位5分钟）、评标、定标并公布中标结果。

4. 中标单位交纳履约保证金，与公司签订"××工程材料供应合同"。

六、评标办法

本工程项目评标采用综合评估法，评审的因素包括材料质量、投标价格、后续服务、投标人资质等，按竞标人综合分的高低排序（得分相同的，根据资质分排序；若资质分也相同，则按报价分排序），前3名确定为中标人。

七、工程采购投标书的编制要求

（一）投标书的封面要求

投 标 书

投标项目名称：

投标编号：

投标单位（盖章）：

投标人（或其授权代表）签字：

办公地址：

联系电话：

____年__月__日

（续）

（二）投标须知

投标须知

各投标商：

根据国家和地方法律法规的相关规定及本公司的采购计划，为顺利实施本次采购招标工作，请各供应商仔细阅读"投标须知"。

一、投标书投送截止日期

____年__月__日__点前。

二、标书交付

标书需一式一份，密封（盖封口章）送达本公司采购部，逾期不予接受。

三、投标保证金

参加投标的供应商必须交纳__元的投标保证金（转账支票）。

四、采购清单

参加投标的供应商必须认真阅读采购清单的有关内容，对"物资型号"栏中明确品牌型号，但已升级、停产的部件或只提供技术参数的，必须在"投标响应"栏中作出明确响应。

五、报价单要求

1. 报价单均须写明供货日期，并注明报价小计和合计。

2. 报价单须按原件格式认真填报，并有单位公章和投标人签名。

3. 投标报价应包括运输、安装、调试等费用。

4. 参加投标的供应商须以书面形式承诺优惠条件和售后服务事项，对未作出售后服务承诺的，将视为废标。

六、中标单位要求

1. 供应商中标后，本公司可允许各种货物在数量上有少量变动（不超过中标总价的____%）。

2. 中标供应商必须严格按照采购合同规定的规格、型号及技术指标提供货物。

七、验货及付款方式

1. 供应商不得擅自拆封原厂商包装，须在规定时间内送货至本公司，并在本公司采购部和质量管理部的监督下现场拆封。

2. 采购设备安装调试后，由本公司质量管理部和使用部门负责对物资进行检查验收，并于验收合格后在"商品交验单"上签字盖章。

3. 本公司财务部将按入库验收凭证和采购合同进行付款。

八、投标书的内容

1. 政府采购报价清单封面。

2. 法人代表授权书附件。

（续）

（续表）

3. 营业执照复印件、税务登记复印件（加盖公章）。

4. 采购物资报价清单。

5. 售后服务承诺。

九、成交原则

1. 最低报价不能作为中标的保证。

2. 根据符合采购需求、质量和服务相等且报价最低的原则确定成交供应商。

十、附"采购物资清单"

公司采购部

____年__月__日

（三）投标人及其授权代表的资质文件

1. 投标人根据"投标人及其授权代表资质要求"中的相关规定，向公司提供资质证明文件复印件，作为投标书的第三部分。

2. 在提交投标书时，投标人向公司提供资质证明文件原件和复印件（一式一份），审核后退还原件。

3. 资质证明文件制作办法及要求。所有纸质文本复印件均应在空白处用文字说明本复印件的用途和有效期，同时加盖投标单位公章，同一投标人的所有材料中的单位全称、法人、注册号、编号、代码等代表本投标人特征的称谓和数据必须唯一、统一、详细、准确、合法。否则，不得竞标。

4. 资质证明文件在年检期间未办理年检者，无效。

编制人员		审核人员		批准人员	
编制日期		审核日期		批准日期	

六、供应商质量保证方案

下面是某企业的供应商质量保证方案，供读者参考。

方案名称	供应商质量保证方案	编　号	
		执行部门	

一、目的

为了加强供应商质量管理，提高公司产品的质量水平，确保公司的生产经营活动顺利进行，现结合公司的实际情况，特制定本方案。

（续）

二、适用范围

本方案适用于采购部相关人员与供应商签订质量保证协议的相关工作。

三、签订"供应商质量保证协议"

为了确保供应商提供的物资符合公司的质量要求，采购部应与供应商签订质量保证协议，以法律的形式控制采购物资的质量，具体内容如下所述。

供应商质量保证协议

供应商：

感谢贵公司多年来的大力支持，为确保购销合同能够顺利执行，双方的合作不受影响，本公司现对从贵处所采购或委托加工的零件作如下规定。

一、签订合同

1. 采购或委托加工以双方签订"××产品购销合同"的形式确认，乙方需在收到甲方合同三日内对合同进行签字确认，合同一经签订即具有法律效力，甲乙双方必须严格履行。

2. 甲方提供的合同号需在乙方提交的所有交货资料（"装箱单"、质量证明资料）上标明。

二、质量要求

1. 乙方为甲方提供的材料，其质量、性能必须符合甲方的"原材料技术标准"或"外协品内控标准"的相关规定。

2. 乙方每次送货时，必须提供物资合格证或自检报告等证明物资合格的材料。

3. 乙方的产品包装必须符合甲方的要求，包装必须注明生产日期、生产批号、有效期、重量等。

4. 当甲方的客户需要到乙方进行验证时，乙方应给予安排并配合验证工作。

5. 乙方必须保证及时供货。

三、质量记录

由于外购、外协物件的质量直接影响甲方产品的质量，乙方必须采取切实可行的生产工艺和控制方法对其产品的质量进行有效的控制，并保存必要的质量记录资料（工艺卡、原材料证明、检验记录、加工过程参数记录），以便甲方进行现场审核。

四、零件标识

提供外协加工零件的乙方需在图纸规定位置或非加工表面明显位置，用钢印或其他不易消失的方法，清楚地标刻上供应商的代号、零件号（按照采购合同规定使用的图纸或零件清单）和合同号。

五、交货期限及包装

1. 乙方应按照采购合同签订日期或甲方提前通知的交期（传真）按时将货物交给甲方；如有延期，乙方需予以书面说明，并承担由此所造成的一切后果。

（续）

2. 零件须按合同号装箱，"装箱单"上须注明合同号、零件号、零件名称、包装件数、数量、检验人员。乙方须提供适当的包装箱和包装物，确保所有零件在运输途中不会受损，如零件有损坏，甲方将按不合格品退回。

六、质量证明资料

零件出厂前，乙方须对全部零件进行尺寸检验，必要的化学成分和机械性能方面的测试，并在送货时随"装箱单"提交尺寸检验报告和有关材质证明、材质化验报告、机械性能测试报告等。

七、入厂检验及不合格品处理

1. 甲方质量管理部将对进厂的物料进行100％全检或抽样检验，发现不合格品时，将出具"进料异常报告单"，乙方需对不合格品进行原因分析并制定整改措施，在生产中加以改进，确保同类缺陷不再发生。

2. "进料异常报告单"须传回甲方采购部，以便甲方对乙方实施措施的效果进行验证。

3. 同时，检验不合格的物料、外协品、零件将退回给乙方，并由乙方负担甲方实际发生的运输费及试验费。

4. 在实际生产使用过程中，如出现因乙方原因造成的不合格品，也将退回给乙方。

上述各项要求请乙方认真阅读后签字确认。此协议作为合同附件，与双方所签订的合同具有同等法律效力，未尽事宜双方可友好协商解决。

备注：虽然甲方会对关键物资、重要物资、一般物资进行性能试验或检验，但在使用过程中如出现质量问题，乙方不能推卸责任，并应承担全部损失。

本公司（甲方）代表（盖章）：　　　　　　供应商（乙方）代表（盖章）：

签订日期：___年__月__日　　　　　　　　签订日期：___年__月__日

编制人员		审核人员		批准人员	
编制日期		审核日期		批准日期	

第四章　采购价格管理

第一节　采购价格管理岗位职责

一、采购价格主管岗位职责

采购价格主管全面负责采购价格的管理，为采购工作的顺利进行提供保障。采购价格主管的岗位职责如表4-1所示。

表4-1　采购价格主管岗位职责

工作大项	工作细化
1. 制定并落实采购价格管理规范	（1）根据企业采购战略建立并完善采购价格管理体系
	（2）制定采购价格管理制度，并监督其执行情况
2. 审核价格分析报告	（1）组织采购物资的市场价格调研活动，审批调研报告
	（2）审核采购物资市场价格分析报告，确定企业采购物资的价格

二、采购询价专员岗位职责

采购询价专员的岗位职责是在采购价格主管的领导下调查、收集采购物资的价格，并对其进行分析、比对，定期编制采购价格报告，具体职责内容如表4-2所示。

表4-2　采购询价专员岗位职责

工作大项	工作细化
1. 制定采购价格管理规范	协助采购价格主管制定采购价格管理制度，并认真落实该制度
2. 收集价格信息	（1）根据企业所需采购的物资类别收集价格信息
	（2）调查企业采购合同草案中的物资价格
	（3）定期开展采购物资的市场价格调研活动，并编制调研报告
	（4）根据市场变动情况及时更新企业采购价格平台中的数据
	（5）定期对收集的价格信息进行分析，并编制企业采购物资的市场价格分析报告，报采购价格主管审核

第二节　采购价格管理制度

一、采购价格管理制度

下面是某企业的采购价格管理制度，供读者参考。

制度名称	采购价格管理制度	编　　号	
		执行部门	

第1章　总则

第1条　目的。

为了规范采购价格管理及审核流程，确保所购物资高品质、低价格，特制定本制度。

第2条　适用范围。

本制度所涉及的物资采购，既包括生产所需各项原料、辅料、设备以及配件的采购，也包括公司所需办公物资的采购。公司物资采购价格的分析、审核和确认，除另有规定外，均依照本制度处理。

第3条　管理职责。

1. 采购部负责本制度制定、修改和废止的起草工作。

2. 采购总监和总经理负责本制度制定、修改、废止的核准工作。

第2章　价格审核规定

第4条　询价及议价。

1. 采购人员应选择三家以上符合采购条件的供应商作为询价对象。

2. 供应商提供报价的物资规格与请购规格不同或属代用品时，采购部须知会物资需求部门，并请其确认。

3. 对于专业材料、用品或项目的采购，采购部应会同使用部门共同询价与议价。

4. 已核定的材料，采购部必须经常分析或收集资料，作为降低成本的依据。

5. 采购议价采用交互议价的方式。

6. 议价应注意品质、交期、服务兼顾。

第5条　价格调查。

1. 公司各有关单位和部门均有义务协助提供价格信息，以便采购部比价参考。

2. 采购部根据调查的价格信息对采购物资成本进行分析，目的在于确定物资成本的合理性和适当性。成本分析项目主要包括如下图所示的七项内容。

（续）

	(1)	物资的制作方法和生产工艺
成本分析项目	(2)	物资制作所需的特殊设备和工具
	(3)	物资生产所耗费的直接或间接人工成本
	(4)	物资生产所耗费的直接或间接材料成本
	(5)	物资生产制造所需费用或外包费用
	(6)	物资营销费用
	(7)	物资管理费用及税收

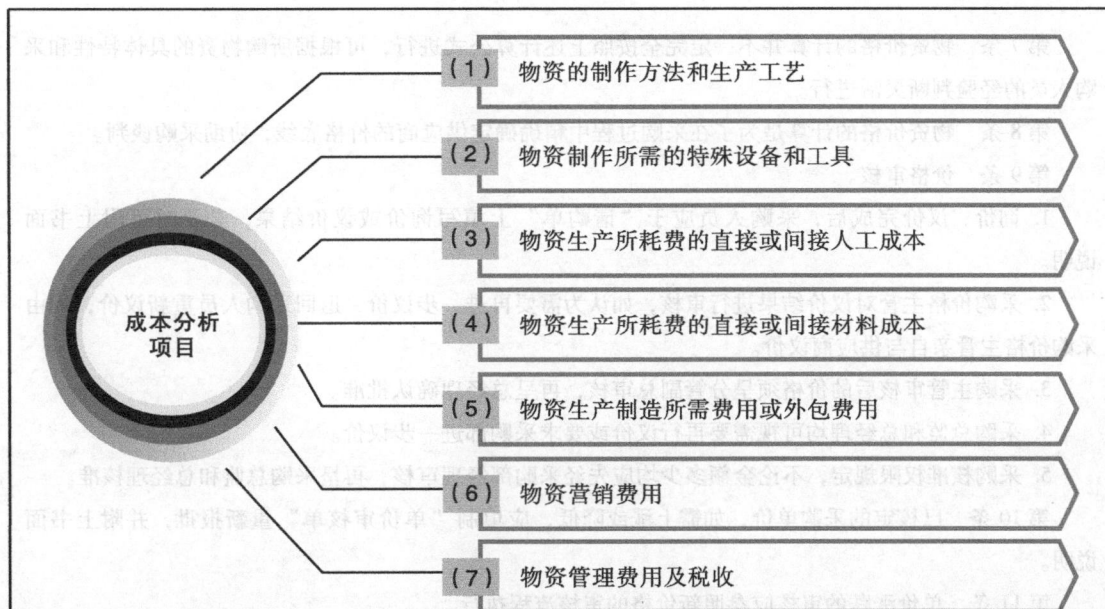

成本分析项目

3. 价格调查的相关资料，可向物资供应商索取。

第 6 条　价格制定。

1. 物资价格包括物资的到厂价、出厂价、现金价、期票价、净价、毛价、现货价、合约价等。

2. 公司所购物资的价格可采用成本加成法、市价法、投资报酬率法等方法来确定。

3. 物资价格参考计算公式如下表所示。

物资价格参考计算公式说明表

计算公式	$P = X \times a + Y \times (b + c) \times d + Z$
具体说明	P 代表物资的价格
	X 代表物资生产制造所需材料的数量
	a 代表物资所需材料的单价
	Y 代表物资生产制造所需要的标准时间（主要作业时间 + 作业准备时间）
	b 代表单位时间的工资率
	c 代表单位时间的费用
	d 代表修正系数，主要是指非正常状态下的特殊情况，包括赶货、试用样品的生产等
	Z 代表物资生产商的预期利润

99

（续）

第7条　物资价格的计算并不一定完全按照上述计算公式进行，可根据所购物资的具体特性和采购人员的经验判断灵活进行。

第8条　物资价格的计算是为了在采购过程中精确确定供应商的价格底线，协助采购谈判。

第9条　价格审核。

1. 询价、议价完成后，采购人员应于"请购单"上填写询价或议价结果，必要时可附上书面说明。

2. 采购价格主管对议价结果进行审核，如认为需要再进一步议价，退回采购人员重新议价，或由采购价格主管亲自与供应商议价。

3. 采购主管审核后的价格须呈分管副总审核，再呈总经理确认批准。

4. 采购总监和总经理均可视需要再行议价或要求采购部进一步议价。

5. 采购核准权限规定，不论金额多少均应先经采购部经理审核，再呈采购总监和总经理核准。

第10条　已核定的采购单价，如需上涨或降低，应填制"单价审核单"重新报批，并附上书面说明。

第11条　单价涨跌的审核应参照新价格的审核流程执行。

第12条　当采购数量或频率有明显增加时，采购部应要求供应商适当降低单价。

第3章　价款支付规定

第13条　物资订购。

1. 采购人员应填制"订购单"向供应商订购物资，并以电话或传真形式确认交期。

2. 若属一份"订购单"多次分批交货的情形，采购人员则应在订购单上明确注明。

3. 采购人员要控制物资订购交期，及时向供应商跟催交货进度。

第14条　供应商提供的物资必须经过公司仓库、质量管理部、采购部等相关部门人员的验收后，财务部方能支付货款。验收主要包括以下八项内容。

1. 确认"订购单"。

2. 确认供应商。

3. 确认送到日期。

4. 确认物资的名称与规格。

5. 清点数量。

6. 品质检验。

7. 处理短损。

8. 退还不合格品。

第15条　验收与付款。

采购人员根据公司财务管理规定，在物资质量检验合格的情况下，会同财务部履行付款义务。

第16条　付款。

1. 付款方式：信用证付款、直接付款和托收付款。

（续）

2. 货款支付手段：公司鼓励实行汇票的货款支付方式。

3. 付款时间：预付款、即期付款和延期付款。

第4章　附则

第17条　本制度执行后，原有的相似制度或管理办法自动废止，与本制度有抵触的规定以本制度为准。

第18条　本制度由采购部制定，自公布之日起执行。

编制人员		审核人员		批准人员	
编制日期		审核日期		批准日期	

二、采购询价作业规范

下面是某企业的采购询价作业规范，供读者参考。

制度名称	采购询价作业规范	编　号	
		执行部门	

第1条　目的。

为了规范公司的采购询价工作，了解市场物资的价格情况，有效控制采购价格，使采购工作顺利进行，特制定本规范。

第2条　适用范围。

本规范适用于公司的物资采购工作，并且所涉及的物资采购既包括生产所需的各项原材料、辅助性材料、各类设备以及配件，也包括公司所需的办公物资。

第3条　管理职责。

1. 采购总监负责采购询价最终结果的审核。

2. 采购部经理负责制定采购询价方案，组织并监督询价工作。

3. 采购人员负责落实具体的询价工作。

4. 其他相关部门负责提出采购需求申请。

第4条　制订询价计划。

相关部门提出采购需求，经部门经理批准后由采购部经理根据公司采购计划和采购物资的急需程度与规模制订采购询价计划。

第5条　成立询价小组。

1. 根据公司的实际情况成立询价小组，询价小组需由采购人员和相关专家共＿＿＿人以上的单数组成，其中专家人数不得少于成员总数的三分之二，并且以随机的方式确定。

2. 询价小组成员名单在成交结果确定前需保密。

101

（续）

第6条 确定询价方式。

询价的方式主要包括口头询价和书面询价，具体内容如下表所示。

询价方式说明表

询价方式	具体说明
口头询价	采购人员以电话、电子邮件或当面向供应商说明采购物资的品名、规格、单位、数量、交货期限、交货地点、付款形式、报价期限等
书面询价	鉴于口头询价容易引起交易纠纷，对于规格复杂且不属于标准化的物资，采购部应采用书面询价的方式进行询价，并由采购人员将询价文件发送给供应商

第7条 确定询价供应商名单。

1. 询价小组负责收集供应商的相关资料，通过查阅供应商信息库和市场调查报告掌握市场动态。

2. 询价小组根据市场调查与分析结果确定____家符合条件的询价供应商的名单；对于非初购的物资，采购人员须在供应商资料库中查询原供应商，并将其直接列入询价供应商名单。

3. 询价小组需将询价供应商名单交采购部经理审核。

第8条 制作"询价单"。

1. 询价供应商名单经采购部经理审核确认后，询价小组编制"询价单"。"询价单"包括但不限于以下几项内容。

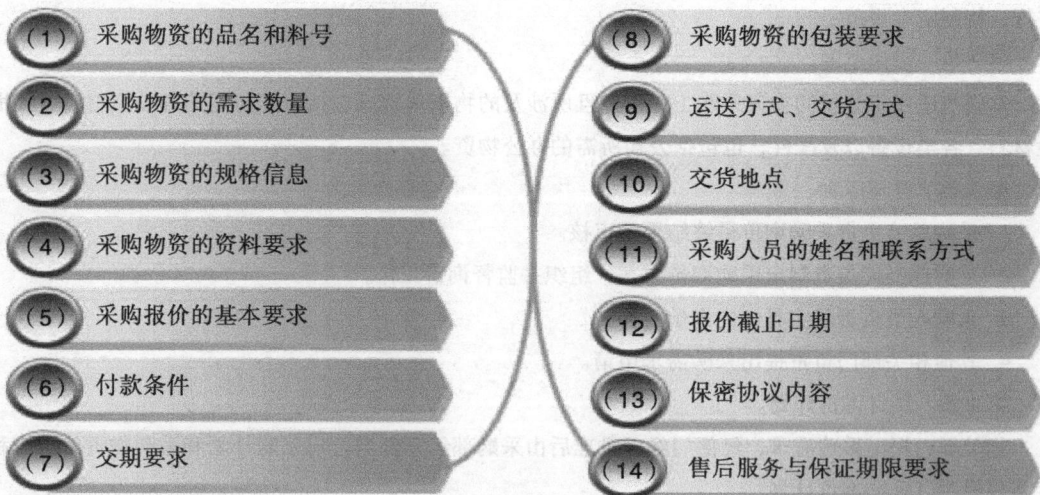

(1)	采购物资的品名和料号	(8)	采购物资的包装要求
(2)	采购物资的需求数量	(9)	运送方式、交货方式
(3)	采购物资的规格信息	(10)	交货地点
(4)	采购物资的资料要求	(11)	采购人员的姓名和联系方式
(5)	采购报价的基本要求	(12)	报价截止日期
(6)	付款条件	(13)	保密协议内容
(7)	交期要求	(14)	售后服务与保证期限要求

询价单的内容

2. 询价过程中，属需附图或规范的物资，询价小组在发送"询价单"时附送图纸或规范至询价供应商。

（续）

3. 询价过程中，属设备类物资，"询价单"中应至少注明如下图所示的四项内容。

（1）供应商必须提供设备运转___年以上的质量承诺，并且保修期内所需的各项备品由供应商无偿提供

（2）供应商必须列举保修期内及保修期满后保养所需的备品明细，包括品名、厂牌、规格、单价、更换周期及备品价格的有效年限与调价原则

（3）供应商需提供设备的装运条件及重量、体积

（4）设备的安装和试运行条件

设备类物资"询价单"的内容

4. 外购物资应直接向国外供应商询价，若供应商通过国内代理商报价，国内代理商则需转送国外供应商的原始报价资料。

第9条　制作"报价单"。

询价小组根据公司的采购计划编制"报价单"（如下表所示）。

报价单

物资名称		规格		材质		特性	
价格信息							
币别	付款方式	报价有效期限			报价（单价）		
					出厂价	批发价	零售价
		___年__月__日至___年__月__日					
供应商信息							
名称		地址		联系方式			
单位盖章（签字）： 　　　___年__月__日							

第10条　发出询价通知。

询价小组将"询价单"和"报价单"以传真或邮件形式发送给供应商，并要求供应商在规定的期限内进行报价。对于逾期报价情形，询价小组一律不予受理（经采购总监核准者除外）。

103

（续）

第 11 条　询价整理与结果呈报。

1. 询价小组在截止报价后要整理分析所有报价，编制"采购询价报告"，报采购部经理审核。

2. 经采购部经理审核并提出修改意见后，采购总监对"采购询价报告"进行审核，确定供应商。

3. 采购人员根据确定结果执行采购。

第 12 条　本规范由采购部制定、修订与解释。

第 13 条　本规范自公布之日起执行。

编制人员		审核人员		批准人员	
编制日期		审核日期		批准日期	

三、采购价格评审办法

下面是某企业的采购价格评审办法，供读者参考。

制度名称	采购价格评审办法	编　号	
		执行部门	

第 1 条　目的。

为了规范公司的采购价格评审工作，降低采购成本，提高公司的经济效益，特制定本办法。

第 2 条　适用范围。

本办法适用于公司所有采购物资、外包件、工序加工协作件等物资的价格评审工作。

第 3 条　管理职责。

1. 采购部负责组建价格评审小组，组织执行采购价格评审。

2. 采购部经理负责指导并监督采购询价、比价、议价过程。

3. 采购专员负责估价、询价、比价、议价等相关工作，并编制"采购物资报价单"。

第 4 条　成立价格评审小组。

价格评审小组主要由各部门主管级以上的人员或其指定人员组成，如财务部经理、生产部经理、质量管理部主管、技术部主管等，由采购总监担任组长，采购部经理担任秘书。价格评审小组的主要职责如下所述。

1. 负责评审"报价单"，并最终确定采购价格。

2. 每季度收集有关物资的价格信息，审查评估物资价格档案，监督相关人员完善物资价格档案并更新相关重要物资的价格档案。

3. 督促采购部积极进行采购价格议价，考核采购部的议价工作。

第 5 条　采购价格评审实施程序。

1. 采购专员根据询价和议价结果编制"采购物资报价单"，经采购部经理审核签字后连同采购底价一同提交财务部。"采购物资报价单"内容如下表所示。

（续）

采购物资报价单

填表人：　　　　　　　　　　　　　　　　　　　　　　　日期：＿＿＿年＿＿月＿＿日

物资名称	规格	使用部门	数量	供应商报价（元）	商定价格（元）	供应商详细信息	交货周期
审批意见					签名： 日期：＿＿＿年＿＿月＿＿日		

2. 财务部根据采购部提交的"采购物资报价单"和采购底价，填制"采购价格评审表"，并提交价格评审小组审核。

采购价格评审表

申报日期：＿＿＿年＿＿月＿＿日　　　　　　　　　　审议日期：＿＿＿年＿＿月＿＿日

物资名称	经办人	供应商				底价（元）	报价（元）	档案价格（元）	商定价格（元）	审议价格（元）	备注
		名称	地址	电话	交货期						
评审意见											
价格评审小组会签											

3. 价格评审小组收到"采购物资报价单"和"采购价格评审表"后，召开小组会议，编制"采购物资成本核算表"，评审、确定采购价格并填写评审意见。

采购物资成本核算表

物资名称	人工成本	材料成本	物资库存管理费用	物流费用	保险费用	其他费用	总计

（续）

4. 价格评审小组向采购部和财务部传达评审结果。

5. 采购人员根据审议结果办理采购或重新与供应商议价。

6. 在采购执行过程中若出现价格问题，采购人员需及时将问题反馈给价格评审小组，价格评审小组根据具体情况按照上述过程进行价格评审，调整采购价格。

第6条　本办法由采购部制定，解释权和修订权归采购部所有。

第7条　本办法自公布之日起执行。

编制人员		审核人员		批准人员	
编制日期		审核日期		批准日期	

第三节　采购价格管理表格

一、询价单

编号：

____公司：

一、本公司因业务需要拟向贵公司洽购下列物资，请速报价，以便进一步联系。

物资名称	规格型号	质检说明	数量

二、来函或来电请洽本公司采购部____先生，电话_____，并请注明贵公司联络人员及电话。

三、附"公司介绍"。

公司采购部
____年__月__日

二、采购询价记录表

采购计划单工作号			询价单工作号			申请采购物资编号		
供应商名称	电话		供应商报价（单价）				备注	
			出厂价	批发价	零售价			
	平均价							
询价员			询价员工号			询价日期		

三、比价、议价记录表

序号	供应商名称	原询单价	货币类别	议价后单价	议价后总价	付款条件	价格条件	交货日期	交运方式	备注
1										
2										
3										
4										
……										
核准						检核				
承办单位主管						承办人				
备注										

四、采购价格调查表

调查人：　　　　　　　　　　　　　　　　　　　　　　日期：＿＿＿年＿月＿日

物资名称	品牌	产地	规格	质量等级	价格（单价）		
					出厂价	零售价	批量价

五、采购底价登记台账

填表人：　　　　　　　　　　　　　　　　　　　　　　日期：＿＿＿年＿月＿日

物资类别	物资名称	规格型号	经办人	供应商名称	底价	备注
原材料						
辅助材料						
办公物资						
其他类物资						

第四节　采购价格管理流程

一、采购价格调查流程

1. 采购价格调查流程示例

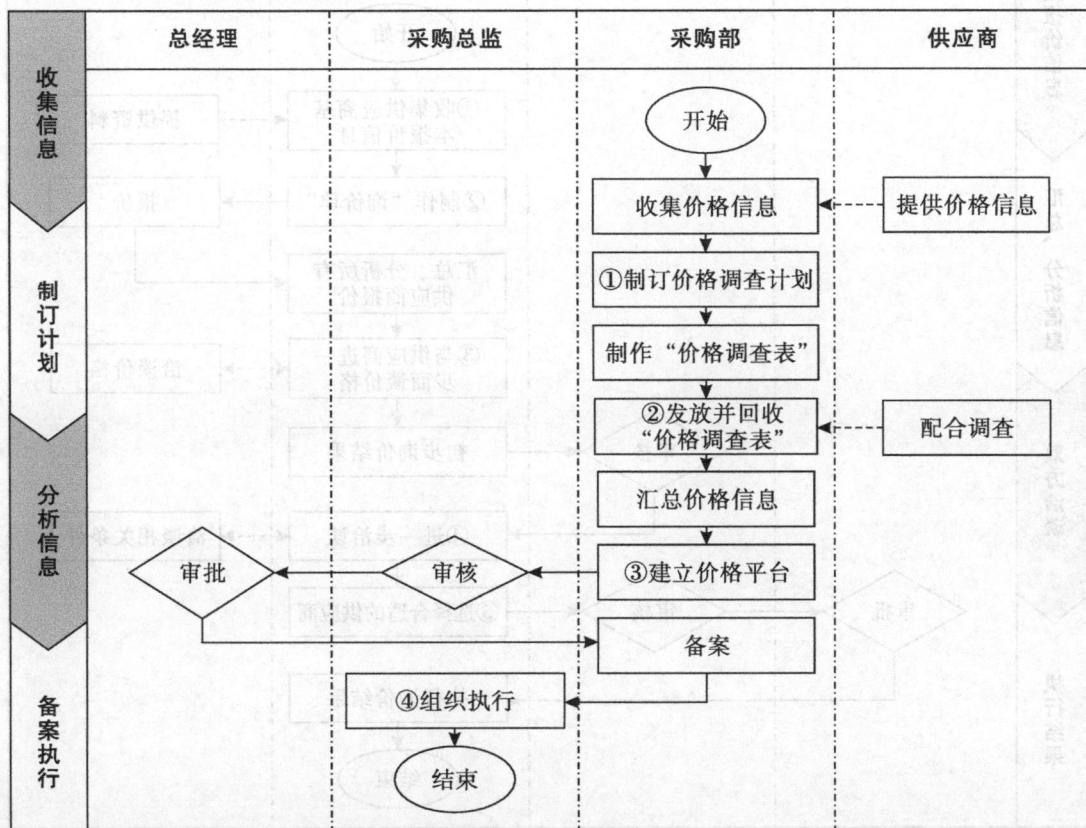

2. 采购价格调查流程关键节点说明

任务概要	采购价格调查
关键节点	相关说明
①	收集并整理相关价格信息，结合采购具体项目制订价格调查计划
②	制作并发放"内部价格调查表"和"外部价格调查表"，进行价格调查，各部门须配合调查
③	整理并分析汇总数据，建立价格平台体系并定期完善
④	采购总监按照价格平台体系进行采购价格管理，监督采购人员执行价格平台体系的情况，及时修正执行过程中发现的问题

二、采购价格询价流程

1. 采购价格询价流程示例

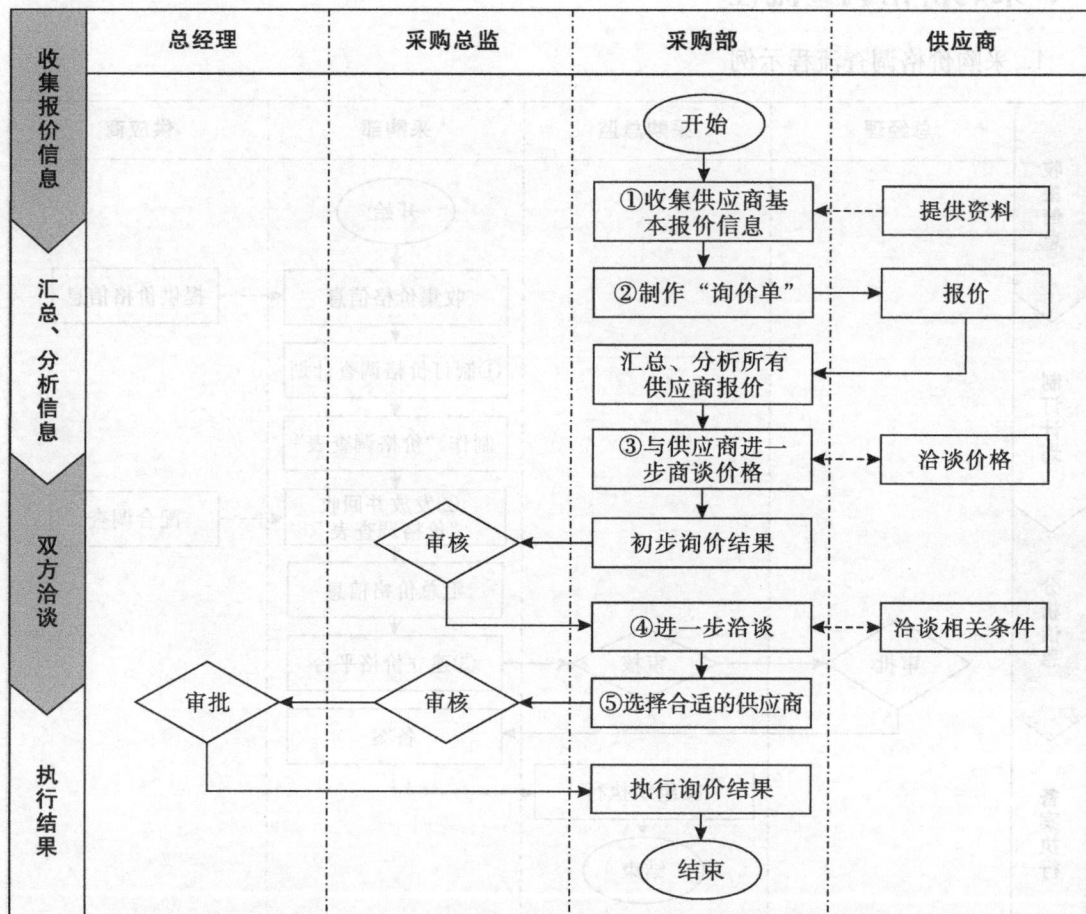

	总经理	采购总监	采购部	供应商
收集报价信息			开始 ①收集供应商基本报价信息 ②制作"询价单" 汇总、分析所有供应商报价	提供资料 报价
汇总、分析信息			③与供应商进一步商谈价格 初步询价结果	洽谈价格
双方洽谈		审核	④进一步洽谈 ⑤选择合适的供应商	洽谈相关条件
执行结果	审批	审核	执行询价结果 结束	

2. 采购价格询价流程关键节点说明

任务概要	采购价格询价
关键节点	相关说明
①	采购人员通过各种渠道收集供应商基本报价信息，充实采购价格数据库
②	根据特定的采购对象，采购人员制作"询价单"，向初步选定的供应商询问价格
③	采购人员负责汇总、整理及分析价格信息，并与各供应商进一步洽谈价格
④	采购人员根据审核意见或建议，继续与价格可接受的供应商洽谈质量、售后、结算等条件
⑤	根据洽谈结果选定价格最优、相关条件最好的供应商

三、采购价格确定流程

1. 采购价格确定流程示例

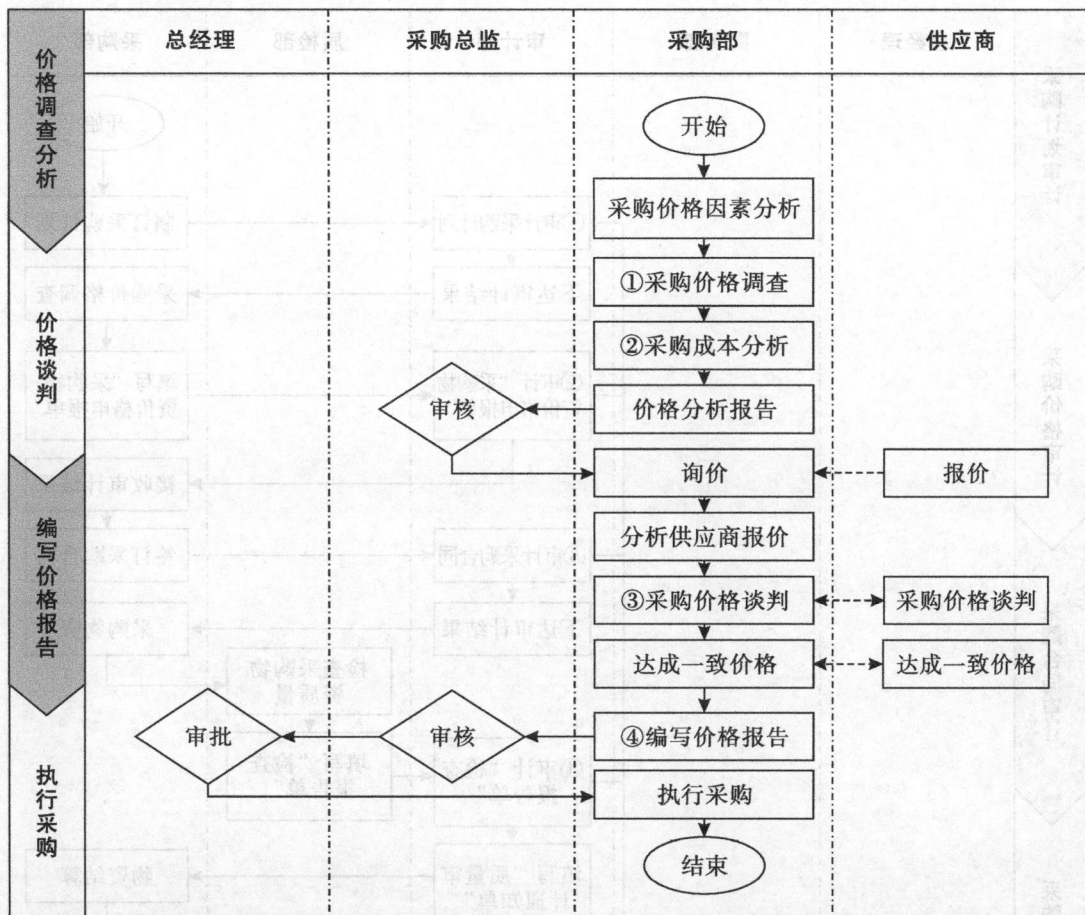

	总经理	采购总监	采购部	供应商
价格调查分析			开始 → 采购价格因素分析 → ①采购价格调查 → ②采购成本分析 → 价格分析报告	
价格谈判		审核	询价 ← 报价 → 分析供应商报价 → ③采购价格谈判 → 达成一致价格	报价 / 采购价格谈判 / 达成一致价格
编写价格报告	审批	审核	④编写价格报告	
执行采购			执行采购 → 结束	

2. 采购价格确定流程关键节点说明

任务概要	采购价格确定
关键节点	相关说明
①	通过对各种采购价格资料的分析，确定影响采购价格的因素，包括供应商成本、产品规格与品质，采购数量和交货条件等，并开展价格调查
②	对拟采购物资的成本进行分析，并编写采购价格分析报告
③	根据询价结果，拟定价格谈判方案，明确谈判目标，进行有效谈判
④	在与供应商达成一致的基础上编写价格报告

四、采购价格审计流程

1. 采购价格审计流程示例

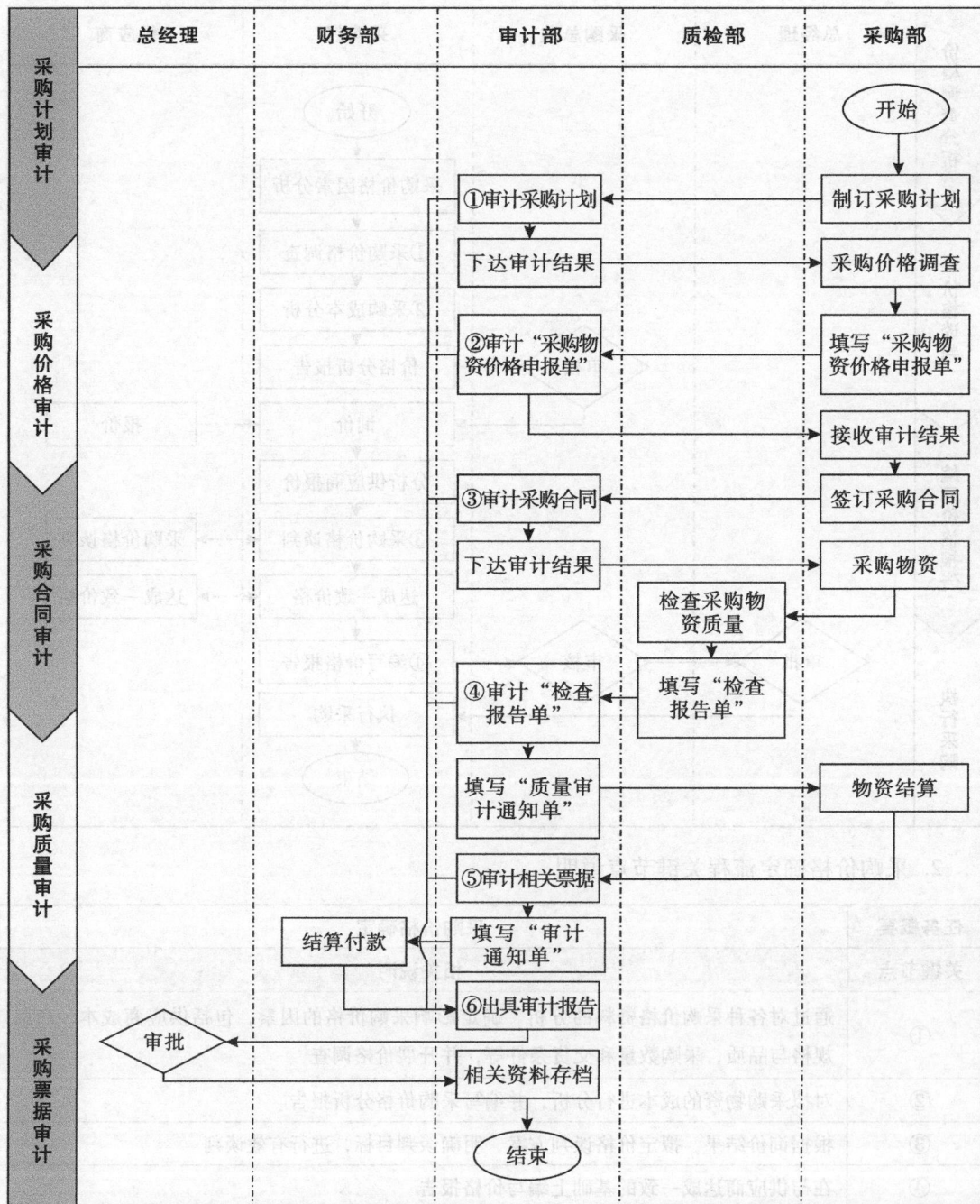

	总经理	财务部	审计部	质检部	采购部
采购计划审计					开始
			①审计采购计划		制订采购计划
			下达审计结果		采购价格调查
采购价格审计			②审计"采购物资价格申报单"		填写"采购物资价格申报单"
					接收审计结果
			③审计采购合同		签订采购合同
采购合同审计			下达审计结果		采购物资
				检查采购物资质量	
			④审计"检查报告单"	填写"检查报告单"	
采购质量审计			填写"质量审计通知单"		物资结算
			⑤审计相关票据		
		结算付款	填写"审计通知单"		
采购票据审计			⑥出具审计报告		
	审批		相关资料存档		
			结束		

112

2. 采购价格审计流程关键节点说明

任务概要	采购价格审计
关键节点	相关说明
①	审计部主要从采购数量和采购价格两个方面对采购计划进行审计
②	审计部根据已掌握的审计标准对采购物资价格申报单进行审计，并签署书面意见，而采购部只能在审计部既定的价格控制标准范围内进行采购
③	达到一定数额的采购物资的采购合同若未经过审计部审计，则不能签订正式合同
④	审计部审计物资质量的审计对象为采购的原材料、辅助材料、燃料等质量因素比重大且能够根据质量检查结果进行折算的物资
⑤	采购部对相关采购票据进行审计主要是审计采购物资的价格是否超出企业制定的当月最高价格、采购物资是否根据质量检验报告进行价格折算、采购物资是否有"采购物资价格申报单"、采购物资是否有采购合同和"入库单"等
⑥	审计部汇总整理审计结果，并根据审计的实际情况出具审计报告，并提出相应的意见和建议

第五节　采购价格管理方案

一、采购价格分析方案

下面是某企业的采购价格分析方案，供读者参考。

方案名称	采购价格分析方案	编　号	
		执行部门	

一、目的

为了规范公司的采购价格分析工作，有效控制采购价格，降低采购成本，提高公司的经济效益，特制定本方案。

二、适用范围

本方案适用于公司的采购物资价格分析工作。

三、成立价格分析小组

价格分析小组由采购价格主管及相关人员____名组成，主要根据采购物资的数量和特性，结合供应商的详细情况，对采购价格进行分析。其中，采购价格主管担任小组组长。

四、收集并整理采购价格信息

1. 采购部通过市场调查了解所购物资的市场价格，并对供应商价格、产品档次和市场变动情况进行详细的了解。

（续）

2. 价格分析小组需对不同供应商的报价单、公司有关成本的历史记录或采购人员的经验、财务部的成本预测信息、供应商提供的成本信息基础资料进行详细的整理，以便作为采购价格分析的依据。

五、采购价格分析方法

（一）数量折扣分析方法

数量折扣是指公司采购的单位价格会随着采购数量的增加而减少。

1. 数量折扣主要包括两类，具体内容如下图所示。

针对具体数量进行报价 | 针对某一数量范围内的报价

通常适用于设备采购
例如，采购1套变压器模具的单价为10 000元，采购2套变压器模具的单价为920元

通常适用于批量采购
例如，采购量在100个以内的单价为10元，采购量在100~200个的单价为8元

数量折扣所包括的类型

2. 采购人员在进行数量折扣分析时不仅应考虑数量折扣带来的价格上的优惠，还应计算因采购数量增加导致的库存占用成本、采购费用等，并进行综合比较确定是否需要调整采购计划。

（二）成本分析方法

1. 供应商的报价一般包括固定成本和可变成本两部分，即价格 = 固定成本/数量 + 单位可变成本。

2. 采购人员在利用采购成本分析采购价格时需准确了解供应商成本的范围。一般情况下，固定成本与变动成本的范围如下图所示。

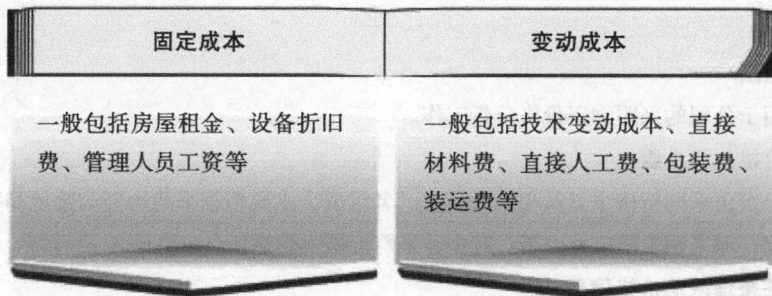

固定成本 | 变动成本

一般包括房屋租金、设备折旧费、管理人员工资等

一般包括技术变动成本、直接材料费、直接人工费、包装费、装运费等

固定成本与变动成本的范围

（续）

（三）组合报价分析方法

组合报价分析是指采购商对供应商提供的"分项明细报价表"进行同类项目的对比分析，从而可以对某一分项成本因素的合理性提出异议，最终达到降低供应商报价的目的。具体分析可参看下例。

某公司需要采购一批台式电脑，从九家供应商中得到了如下的报价表。

某公司的电脑零部件组合报价表

单位：元

供应商 \ 产品	主机	显示器	鼠标	键盘	总计
A	2 798	638	66	79	3 581
B			131		
C	2 599				
D		808			
E	2 292				
F		620			
G			88		
H				63	
I				49	

通过对上表进行分析，可以得出以下结论。

1. 供应商 A 可以完成整个产品的组装，并且提供了分项明细报价。

2. C 与 E 是专门生产电脑主机的供应商，其报价反映了这一分项的市场行情。

3. D 与 F 是生产显示器的专业供应商，B 与 G 是生产电脑鼠标的专业供应商，H 与 I 是生产键盘的专业供应商。

4. 一般情况下，采购人员需向供应商 E 采购电脑主机，向供应商 F 采购显示器，向供应商 A 采购鼠标，向供应商 I 采购键盘。

六、编制采购价格分析报告

价格分析小组根据价格分析结果编制采购价格分析报告，确定采购价格的大致范围，并报采购部经理审核。

编制人员		审核人员		批准人员	
编制日期		审核日期		批准日期	

二、采购底价确定方案

下面是某企业的采购底价确定方案，供读者参考。

方案名称	采购底价确定方案	编　号	
		执行部门	

一、目的

为了规范采购底价的确定工作，确保公司按照合理的采购价格进行物资采购，帮助公司降低采购成本，特制定本方案。

二、适用范围

本方案适用于公司所有采购物资底价的确定工作。

三、市场调研

1. 采购人员对所需物资的市场信息进行收集与整理。

2. 采购人员根据采购计划和物资市场信息选择符合采购条件的供应商，并对其进行调查，收集并分析其物资生产能力、财务及人力资源等方面的信息。

四、采购成本分析

（一）采购成本分析项目

采购部根据物资价格信息对采购物资的成本进行分析，确定物资成本的合理性和适应性，具体分析项目包括但不限于以下五项。

1. 物资的生产制造方法和生产工艺。

2. 物资生产制造所需的特殊设备和工具。

3. 物资生产所耗费的直接或间接的人工成本和材料成本。

4. 物资外协费用和库存管理费用。

5. 物流、运输及保险费用。

（二）采购成本分析的主要工作内容

采购成本分析的主要工作内容包括但不限于以下两项。

1. 核查供应商账簿，验证供应商提供成本信息的真实性。

2. 根据供应商提供的资料对供应商的生产技术、品质保证、工厂布置、生产效率、材料损耗等方面的信息进行评估。

五、采购底价计算

采购底价的计算方法主要包括以下十种，采购人员可依据实际情况选择合理的计算方法，具体内容如下图所示。

（续）

1. 价格标准法	确定标准成本价值的成本尺度，按照此成本尺度计算采购底价	
2. 目标价格法	从产品的卖价逆算出采购物资的底价	
3. 科学简易算法	将构成单价的各要素分别进行分析，计算采购底价	
4. 实际购买价法	参考过去的实际购买价，计算采购底价	
5. 横向比较法	选出和所需物资相同或类似的采购物资，调查影响其成本的参数，并将参数横向比较，计算采购底价	
6. 应用经验法	根据专家的丰富经验算出采购底价	
7. 实际成本法	按照产品的实际生产成本，加上一定的利润和税率，计算出采购底价	
8. 制造商价格法	考虑制造商独自设定提出的物资价格，并计算出采购底价	
9. 市场价格法	参考媒体上的价格资料，研究得出采购底价	
10. 估价比较法	比较两家以上的估价，参考更具有利条件的供应商的估价，计算采购底价	

采购底价的计算方法

六、采购底价审议

1. 采购部确定采购底价后应填制"采购底价审核单"，报采购部经理审核。对于超出采购部经理审核权限金额的采购底价，由采购部经理核实后报总经理审批。

2. 采购部经理将审核通过的"采购底价审核单"交由财务部复核。

3. 当需求物资的市场价格出现波动时，采购部应重新填制"采购底价审核单"并报相关领导审核，同时要附书面说明物资价格的波动原因。

七、采购底价应用

采购部根据各部门审议确定的采购底价进行采购或重新与供应商议价。

1. 以招标方式进行采购时，采购底价应于开标前制定并审议完毕，用于投标价格的对比与限制。

2. 以非招标方式进行采购时，应于价格谈判前确定底价，作为判断资料控制价格底线。

（续）

八、底价保密要求

任何参与底价制定、审核等相关活动的人员对采购底价负有保密责任和义务，严禁任何人在决标前将底价泄露给供应商或其他人员。

编制人员		审核人员		批准人员	
编制日期		审核日期		批准日期	

三、采购价格审议方案

下面是某企业的采购价格审议方案，供读者参考。

方案名称	采购价格审议方案	编 号	
		执行部门	

一、目的

为了尽量降低采购价格，降低采购成本，提高公司的经济效益，特制定本方案。

二、管理职责

（一）采购部经理

1. 指导并监督采购询价、比价、议价过程。

2. 审核采购专员编制的"采购报价单"。

（二）采购专员

1. 根据"采购申请表"，负责采购物资价格的估价、询价、比价、议价等相关工作。

2. 根据以上相关活动编制"采购报价单"，并报采购部经理审核。

（三）价格审议小组

价格审议小组由公司财务部、采购部、生产部、质检部等相关部门选派人员组成，其主要工作职责如下。

1. 审议"采购报价单"中标明的价格，并最终确定采购价格。

2. 每季度收集有关物资的价格信息，审查、评估价格档案，督促相关人员完善价格档案并更新相关重要物资的价格档案。

3. 督促采购部积极进行采购价格议价，考核采购部的议价工作。

4. 在降低采购价格的同时保证采购质量。

三、建立并完善价格档案

（一）价格档案的建立与更新

1. 采购部必须对所有采购物资建立价格档案，并由采购部经理指定专人维护。

2. 询价专员应根据市场情况及时更新物资价格，并注明原因，附上相关证明。

（续）

（二）价格档案的使用

每一批采购物资的报价应首先与归档价格进行比较，分析导致价格差异的原因。如无特殊原因，原则上采购价格不能超过档案中的价格水平，否则相关部门须作出详细说明。

四、建立采购底价

采购底价是指采购所需物资时打算支付的最高价格。采购部负责制定公司相关重要物资的采购底价。

（一）采购底价对控制采购成本的作用

1. 采购底价的制定依据之一是公司的采购预算。采购底价是采购所需物资的最高价格，实际采购价格需低于底价，如此可以有效地把采购费用控制在预算范围内。

2. 采购底价是考核采购专员采购议价工作的标准之一，它有利于激励采购专员努力与供应商议价，降低采购价格，从而降低采购成本。

3. 采购底价可以作为衡量供应商报价的标准，在避免高价购买的同时也可以保证采购物资的质量。

（二）制定采购底价

1. 收集信息资料。采购部在制定采购底价时需调查和收集公司过去的采购记录、市场调查资料、报载行情、同业公会牌价、知名工厂的报价、临时向有关工厂询价、其他机构调查的采购价格等相关资料。

2. 采购底价的计算。采购部根据合理的物资成本、人工成本及作业方法计算物资的采购价格，计算公式如下：

$$采购底价 = 总成本 + 采购对象的预期利润$$
$$总成本 = 采购需求量 × 采购价格 + 标准时间 × （单位时间工资率 + 单位时间费用率）× （1 + 修正系数）$$
$$预期利润 = 单位时间费用率 × 预期利润率$$

注意：标准时间包括主要作业时间和准备时间，修正系数的产生原因包括为急需品加班、赶工及试制等。

在实际工作中，若供应商无法接受采购底价，财务部则需根据采购项目资料逐一分析原因。原因合理的，报财务部经理和主管副总核准后修正采购底价。

五、成立价格审议小组

（一）价格审议小组的构成

1. 价格审议小组的负责人一般是主管副总。

2. 小组秘书由主管副总选派非采购部人员担任，可兼职。

3. 组员是各部门主管级以上的人员或其指定人员，如采购部经理、财务部经理、生产部经理、技术部经理等。

（二）价格审议流程

1. 采购专员根据询价、比价、议价结果编制"报价单"，经采购部经理签字后，提交财务部。"报价单"应包含采购物资的名称、规格、使用部门、数量、供货商报价、商定价格、供货商详细信息、交货期等内容。

（续）

2. 财务部根据采购部提交的"报价单"和采购底价填制并复核"采购价格审议表"（如下表所示）。

3. 财务部将"报价单"和"采购价格审批表"一并提交价格审议小组，作为其审议的依据。

4. 价格审议小组针对"报价单"和"采购价格审批表"召开小组会议，讨论价格审议方法，并由此审议价格。

5. 小组秘书须做好相关会议记录工作，并将审议结果填入"采购价格审议表"。

6. 价格审议小组成员会签审议表，小组秘书向采购部、财务部等相关部门传达审议结果。

7. 采购部根据审议结果办理采购或重新与供应商议价。

8. 相关部门根据审议结果实施奖惩。

采购价格审议表

申报日期：____年__月__日　　　　　　　　　　　　　　审议日期：____年__月__日

采购项目	规格	经办人	供应商	底价（元）	档案价格（元）	供应商报价（元）	商定价格（元）	审议价格（元）
原材料								
辅助材料								
办公物资								
其他类物资								
审议结果及意见								
价格审议小组会签								

备注：

1. "供应商"栏需注明供应商的详细信息，如全称、联系地址、有效联系电话、交期等。

2. "底价"是指财务部制定的相关重要物资的采购底价，即采购所需物资时允许支付的最高价格。

3. "档案价格"是指采购部根据历史记录和市场情况建档的采购物资的价格。

4. 价格审议小组需考虑申报日期与审议日期期间市场价格波动和通货膨胀水平。

（续）

（三）检查评价价格档案

除对采购报价进行价格审议外，价格审议小组须每季度对采购部的价格档案进行一次检查评价，检查内容如下。

1. 检查价格档案的整理、分类等情况。

2. 检查价格档案的更新情况。

3. 评价重要采购物资的价格档案，更新不合理价格档案。

4. 检查采购记录，比对档案价格与实际采购价格，发现问题及时清查。

5. 比对重要物资的底价与档案价格，检查档案价格是否超过底价，如果超出底价，则应及时清查并督促修正。

六、执行价格审议

（一）明确降低采购价格并不等于降低采购成本

采购价格的降低并不完全意味着采购成本的降低，采购价格也并不是影响采购成本的唯一因素，采购交期、采购周期、质量稳定性都是影响采购成本的重要因素。

（二）明确价格审议的目标

价格审议的目标是在保证采购质量和及时采购的基础上尽量降低采购价格，而并不是简单地审议采购单价。

（三）价格审议

1. 价格审议小组需明确了解并掌握采购物资的相关信息，主要包括采购物资的基本信息、采购物资的安全库存、采购物资的库存成本费用情况、采购物资的替代品情况、采购物资的底价等内容。

2. 价格审议小组在了解采购物资的基础上，根据"报价单"和"采购价格审议表"提供的信息，了解供应商的情况，具体包括供应商的实际报价、供应商所提供产品质量的稳定性、供应商的信用情况、供应商的交期情况、供应商的优惠政策、供应商的经营状况六项内容。

3. 通过以上对采购物资与供应商两个方面的调查了解后，价格审议小组讨论采购价格是否合理，最终确定审议结果：审议通过的，小组秘书通知采购部办理采购；审议未通过的，小组秘书向采购部传达价格审议小组的意见和未通过原因，采购部根据结果重新选择供应商议价，并努力改进采购工作。

4. 在价格审议过程中，价格审议小组需考虑采购报价日到审议价格日期间相关物资的价格波动情况和市场通货膨胀水平。

5. 审议结果需应用到考核采购部相关人员的工作中。

编制人员		审核人员		批准人员	
编制日期		审核日期		批准日期	

第五章 采购谈判与合同管理

第一节 采购谈判与合同管理岗位职责

一、采购合同主管岗位职责

采购合同主管全面负责采购合同的管理，开展采购谈判，拟定采购合同，监督采购合同的执行等，为采购工作的顺利进行提供保障。采购合同主管的岗位职责如表5-1所示。

表5-1 采购合同主管岗位职责

工作大项	工作细化
1. 建立采购谈判和采购合同管理体系	（1）建立采购谈判和采购合同管理体系，为实施采购建立执行、控制机制
	（2）制定采购合同管理制度、谈判制度以及相关流程、规范，并按照规范指导工作
	（3）编制采购合同范本，并及时上报领导批准
2. 合同谈判与管理工作	（1）负责合同谈判、合同签订及合同执行工作
	（2）协助上级领导开展采购谈判工作，并对谈判过程进行记录
	（3）根据采购谈判、采购询价等结果，起草采购合同，并及时送审
	（4）检查合同执行情况，预测合同风险，并制定分析防范措施
3. 指导下级员工工作	指导下级员工进行谈判资料和合同文件的整理、汇总和归档工作

二、采购谈判专员岗位职责

采购谈判专员的岗位职责是收集供应商相关信息并进行评估，拟定谈判议案，组织谈判，进行有效议价，具体职责内容如表5-2所示。

表5-2 采购谈判专员岗位职责

工作大项	工作细化
1. 建立谈判管理体系	协助采购合同主管建立采购谈判管理制度与工作规范
2. 开展采购谈判工作	（1）根据采购项目选择谈判目标，并拟定具体的谈判方案
	（2）开展采购谈判工作，进行有效议价，并做好谈判记录
	（3）负责整理、汇总并归档谈判资料

三、采购合同管理专员岗位职责

采购合同管理专员的岗位职责是根据采购合同制度和流程，具体实施价格分析、谈判和合同执行工作，协助采购合同主管防范合同风险，具体职责内容如表5-3所示。

表5-3 采购合同管理专员岗位职责

工作大项	工作细化
1. 建立采购合同管理体系	（1）协助采购合同主管完成采购合同管理体系的建立、完善及更新工作
	（2）协助采购合同主管制定采购合同策略，编制采购合同范本
2. 采购合同管理工作	（1）在采购合同主管的指导下起草采购合同范本
	（2）确定采购合同的主要条款
	（3）参与采购合同谈判工作，执行采购合同风险防范措施
	（4）负责整理、汇总及归档采购合同的相关文件

第二节 采购谈判与合同管理制度

一、采购谈判管理制度

下面是某企业的采购谈判管理制度，供读者参考。

制度名称	采购谈判管理制度	编　　号	
		执行部门	

第1章 总则

第1条 目的。

为了加强公司采购谈判管理，规范采购谈判的相关事项，节约采购费用，降低采购成本，特制定本制度。

第2条 适用范围。

本制度适用于公司采购过程中所有需要进行谈判的采购项目。

第3条 管理职责。

采购部是采购谈判的归口管理部门和具体执行部门，其他部门负责协助。

第2章 谈判准备

第4条 财务部审核通过采购资金预算后，采购部方可着手准备采购项目谈判。

第5条 采购谈判人员应根据采购项目的特点制订谈判计划和方案，经采购部经理与采购总监批准同意后方可执行。

（续）

第6条　采购部应按上级领导审批同意的采购谈判计划和方案安排谈判工作，成立采购项目谈判小组，相关计划与资料应提前发放到参与谈判的人员手中，以便其进行准备。

第7条　公司参与采购项目谈判的人员包括采购部经理、采购合同主管、采购谈判专员，请购部门的代表（一般由专家担任）等。

第8条　采购项目谈判小组的组长一般由采购部经理担任，但当谈判的金额超过万元时，则由采购总监担任。

第9条　采购部在邀请参与谈判的供应商时应从公司的"合格供应商名单"中选取，并且必须选取三家以上。

第10条　采购部应根据采购计划和采购谈判方案列明所购物资的名称、数量、技术规格、要求、预算等相关资料，供采购项目谈判小组成员熟悉。

第11条　在谈判之前，采购项目谈判小组组长应掌握成员对所购物资的性能、参数、型号及市场价格的了解情况，并可视情况召开谈判预备会议，确定谈判有关事宜。

第3章　谈判规定

第12条　采购项目谈判小组成员代表公司形象，在谈判过程中应遵守公司员工行为规范。

第13条　采购项目谈判小组成员应与供应商方面有决定权的人员进行谈判，以免浪费时间，同时避免透露公司的立场。

第14条　谈判应在公司会议室中进行，以便提高工作效率，不得在饭店、KTV等娱乐场所进行。

第15条　谈判负责人在谈判过程中须掌控全局，避免草率作出决定。

第16条　采购谈判人员应注意商务礼仪，不得使用侮辱性动作和语言，同时注意掌握谈判进度和谈判氛围，必要时应转移话题、缓和气氛，防止谈判破裂。

第17条　谈判过程应当保密，无关人员未经许可不得进入谈判会场，参与谈判的人员和工作人员不得泄露与谈判有关的内容，谈判结果未经最后审定不得公布。

第18条　在谈判期间，公司参与谈判的任何人员都不得接受对方的宴请、送礼等，否则按公司相关规定处理。

第19条　参与谈判的任何人员不得以任何方式泄露公司的谈判底线，否则对公司所造成的损失由当事人承担。

第4章　谈判资料管理

第20条　公司的谈判资料包括谈判计划、方案，供应商的报价，谈判过程中各方提出的各种意见、达成的协议等内容。

第21条　采购谈判记录人员必须详细记录谈判过程中各方的要求，作为谈判的原始资料进行保存。

第22条　谈判资料由指定人员进行保存与管理，作为公司机密资料，未经授权任何人不得阅览。

第23条　所有接触到公司谈判资料的人员在公司限定时间内不得泄露其中的内容，否则以泄露公司机密行为论处。

（续）

第24条 谈判资料的其他管理要求可参照公司文档资料的相关管理规定执行。
第5章 附则
第25条 本制度由采购部制定，解释权和修订权归采购部所有。
第26条 本制度自公布之日起执行。

编制人员		审核人员		批准人员	
编制日期		审核日期		批准日期	

二、采购合同管理制度

下面是某企业的采购合同管理制度，供读者参考。

制度名称	采购合同管理制度	编 号	
		执行部门	

第1章 总则

第1条 目的。

为了加强采购合同管理，防范采购合同风险，维护公司的利益，现依据国家相关法律法规及公司采购合同管理规定，特制定本制度。

第2条 适用范围。

本制度明确了采购合同管理部门的职责，规定了采购合同管理的基本原则、运行机制及具体内容，适用于公司生产所需物料及公司日常所需各种物资的对外采购合同的签订、履行和管理工作。

第3条 管理职责。

采购部负责采购合同的谈判、起草、执行、变更等工作，采购部经理、采购总监和总经理对采购合同进行审批。

第4条 采购合同的形式。

采购合同的订立必须采取书面形式，经签约双方协商的有关修改采购合同的文书、传真、图表、电子邮件、报价书和会签表等，均属于采购合同的范围。

第5条 采购合同的内容。

采购合同包括九项基本内容，即当事人姓名、住所和联系方式，标的全称、价款或报酬，数量和规格型号，品质和技术要求，履约方式和期限、地点，验收标准和方式，付款方式和期限，售后服务和其他优惠条款，违约责任和解决争议的方法。这九项内容必须编写齐全，各项内容的条款应当明确、具体，文字表达要严谨，书写要工整。

第2章 采购合同签订

第6条 采购签约权限的规定。

1. 采购部经理有权签署标的额在5 000元以下的采购合同。

（续）

2. 采购总监有权签署标的额在 5 000～20 000 元的采购合同。

3. 标的额在 20 000 元以上的采购合同需由总经理签署。

4. 公司所属分支机构和分公司的采购合同须在总经理的授权范围内签署。

第 7 条　采购招标。

1. 根据国家与公司的相关规定，对于大宗物资［单价在 50 000 元（含 50 000 元）或批量 50 000 元（含 50 000 元）以上的物资］的采购，须实行公开招标。

2. 对于需要实施招标采购的物资，公司成立由采购部、财务部等相关部门参加的采购招标小组，负责具体的招标事宜。

第 8 条　供应商调查。

签订采购合同前，采购人员就对方的信用（含经营范围、银行资金、履约能力、技术和质量等级、法人资格、签约人是否是法人代表或经法人代表授权的委托代理人等）进行全面了解。标的总价在 20 000 元以上的采购合同应当形成书面报告，并就对方的资信情况形成会审意见。

第 9 条　起草采购合同。

采购合同主管或采购招标小组根据对方资信和谈判情况起草采购合同。

第 10 条　采购合同审批程序。

采购合同主管或采购招标小组根据对方的资信情况、谈判情况起草采购合同，并报上级领导审批。

1. 采购合同主管提交采购合同初稿会审稿。采购合同文本原则上不得对公司所立项目及有效的"招标会签表"中所确定的重要内容，如标的、数量、质量、价款或报酬，中标单位等作出变动或更改。如遇特殊情况，相关人员须采用书面形式加以说明，再由上级领导按照有关规定重新审查确认。

2. 采购合同初稿会审稿审查。采购合同签订前，有关责任人应当对采购合同初稿会审稿所涉及的内容进行全面审查。采购合同审查流程如下图所示。

（1）财务部主要负责对采购合同价款的形成依据、款项收取或支付条件等条款进行审查并提出意见

（2）法律顾问主要对采购合同条款的合法性进行审查并提出审查意见

（3）采购总监负责对采购合同内容进行全面审查并提出审查意见

（4）总经理根据相关部门所提意见、办理程序的规范性以及其他需要审查的内容对采购合同进行审阅并签署意见

（5）采购部经理在审查后签字，表示认可采购合同文本

（6）采购部根据总经理的审查意见修改采购合同文本，并报送审查，审查通过后由总经理或受总经理委托的采购合同签订代理人正式与供应商签订采购合同

采购合同审查流程图

（续）

第 11 条　采购部根据对初稿会审稿修订签审后的采购合同定稿签订采购合同，零星物资根据财务部、设备部和使用部门签订的"零星物资采购合同主要条款会签表"签订采购合同。

第 12 条　采购合同签订过程中各部门的职责划分。

1. 采购部负责采购合同签订前的合同询价、议价、调研等工作。

2. 法律顾问对采购合同内容的合法性和可能产生的法律后果进行把关。

3. 财务部和质量管理部配合采购部做好采购合同货款和采购合同标的的质量检验工作。

4. 其他部门在各自部门职责范围内对采购合同的管理提供支持。

第 13 条　采购部、财务部和行政部各留一份采购合同原件，法律顾问留一份复印件。

第 3 章　采购合同履行

第 14 条　采购合同签订后即生效，具有法律约束力，公司必须按照采购合同的约定全面履行规定的义务，遵守诚实信用原则，根据采购合同的性质、目的和交易习惯履行通知、协助、保密等义务。

第 15 条　在采购合同履行过程中，采购部应根据采购合同的履行情况编制"履约管理台账"，做好详细全面的书面记录，并保留相关能够证明采购合同履行情况的原始凭证。

第 16 条　遇履行困难的采购合同必须及时向相关参与采购合同管理的部门通报并报告相关领导。

第 17 条　在采购合同履行过程中出现下列情况之一时，采购部应及时报告相关领导，并按照国家相关法律法规和公司有关规定及采购合同约定与对方协商变更或解除采购合同。

1. 由于不可抗力因素导致采购合同不能继续履行的。

2. 由于对方在采购合同约定的期限内没有履行采购合同所规定义务的。

3. 由于情况变更，致使我方无法按约定履行采购合同，或虽能履行但会导致我方重大损失的。

4. 其他采购合同约定或法律规定的情形出现。

第 18 条　采购合同发生纠纷时，采购部相关人员应会同法律顾问与对方协商解决，协商不成需进行仲裁或诉讼的，相关部门应协助法律顾问办理有关事宜。

第 4 章　采购合同管理纪律要求

第 19 条　参与采购合同签订和采购合同管理的人员不得出现下列情况，否则公司将视情节轻重给予相应处分。

1. 泄露或私自更改采购合同的内容。

2. 丢失采购合同。

3. 损害公司的利益。

4. 在参与采购合同制定、签订的过程中出现严重的不负责任的行为。

第 20 条　参与采购合同履行的人员违反国家和公司相关规定，给公司造成经济损失或其他损失的，视其性质和情节轻重，由公司给予责任人行政或经济处罚。

第 21 条　对于触犯法律的人员，移交司法部门处理，公司保留对责任人的追索权。

第 5 章　采购合同资料管理

第 22 条　采购部负责采购合同资料的收集、汇总、保存和存档、送档等工作。

（续）

第 23 条	财务部负责采购合同管理过程中所涉及的原始凭证、票据的备份和保存工作。
第 24 条	行政部负责采购合同资料的归档和查阅工作。

第 6 章　附则

第 25 条	本制度未尽事宜依照国家有关的法律法规和政策执行。
第 26 条	本制度自公布之日起执行，在此前发布的有关规定与本制度相抵触的，以本制度为准。

编制人员		审核人员		批准人员	
编制日期		审核日期		批准日期	

三、采购合同评审办法

下面是某企业的采购合同评审办法，供读者参考。

制度名称	采购合同评审办法	编　号	
		执行部门	

第 1 条　目的。

为了规范采购合同的评审工作，防范采购合同风险，维护公司的经济利益，特制定本办法。

第 2 条　适用范围。

本办法适用于公司采购过程中的合同评审工作。

第 3 条　管理职责。

1. 总经理、分管副总、法律顾问和财务部分别对采购合同的初稿进行审核。

2. 采购部负责总结各方审核意见并修改合同文本。

第 4 条　采购合同的评审内容。

采购合同的评审内容包括但不限于以下七项。

1. 采购合同主体。评审采购合同主体主要是评审双方的采购合同签订者是否为公司的法定代表人或具有代理权限和行为能力的代理人。

2. 采购合同标的。评审采购合同标的主要是评审采购合同标的的合法性和对标的的所有权。

3. 采购物资的数量与质量。

4. 采购金额。评审采购金额主要是评审采购合同签订的金额是否与双方确定的金额一致。

5. 履行期限、地点和方式。

6. 采购合同的解除、中止和终止。

7. 违约责任。评审违约责任主要是否评审相关规定是否具有可操作性。

第 5 条　采购合同的评审程序。

采购部根据采购合同初稿填写"采购合同审批表"，并将合同初稿与审批表一同送达相关部门进行评审。

129

（续）

| 第6条 采购合同的评审结果应用。 | | | | | |

　　第6条　采购合同的评审结果应用。

　　1. 采购部根据相关部门评审采购合同的意见和建议，汇总分析采购合同初稿存在的问题，并根据实际需要与供应商进行洽谈协商。

　　2. 采购部与供应商就修改条款达成一致意见后，由采购合同管理专员对合同条款进行修改，并将修改完的采购合同分别送交相关人员进行审核。

　　3. 采购合同经复查确认后，采购部根据复审结果编制正式的采购合同。

　　第7条　本办法由采购部制定、解释与修订。

　　第8条　本办法经自公布之日起执行。

编制人员		审核人员		批准人员	
编制日期		审核日期		批准日期	

第三节　采购谈判与合同管理表格

一、采购谈判计划表

谈判议程	谈判议题	谈判目标			谈判策略		参加人员
		最优目标	预期目标	底线目标	备选策略	实施策略	

二、采购谈判记录表

记录人：　　　　　　　　　　　　　　　　　　　　　　日期：＿＿年＿月＿日

供应商名称		谈判时间	
供货时间		谈判地点	
采购产品名称		数量	
产品规格型号		目标价格	
技术要求			
质量要求			

（续表）

谈判内容描述	（内容较多可以附表）	
谈判主要争议点		
谈判结果		
谈判参加会签		
主管领导审批意见	签字：	日期：___年__月__日

三、谈判僵局分析表

僵局是否存在	僵局存在，分析原因			僵局不存在，创造僵局		
	原因	是或否	具体表现	方法	是否采用	具体操作
具体分析项目及内容	议事规则	□是 □否		增加议题	□是 □否	
	双方权力均等	□是 □否		引发冲突	□是 □否	
	双方互不让步	□是 □否				
	一方或双方在作秀	□是 □否		双方结盟	□是 □否	
	谈判人员行为失误	□是 □否		拖延时间	□是 □否	
	信息沟通存在障碍	□是 □否		其他	□是 □否	

四、合同签订审批单

填表人：　　　　　　　　　　　　　　　　　　日期：___年__月__日

采购业务		采购物资名称	
合同编号		送入系统时间	
合同草签基本内容			
供应商名称			
采购数量		采购单价	

131

（续表）

采购金额		交货时间	
其他特别条款			
采购总监审核意见	签字：		日期：___年__月__日
法律顾问审核意见	签字：		日期：___年__月__日

五、合同信息统计表

登记人：　　　　　　　　　　　　　　　　　　　　　　日期：___年__月__日

序号	合同编号	合同内容	供应单位	合同数量	合同单价	合同总额	采购形式	联系人及联系方式
1								
2								
3								
……								

审核人：　　　　　　　　　　　　　　　　　　　　　审批人：

第四节　采购谈判与合同管理流程

一、采购谈判管理流程

1. 采购谈判管理流程示例

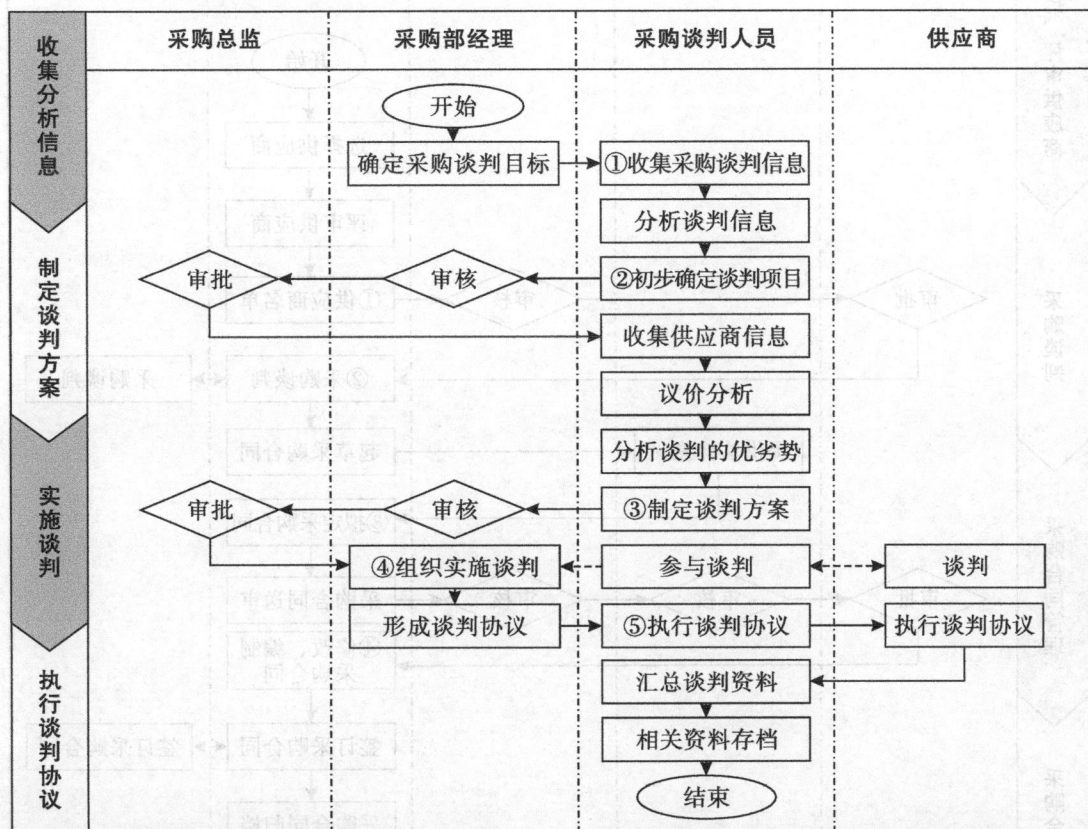

收集分析信息	采购总监	采购部经理	采购谈判人员	供应商
		开始		
		确定采购谈判目标	①收集采购谈判信息	
			分析谈判信息	
制定谈判方案	审批	审核	②初步确定谈判项目	
			收集供应商信息	
			议价分析	
			分析谈判的优劣势	
实施谈判	审批	审核	③制定谈判方案	
		④组织实施谈判	参与谈判	谈判
		形成谈判协议	⑤执行谈判协议	执行谈判协议
执行谈判协议			汇总谈判资料	
			相关资料存档	
			结束	

2. 采购谈判管理流程关键节点说明

任务概要	采购谈判管理
关键节点	相关说明
①	由于采购谈判具有不确定性，在确定采购谈判目标时，应确立不同层次的目标，包括最高目标、中等目标和最低目标
②	根据采购物资需求，初步确定需要谈判的采购项目，对谈判内容予以确定，包括物资品质、包装、价格、数量、折扣、付款条件、交期等
③	收集供应商信息，包括供应商的运营状况、商业信誉、供货成本价格底线等，进行议价分析，确立议价底线，明确采购目标，分析谈判的优劣势，制定谈判方案
④	采购部经理组织相关人员同供应商进行谈判，采购部经理在权限范围内有一定的决策权，可以对谈判过程进行控制，灵活作出决定
⑤	严格执行采购谈判结果，接受采购总监的监督

二、采购合同制定流程

1. 采购合同制定流程示例

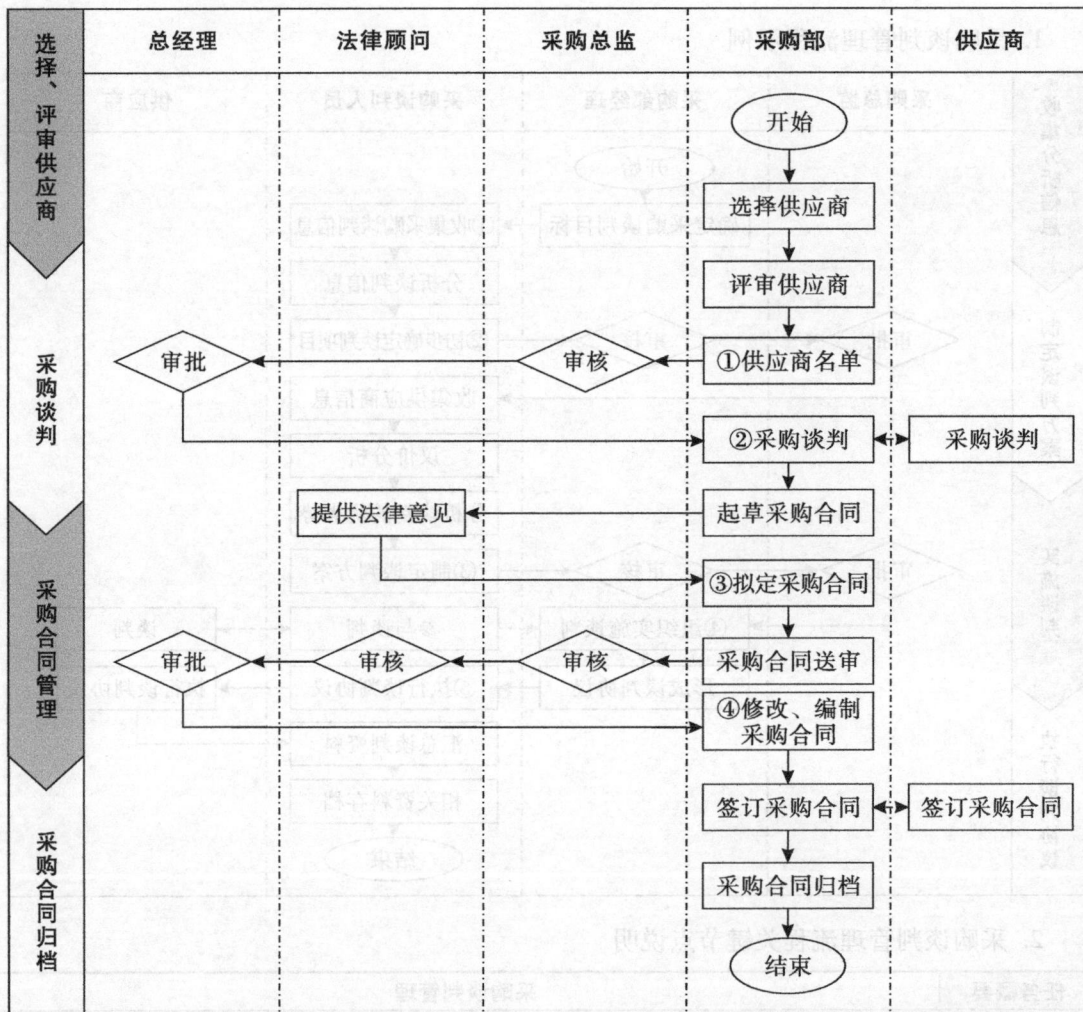

选择、评审供应商 / 采购谈判 / 采购合同管理 / 采购合同归档	总经理	法律顾问	采购总监	采购部	供应商

2. 采购合同制定流程关键节点说明

任务概要	采购合同制定
关键节点	相关说明
①	采购部会同相关部门和人员对供应商的综合实力进行评审，最终形成供应商名单
②	根据采购项目明确采购目标，制定采购谈判方案，并与供应商进行有效谈判
③	根据谈判结果，采购部起草采购合同，法律顾问提出相应的意见后拟定采购合同
④	采购部汇总相关人员的意见和建议，对采购合同中存在问题的地方进行修改

三、采购合同执行流程

1. 采购合同执行流程示例

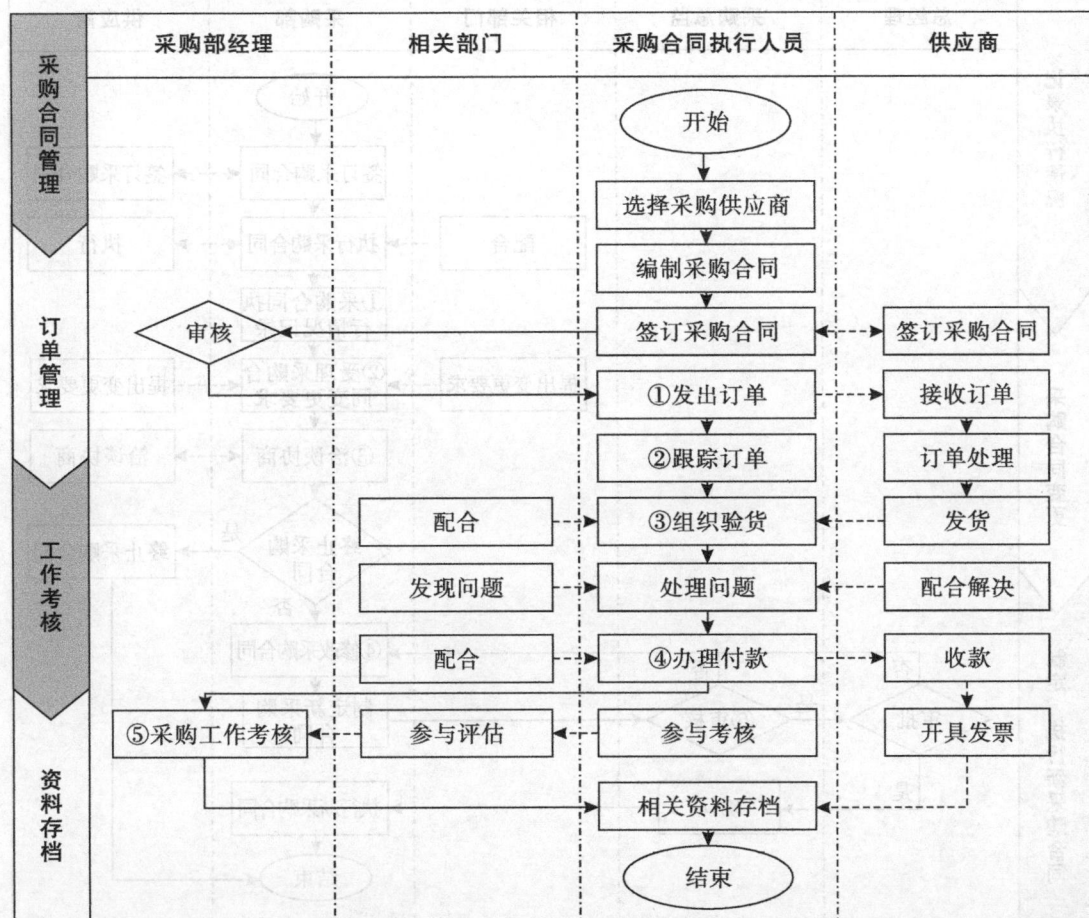

采购合同管理 / 订单管理 / 工作考核 / 资料存档	采购部经理	相关部门	采购合同执行人员	供应商

```
                                        开始
                                         │
                                   选择采购供应商
                                         │
                                   编制采购合同
                                         │
                  审核 ◄──────────── 签订采购合同 ┄┄► 签订采购合同
                   │                     │
                   └────────────►  ①发出订单   ┄┄► 接收订单
                                         │                │
                                   ②跟踪订单   ┄┄► 订单处理
                                         │                │
         配合   ┄┄►  ③组织验货  ◄┄┄ 发货
                                         │
      发现问题 ┄┄►  处理问题   ◄┄┄ 配合解决
                                         │
         配合   ┄┄►  ④办理付款  ┄┄► 收款
                                         │                │
 ⑤采购工作考核 ◄┄ 参与评估 ◄┄ 参与考核        开具发票
         │                               │                │
         └──────────────►  相关资料存档 ◄┄┄┄┄┄┘
                                         │
                                        结束
```

2. 采购合同执行流程关键节点说明

任务概要	采购合同执行
关键节点	**相关说明**
①	根据已经签订的采购合同，结合当前需求，向供应商下订单
②	定期关注、跟踪订单的进程，根据需要催促供应商在交期内交货
③	采购部会同质量管理部、设计部和使用部门的相关人员验收货物，填写"货物检验表"，如物资与订购单不符或有质量问题，须及时与供应商协商解决
④	物资经检查确认无误后，由采购人员向采购部提交相关付款凭证，申请采购付款
⑤	采购部经理对采购合同的执行情况进行考核评价，填写"采购执行工作评价表"

四、采购合同变更流程

1. 采购合同变更流程示例

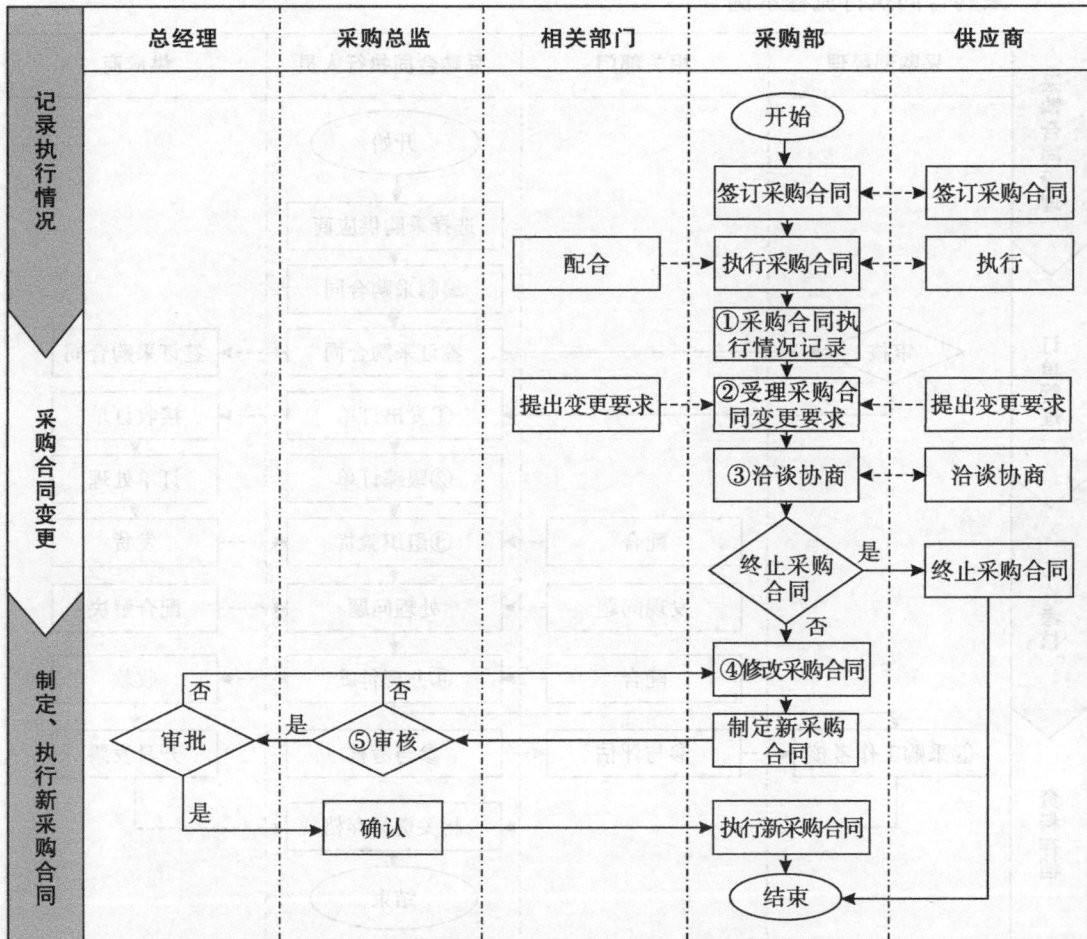

	总经理	采购总监	相关部门	采购部	供应商
记录执行情况				开始	
				签订采购合同	签订采购合同
			配合	执行采购合同	执行
				①采购合同执行情况记录	
采购合同变更			提出变更要求	②受理采购合同变更要求	提出变更要求
				③洽谈协商	洽谈协商
				终止采购合同　是	终止采购合同
				否	
制定、执行新采购合同	否　审批	否　⑤审核　是		④修改采购合同	
	是			制定新采购合同	
			确认	执行新采购合同	
				结束	

2. 采购合同变更流程关键节点说明

任务概要	采购合同变更
关键节点	**相关说明**
①	记录采购合同的执行情况，包括货款的支付、货物的交接等
②	受理使用部门或供应商的采购合同变更申请
③	分析采购合同的变更要求，就具体的变更事项与供应商进行协商
④	双方就采购合同变更达成一致意见后，采购部修改原采购合同的相关条款
⑤	修改后的采购合同应由采购部经理、采购总监、法律顾问、总经理进行审批；若审批未通过，须返还给采购部相关人员进行修改

第五节　采购谈判与合同管理方案

一、采购谈判管理方案

下面是某企业的采购谈判管理方案，供读者参考。

方案名称	采购谈判管理方案	编　号	
		执行部门	

一、目的

1. 为采购谈判提供参考依据。

2. 规范采购谈判事项。

3. 降低采购成本。

二、采购谈判的参加人员

1. 采购部经理。

2. 采购合同主管。

3. 采购合同管理专员。

三、采购谈判的原则

（一）互利互惠原则

在谈判过程中，谈判人员不仅要从公司自身的利益出发考虑谈判的方式和技巧，也要换位思考，从对方的利益出发考虑谈判目标的实现，遵循互利互惠原则，以不损害谈判双方的友好合作关系为前提。

（二）时间原则

时间就是优势，谈判人员可在谈判前和谈判中通过运用时间技巧掌握谈判的主动权，力求速战速决。

（三）信息原则

信息的掌握程度在很大程度上决定着谈判的成败，在谈判前，谈判人员通过各种渠道收集各类与谈判有关的信息；在谈判过程中，谈判人员通过对谈判信息的总结、提升转化为谈判的优势。

（四）诚信原则

诚信是谈判成功的基础，是与供应商保持长期良好合作关系的前提，在谈判中严禁谈判人员使用欺诈的方式和手段与对方进行谈判。

四、采购谈判的目标

采购谈判的目标如下表所示。

（续）

采购谈判的目标说明表

项目 目标	价格	支付 方式	交货 条件	运输 费用	产品 规格	质量 标准	服务 标准
最优目标							
可接受目标							
最低限度 目标							

五、采购谈判的项目

（一）物资品质

1. 满足公司生产的需要。

2. 附有产品合格说明书。

3. 检验合格证书。

4. 物资的有效使用年限。

（二）包装

根据谈判价格确定具体的包装形式（内包装和外包装）。

（三）价格

明确、合理的采购价格可以给供应商带来销售量的增加、销售费用的减少、库存的降低等利好因素。

（四）订购量

根据公司生产的实际进度和公司仓储的能力确定订购量。

（五）折扣

折扣包括数量折扣、付现金折扣、无退料折扣、季节性折扣、新品折扣等。

（六）付款条件

综合分析一次性付款、月结付款等付款条件带来的替代效应，选择最有力的付款条件。

（七）交期

以不影响公司的正常生产为交期的确定条件，结合公司货物存放的成本，尽量选择分批供货。

（八）售后服务事项

售后服务事项包括维修保证、品质保证、退换货等。

六、采购谈判的准备

（一）信息收集

1. 收集谈判模式及价格的历史资料，了解供应商的谈判技巧、供应商的谈判方式等。

2. 收集产品与服务的历史资料，明确价格的上涨有时隐含着物料品质的下降。

3. 收集宏观环境资料，了解政府法令、公司政策等，提高谈判水平。

（续）

4. 收集供应商资料，了解价格趋势、重要发明、市场占有率等供应商产品的市场信息，做到知己知彼。

5. 列举出主要的合同条款。

（二）议价分析

1. 采购人员在财务部相关人员的帮助下对所需物资的成本进行专业分析，确定议价底线。

2. 进行比价分析，主要分析以下两个项目：价格分析（即对相同成分或规格的产品的售价或服务进行比较，至少要选取三家供应商）和成本分析（即将总成本分为人工、原料、外包、费用、利润等，以便为讨价还价增加筹码）。

（三）确定实际且合理的价格

七、采购谈判的优劣势分析

（一）关注公司作为买方的实力

1. 采购数量的大小。

2. 主要原料。

3. 标准化或没有差异化的产品。

4. 利润的大小。

5. 商情的把握程度。

（二）供应商作为卖方的实力

1. 是否独家供应或独占市场。

2. 复杂性或差异化很大的产品。

3. 产品转换成本大小。

（三）替代品分析

1. 可替代产品的可选种类。

2. 替代产品的差异性。

（四）竞争者分析

1. 所处行业的成长性。

2. 竞争的激烈程度。

3. 行业的资本密集程度。

（五）新供应商的开发

1. 资金需求的大小。

2. 供应物资的差异性。

3. 采购渠道的建立成本。

八、采购谈判的议程

（一）谈判时间

时间：___年__月__日至___年__月__日。

每日 8：30—11：30，14：00—17：00。

（续）

（二）谈判地点

地点：____市____宾馆____会议室。

九、采购谈判的过程

采购谈判的过程主要分为四个阶段，具体内容如下图所示。

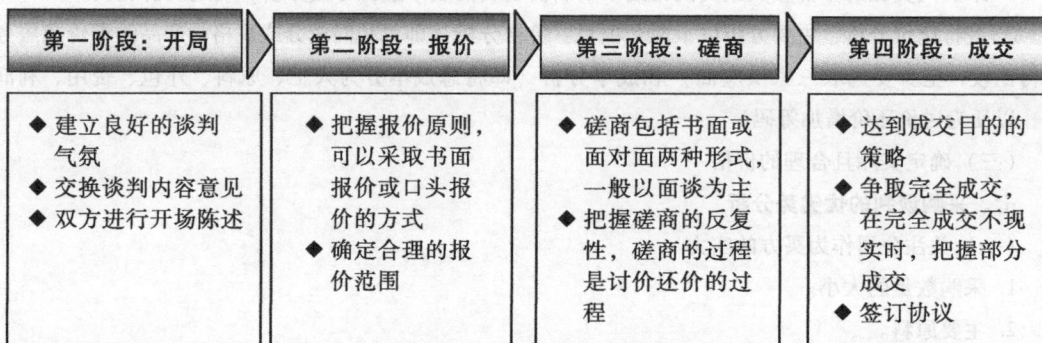

第一阶段：开局	第二阶段：报价	第三阶段：磋商	第四阶段：成交
◆ 建立良好的谈判气氛 ◆ 交换谈判内容意见 ◆ 双方进行开场陈述	◆ 把握报价原则，可以采取书面报价或口头报价的方式 ◆ 确定合理的报价范围	◆ 磋商包括书面或面对面两种形式，一般以面谈为主 ◆ 把握磋商的反复性，磋商的过程是讨价还价的过程	◆ 达到成交目的的策略 ◆ 争取完全成交，在完全成交不现实时，把握部分成交 ◆ 签订协议

采购谈判的四个阶段

十、采购谈判特殊情况的处理

采购部经理根据谈判的具体情况从总体上把握谈判进程，并在自己的权限范围内灵活处理谈判中出现的新情况和新问题，对于无法决定的谈判内容，报采购总监和总经理审核批准。

编制人员		审核人员		批准人员	
编制日期		审核日期		批准日期	

二、合同违约处理方案

下面是某企业的合同违约处理方案，供读者参考。

方案名称	合同违约处理方案	编　号	
		执行部门	

一、目的

为了加强采购合同管理，使合同违约有章可循，特制定本方案。

二、适用范围

本方案涉及的合同违约主要包括以下四种行为。

1. 货款支付不及时。

2. 没有按时交货。

3. 产品质量不合格。

4. 违反保密规定。

三、不可抗力的定义

采购合同中的不可抗力是指本合同生效后，发生不能预见并且对其发生和后果不能防止或避免的事件，具体包括以下两项内容。

1. 自然灾害，包括地震、台风、水灾等。

2. 人为因素，包括火灾、战争等。

四、没有按时交货的处理

（一）确认

公司在采购合同约定的收货期限的 24 小时内，若没有收到供应商的相关货物到达的信息，即视为没有按时交货。

（二）处理

1. 供应商从最迟交货日的次日起，每逾期一日，按逾期交货价款总值的千分之五计算，供应商所支付的逾期交货违约金应不超过采购合同总金额的 10%。支付逾期交货违约金并不免除供应商交货的责任。

2. 若公司在规定的交货日期后十日内仍未能接收到货物，则视为供应商不能交货，公司有权要求供应商赔付全部货款 10% 的违约金。

3. 供应商承担由于交货不及时导致的本公司收货人员滞留在交货地点的一切费用。

4. 以上各项违约金的交付并不影响违约方履行合同的各项义务。

五、质量不合格的处理

（一）确认

1. 在质量保证期内，若货物存在规格、型号等与合同所规定的不符，或证实货物有缺陷的，包括潜在的缺陷或使用不符合要求等，均认定为质量不合格。

2. 供应商在收到公司要求更换有缺陷的货物的通知后，若 10 日内或签署货损证明后 15 日内没有补足或更换货物，以及交货仍不符合要求的，也视为质量不合格。

（二）处理

1. 退货。供应商按实际发生货款退还公司，并承担由此发生的一切损失和费用。

2. 降低货物价格。根据货物的优劣程度、损坏程度以及公司所遭受损失的数额，经双方协商，降低货物价格。

3. 在品质保证期内更换部件、修补缺陷。用符合规格、质量、性能要求的新部件、零件或设备更换有缺陷的部分和修补缺陷部分，供应商须承担一切费用和风险，并负担公司所发生的一切费用，同时，供应商应相应延长质量保证期。

（续）

六、违反保密规定的处理

（一）确认

1. 承担保密义务一方在双方约定的范围和时间内没有履行保密义务，由于故意或过失的原因导致相关秘密事项泄露的，不管其是否给权利方造成了损失，都要承担相应的责任。

2. 保密范围包括技术资料、信息、计算机软件、专有技术、设计方案等知识产权及价格条款等商业秘密和技术秘密。

（二）处理

1. 因泄露机密而给权利方造成损失的，义务承担方应向权利方支付直接损失或可衡量间接损失相应三倍的赔偿金，并立即采取措施停止对权利方的侵害。

2. 义务承担方须及时对泄密人员进行内部纪律处分，并将处分情况告知权利方。

七、不可抗力事件的处理

1. 发生不可抗力事件的一方应立即通知对方，并在15日内提供不可抗力事件的详情及有关证明文件。

2. 发生不可抗力事件时，合同签订双方应通过协商制定合理的解决方案，并尽一切努力减轻不可抗力事件造成的损失。

3. 不可抗力事件若持续15日以上，合同签订双方应协商本合同是否可以继续履行或终止。

八、合同违约处理的法律途径

1. 合同权利方保留在相关法律法规框架内解决问题的权利。

2. 因合同具体条款的解释或合同履行产生争议时，合同签订双方应尽量友好协商解决，友好协商的期限为25天。

3. 若协商无效，合同的任何一方可将争议提交本地仲裁委员会，由该委员会依照相关仲裁规则进行仲裁。公司应通过聘请代理人争取最为有利的仲裁结果。

4. 仲裁期间，除争议事项外，公司的采购人员应通过洽谈等方式督促双方继续履行合同中规定的权利和义务，确保将公司的损失最小化和权益最大化。

5. 若仲裁未能解决争议，在考虑机会成本较低的情况下，公司可以向人民法院提起诉讼，以维护自己的合法权益。

6. 公司的法律顾问负责处理所有与合同争议相关的法律事项，并根据实际情况向公司提出合理化建议。

九、合同违约处理的机构

1. 采购部是合同违约处理的主要部门。

2. 采购总监和总经理是合同违约处理的审核人和主要决策者。

编制人员		审核人员		批准人员	
编制日期		审核日期		批准日期	

第六章　采购进度控制

第一节　采购进度控制岗位职责

一、采购进度控制主管岗位职责

采购进度控制主管的岗位职责是控制企业采购进度，跟催采购订单，防止缺料，确保在及时采购物资的同时降低库存成本，具体职责内容如表6-1所示。

表6-1　采购进度控制主管岗位职责

工作大项	工作细化
1. 制定采购进度控制制度	协助采购部经理制定采购部进度控制制度，并监督制度的执行情况
2. 监控采购需求与库存情况	（1）与仓储部、生产部进行有效沟通，明确采购需求与库存情况
	（2）根据采购需求和库存情况及时制定采购方案，并提交上级领导审批
3. 采购物资的催收与验收	（1）随时掌握采购合同或订单的执行情况，了解物资运输情况，指导催货工作
	（2）参与采购物资的验收工作，当发现物资的种类、数量与订单不符或出现质量问题时，应及时与供应商商讨解决办法，并上报公司领导
4. 紧急采购管理	审核紧急采购申请，跟踪其执行情况
5. 供应商管理	（1）与供应商建立良好的合作关系，明确采购交期
	（2）参与供应商的评估工作，定期分析并上报采购作业的执行情况
6. 管理下级员工	指导、监督、考核采购跟单员的工作

二、采购跟单员岗位职责

采购跟单员的岗位职责是在采购进度控制主管的领导下掌握采购合同或订单的进度，及时进行催货，跟踪与确认每日应到物资，确保采购物资及时到位，具体职责内容如表6-2所示。

表6-2　采购跟单员岗位职责

工作大项	工作细化
1. 熟悉订单状况	（1）掌握所负责物资的规格型号和相关标准
	（2）掌握订单的要求、交期等信息
2. 跟踪到货信息	（1）及时跟踪与确认每日应到物资，记录并核查物资账目
	（2）相关采购人员不在时，代为回答供应商提出的一些基本问题
	（3）追踪外发加工产品，要求全部回仓，并跟进外发余料的库存情况
3. 采购物资催收	（1）根据采购合同或订单催促供应商发货，并跟踪货物运输情况
	（2）跟催相关部门对样品的确认结果并在规定时间返回给供应商
	（3）采购物资出现质量问题时，协助采购人员与供应商进行沟通，填写"物资交货异常信息反馈日报表"
4. 整理订单进度信息	每日做好日清和对账工作，定期汇报采购情况

第二节　采购进度控制管理制度

一、采购进度控制制度

下面是某企业的采购进度控制制度，供读者参考。

制度名称	采购进度控制制度	编　号	
		执行部门	

第1章　总则

第1条　目的。

为了有效控制采购进度，确保物资供应，掌握采购时间，准确控制库存存量，降低库存成本，提高公司的经济效益，特制定本制度。

第2条　适用范围。

本制度适用于与公司物资采购进度控制相关的所有工作。

第3条　管理职责。

采购部是采购进度控制的归口管理部门，负责具体的采购作业工作。

（续）

第 2 章　采购进度控制程序

第 4 条　设定采购作业时限。

采购部应对国内外采购物资的作业程序分别设定时限，将采购地区划分为亚洲地区、欧美地区及国内地区，据此结合实际情况逐项为每一个采购作业程序设定所需时间。

第 5 条　确定采购作业进度控制要点。

1. 内购作业分为询价、订购、交货三个控制要点。

2. 外购作业分为询价、订购、装船、到港四个控制要点。

第 6 条　每一个控制要点阶段完成后，采购跟单员应将实际完成日填入"采购进度控制表"，并填入下一阶段的预定进度。

第 7 条　采购部收到"请购单"后，采购跟单员应将请购部门限定的进货日期和采购经办人员预定询价完成日期填入"采购进度控制表"。

第 8 条　"采购进度控制表"可以提示采购人员每周应完成的进度，以保证采购控制有条不紊。"采购进度控制表"应每周填写一次。

第 9 条　每一个请购项目仅列一项作业阶段的预定日期，若该阶段的实际日期已填入，则填写下一阶段的预定进度。

第 10 条　采购跟单员每周五下午制定下周应完成的采购业务的预定进度。

第 11 条　逾期未完成的采购作业，由采购人员填写"采购交货延迟检讨表"，并提出补救办法，送请购部门表示意见，以便及时采取相应措施。

第 3 章　采购作业进度各控制要点的监督管理

第 12 条　询价、谈判进度管理。

采购进度控制主管需根据请购部门的物资需要日期，严格监督询价、谈判进程，确保不延误采购时间。具体的询价、谈判工作可参见公司制定的相关采购询价、谈判制度。

第 13 条　订购进度管理。

订购进度管理工作包括订单的跟催等，具体工作可参见公司制定的订单跟踪管理制度。

第 14 条　交期管理。

具体的交期管理工作可参见公司制定的采购交期管理办法。

第 4 章　附则

第 15 条　本制度由采购部制定，解释权和修订权归采购部所有。

第 16 条　本制度自公布之日起执行。

编制人员		审核人员		批准人员	
编制日期		审核日期		批准日期	

二、采购订单管理办法

下面是某企业的采购订单管理办法，供读者参考。

制度名称	采购订单管理办法	编　　号	
		执行部门	

第1章　总则

第1条　目的。

为了规范采购订单管理工作，有效处理采购过程中出现的各种问题，特制定本办法。

第2条　适用范围。

本办法适用于公司所有采购订单的管理工作。

第3条　管理职责。

1. 总经理负责审批大宗物资及特殊物资的订单，并监督采购部完成订单的全程管理工作。

2. 采购部负责根据已通过审核的"请购单"开立"订购单"，按要求全程跟踪并管理订单。

3. 请购部门按要求填写"请购单"，积极配合采购部进行日常订单管理。

第2章　日常订单管理

第4条　接受、审核"请购单"。

1. 请购部门根据公司的生产计划和具体工作情况填写"请购单"，提出采购要求。其中，"请购单"要包括所需物资的名称、规格、数量、需要日期等内容。

2. 采购部及时接收各部门提交的"请购单"并进行审核。

（1）一般情况下，"请购单"由采购部根据请购单内容、公司采购相关规定和供应商情况来审核，审核通过后反馈给请购部门，并及时组织开立"订购单"。

（2）对于大宗物资或特殊物资的"请购单"，采购部审核完毕后，还需总经理审批，批准后方可开立"订购单"。

第5条　开立"订购单"。

1. 采购部要根据已审核通过的"请购单"开立"订购单"，并与供应商联系协调签单的相关事宜。

2. 在开立"订购单"的过程中，采购部需维护公司利益，在允许的价格范围内，确保交期、质量等方面要满足公司的要求。

第6条　订单的内容规范。

订单的内容规范如下图所示。

（续）

1. 交货方式	交货时间、交货地点、新品交货附带备用零件等内容
2. 验收方式	检验设备、检验费用、不合格品的退换、提前或延迟交货数量的处理等内容
3. 罚则	延迟交货或品质不合要求的处理、违反合同的处理、取消合同等内容
4. 品质保证	包修和包换期限、无偿或有偿换修等内容
5. 履约保证	不能按期履行合同而支付违约金等内容
6. 仲裁或诉讼	买卖双方的纷争、仲裁地点的选择、诉讼法院的选择等内容

订单的内容规范

第3章 异常订单处理

第7条 交期异常处理。

1. 交期异常是指因物资交期延后或交货数量变更无法满足生产而产生的订单异常。

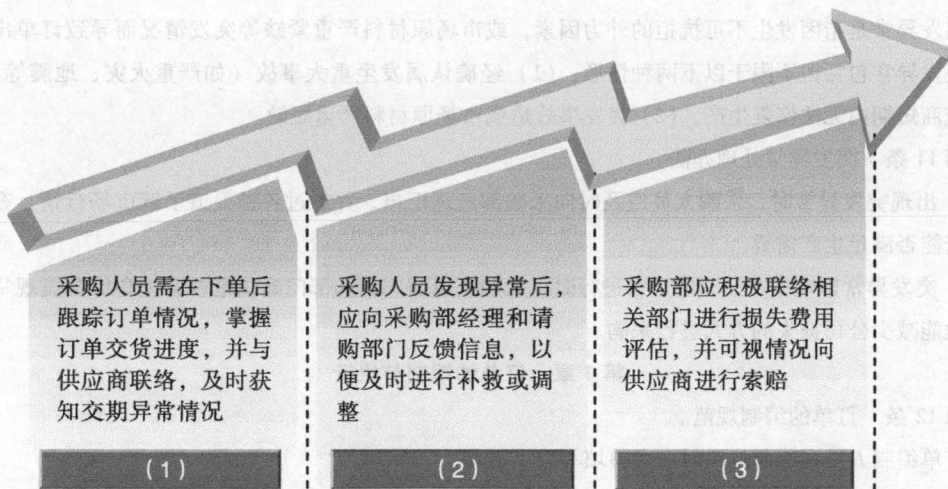

2. 交期异常处理程序如下图所示。

(1)	(2)	(3)
采购人员需在下单后跟踪订单情况，掌握订单交货进度，并与供应商联络，及时获知交期异常情况	采购人员发现异常后，应向采购部经理和请购部门反馈信息，以便及时进行补救或调整	采购部应积极联络相关部门进行损失费用评估，并可视情况向供应商进行索赔

交期异常处理程序

147

（续）

第8条　品质异常处理。

1. 品质异常是指产品在正常作业状态下，产生出异于平常产品的产品或状态。

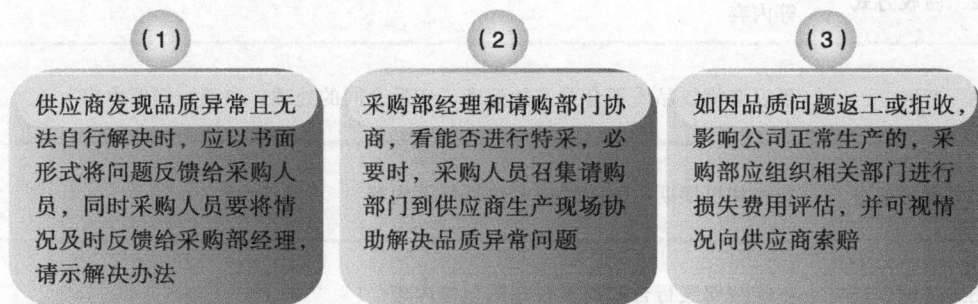

2. 品质异常处理办法如下图所示。

（1）

供应商发现品质异常且无法自行解决时，应以书面形式将问题反馈给采购人员，同时采购人员要将情况及时反馈给采购部经理，请示解决办法

（2）

采购部经理和请购部门协商，看能否进行特采，必要时，采购人员召集请购部门到供应商生产现场协助解决品质异常问题

（3）

如因品质问题返工或拒收，影响公司正常生产的，采购部应组织相关部门进行损失费用评估，并可视情况向供应商索赔

品质异常处理办法

第9条　下单异常处理。

1. 下单异常是指由于采购人员的主观因素导致的订单下发异常。

2. 采购人员如发现订单等相关单据没能及时下发，应立即联系下单人员，并情况反馈给采购部经理。

3. 如采购部下错订单，采购人员应与供应商协商，看能否撤单，同时下发正确的订单；如不能撤单，采购部应与相关部门沟通，看能否将订单进行内部消化，并把信息上报采购部经理；如不能撤单且无法内部消化，产生的损失费用由责任部门承担，并按公司相关规章制度对责任部门进行处罚。

第10条　突发异常处理。

突发异常是指因发生不可抗拒的外力因素，或市场原材料严重紧缺等突发情况而导致订单出现异常。突发异常包括但不限于以下两种情形：（1）经确认属发生重大事故（如严重火灾、地震等），造成供应商短期内无法恢复生产，（2）突发事故造成市场原材料严重短缺。

第11条　突发异常处理办法。

1. 出现突发异常时，采购人员应及时向采购部经理汇报，并通过各种渠道了解市场行情，查看现有物资能否满足生产需要。

2. 突发异常影响生产活动的正常进行时，采购人员需向请购部门确认是否通过高价调拨现货或采用其他能减少公司损失的方式进行采购。

第4章　订单的编制与执行

第12条　订单的编制规范。

订单编制人员在编制订单时应完整填写以下五联。

1. 供应商联（第一联），作为供应商的交货凭证。

2. 回执联（第二联），由供应商签字确认后寄回公司。

（续）

3. 物资联（第三联），作为公司控制存量和验收物资的参考。

4. 请款联（第四联），作为结算采购货款的依据。

5. 承办联（第五联），由采购部自存。

第 13 条　订单的执行。

1. 公司与供应商签订订单后，采购部要跟踪订单的执行情况，保持同供应商的联系，确保订单能顺利执行。

2. 存货型供应商需从库房调集相关产品并经过适当处理后送至公司；加工型供应商要进行备料、加工、组装、调试等，因此采购部需密切关注加工型供应商的备货进程，确保其按时交货。

第 5 章　订单变更管理

第 14 条　提出订单变更申请。

订单下达后，如果采购需求发生重大变化，那么请购部门应根据现实情况向采购部申请进行订单变更。请购部门要写明变更的具体内容，如订单价格变更、交货日期变更、采购数量变更等。

第 15 条　订单变更审核。

1. 采购部需审查下达的订单是否已经收货，向请购部门确认变更内容，并及时与供应商协商，确定变更事项及内容。

2. 如果订单货物已经收到，那么变更内容必须受到限制；如果订单货物已经收到，但是因为供应商的责任造成订单变更的，那么采购部可与供应商联络，办理订单变更。

第 16 条　制作"采购变更单"。

1. 采购部在订单变更通过审批并与供应商协商完后应立即制作"采购变更单"。

2. "采购变更单"（一式四份），采购部自留一份，其余三份分别给财务部、总经办和供应商。

第 17 条　变更损失的承担。

1. 由于公司自身原因要求变更订单时，公司的损失要由相关责任部门承担。

2. 由于供应商原因不得不变更订单时，公司的损失按照采购合同的相关规定由供应商承担。

第 6 章　订单保管

第 18 条　为了方便查找与使用订单，采购部应对订单进行分类归档，有序保存。

第 19 条　采购部将订单的原件按编号顺序保管，复印件与相关采购申请和往来信件按供应商名字的字母顺序保管。

第 7 章　附则

第 20 条　本办法由采购部负责制定与修改。

第 21 条　本办法自公布之日起执行。

编制人员		审核人员		批准人员	
编制日期		审核日期		批准日期	

三、订单跟踪管理制度

下面是某企业的订单跟踪管理制度，供读者参考。

制度名称	订单跟踪管理制度	编　号	
		执行部门	

第1章　总则

第1条　目的。

为了确保采购合同或订单的正常执行，满足公司的物资需求，保持合理的库存量，确保公司的生产经营活动正常进行，现结合公司的实际情况，特制定本制度。

第2条　适用范围。

本制度适用于采购部所有采购跟单员的日常工作。

第3条　管理职责。

采购跟单员按订单所载明的物资、品名、规格、数量、交期等对订单进行跟踪。

第4条　订单跟踪的基本要求。

1. 适当的交货时间。

2. 合格的交货质量。

3. 适当的交货地点。

4. 准确的交货数量。

5. 适当的交货价格。

第2章　订单跟踪程序

**第5条　**订单审核无误后，采购跟单员应将订单发给供应商，并要求供应商签字回传。订单审核内容包括以下三点。

1. 熟悉订购的物资，确认名称、规格型号、数量、价格及质量标准。

2. 确认物资需求量，制作"订单说明书"。

3. 交期等要表达清楚。

**第6条　**采购跟单员跟踪订单执行过程时需注意以下三个相关事项。

1. 跟踪物资准备过程，如遇中途相关变更，须立即解决，不得延误。

2. 当生产经营所需物资紧急缺货时须马上联系供应商，必要时可帮助供应商解决疑难问题，保证物资供应及时。

3. 跟踪物资运输过程，确保及时进行到货检验与收货入库。

第7条　物资检验。

采购跟单员确定到货日期，通知质量管理部检验人员进行物资检验，发现问题时，须及时与供应商联系并协商处理检验问题。

第8条　物资入库。

采购跟单员协调收货工作，参与办理物资入库工作。

（续）

第9条　付款跟踪。

财务部需按照合同规定的支付条款对供应商进行付款，采购跟单员负责跟踪，督促付款人员按照采购合同办理。

第3章　催货管理

第10条　明确催货目的。

催货的目的是使供应商准时送达物资，使公司的经营成本降低。

第11条　催货方法。

1. 按订单跟催是指按订单预定的到货日期提前进行跟催。

2. 联单法是指将订单按日期顺序排列好，提前进行跟催。

3. 定期跟催是指将订单统计成报表，定期统一进行跟催。

第12条　进度落后处理。

如果供应商没有按时交货，那么可能会影响公司生产经营活动的正常进行，这时采购跟单员应采取以下措施。

1. 联系供应商，获得确切的交货时间。

2. 及时通知需求部门准确的到货时间。

3. 咨询技术人员、材料工程师等相关人员，看有无可替代材料。

4. 如果供应商交货超期或物资质量差，而且短期内无法改善，那么采购部应该寻求其他供应货源。

5. 实施紧急采购作业。

第4章　供应商跟踪管理

第13条　供应商跟踪。

1. 一般供应商，采购跟单员应采取定期和不定期的检查方式对其进行跟踪管理。

2. 非常重要的供应商，或者经常出现问题的供应商，公司应派遣常驻人员，对其进行技术指导和监督检查。

3. 非常重要且绩效优秀的供应商，公司应与其建立事业合作伙伴关系，签订长期采购合同。

第14条　供应商交货状况分析。

采购部应编制"供应商交货基本状况一览表"，对供应商的交货情况进行分析、评估，判定其等级。

供应商交货基本状况一览表

编号：　　　　　　　　　　　　　　　　　　　日期：___年__月__日

序号	供应商编号	供应商名称	所属行业	交货批数	合格批数	特采批数	退货批数	交货评分

审核人：　　　　　　　　　　　　　　　　　填表人：

（续）

第15条　供应商奖惩措施。

1. 对于按时或提早交货的供应商，公司应给予其一定的奖励，如比较优厚的付款条件等。

2. 公司在采购合同中要尽可能加重对供应商违约或单方面解约的惩罚。

第16条　采购跟单员必须保持对供应商的尊重，在跟单与催货的过程中要注意自己的言行举止，自觉维护公司的良好形象。

<h3 style="text-align:center">第5章　附则</h3>

第17条　本制度由采购部制定，解释权和修订权归采购部所有。

第18条　本制度自公布之日起执行。

编制人员		审核人员		批准人员	
编制日期		审核日期		批准日期	

四、采购交期管理办法

下面是某企业的采购交期管理办法，供读者参考。

制度名称	采购交期管理办法	编　号	
		执行部门	

<h3 style="text-align:center">第1章　总则</h3>

第1条　目的。

为了加强交期管理，确保公司的生产经营活动顺利进行，特制定本办法。

第2条　适用范围。

本办法适用于公司所有采购物资交期管理事项，除另有规定外，均依本办法执行。

第3条　相关定义。

采购交期是指从采购订货之日起到供应商送货到库之日止的这段时间。交期由以下六项前置时间所构成。

1. 行政作业前置时间是指采购部与供应商之间共同为完成采购行为所必须进行的文书准备工作。

2. 原料采购前置时间是指供应商为了完成客户订单，需向其他供应商采购必要的原材料所花费的时间。

3. 生产制造前置时间是指供应商内部的生产线制造出订单上写明的货物的生产时间。

4. 运送前置时间是指当订单完成后，将货物从供应商的生产地送到客户指定交货点所花费的时间。

5. 验收检验前置时间是指卸货与检查物资的种类、数量、质量等所用的时间。

（续）

6. 其他零星前置时间包括不可预计的外部或内部因素所造成的延误和供应商预留的缓冲时间。

第 4 条　管理职责。

采购进度控制主管在采购部经理的指导下负责采购交期管理工作，确保按时收货。

第 2 章　订单下发前的交期管理

第 5 条　采购人员在同供应商进行洽谈时应事先估算供应商准备、运输、检验等各项采购作业所需的时间，提出合理的交货期限，并在采购合同中予以注明。

第 6 条　采购人员进行采购谈判时需了解供应商生产设备利用率，并请供应商提供其生产计划及交货计划。

第 7 条　采购人员在进行谈判时应在明确交货期限的基础上同供应商达成对交期违约责任的共识，并形成合同条款，在采购合同中予以注明。

第 8 条　采购部和技术部需收集、查找替代品。

第 9 条　采购部根据物资数量及性质、路途的远近、交通条件等因素选择合适的运输方式。

第 10 条　选择公司自运时，相关人员需考虑合理的运输线路，以便节省运输费用和运输时间。

第 3 章　订单执行过程中的交期管理

第 11 条　采购跟单员需及时掌握供应商的备货进度，分析判断是否会出现交期延迟或提前的情况。

第 12 条　若供应商需要支援，则公司可为其提供必要的材料、模具和技术。

第 13 条　采购跟单员需加强交货前的催货工作，掌握供应商的生产效率及进度状况。

第 4 章　对交期延迟与提前过多的处理

第 14 条　采购进度控制主管需对交期延迟的原因进行分析并制定对策，确保重复问题不再发生。

第 15 条　交期延迟的原因分析与解决办法如下表所示。

交期延迟的原因分析与解决办法说明表

责任方	延迟原因	解决办法
供应商	（1）接单量超过能力范围 （2）技术、工艺能力不足 （3）对时间估计错误 （4）品质管理不当 （5）经营者的顾客服务理念不佳 （6）欠缺交期管理能力	及时催货，要求供应商根据合同条款承担违约责任
采购部	（1）供应商选定错误 （2）业务手续不完整或耽误 （3）价格决定不合理或太勉强 （4）下单量超出供应商的产能	加强采购部相关人员的交期意识，通过培训提高采购部相关人员的业务素质

（续）

（续表）

责任方	延迟原因	解决办法
采购部	（5）更换供应商所致 （6）付款条件过于严苛	加强采购部相关人员的交期意识，通过培训提高采购部相关人员的业务素质
公司其他部门	（1）请购前置时间不足 （2）技术资料不齐备 （3）设计变更或标准调整 （4）订货数量太少 （5）供应商品质辅导不足 （6）点收、检验等工作延误 （7）未按照采购合同规定付款	物资使用部门、技术部、质量管理部等相关部门需严格规范生产作业程序，优化生产作业流程
沟通不良	（1）未能掌握一方或双方的产能变化 （2）指示、联络不明确 （3）技术资料交接不充分 （4）品质标准沟通不一致 （5）单方面确定交期，缺少沟通 （6）首次合作出现偏差	加强与供应商的沟通，建立完善、畅通的沟通机制
不可抗力	自然灾害、经济因素、国家政策、法律因素等	会同供应商及时处理，尽量减少损失

第16条　交期提前太多会给公司造成不良影响，对此，公司可酌情拒收入库。

第17条　交期提前太多所带来的影响主要有以下三点。

1. 库存成本增加。

2. 流动资金周转率下降。

3. 由于交期经常提前，导致库存囤积、储存空间不足。

第5章　考核评估

第18条　供应商考核。

公司应将交期考核列为供应商考核重要项目之一，以督促供应商提高交期达成率。

第19条　考核结果运用。

采购部需依供应商考核结果与配合度，考虑更换、淘汰交期不佳的供应商，或减少其订单。

（续）

第20条 奖惩。

1. 必要时，采购部可适当加大对违约的惩罚力度，或对优良供应商予以适当的回馈。

2. 因公司内部原因导致交期延迟的，公司要追究经办人的责任。

第6章 附则

第21条 本办法由采购部制定，解释权和修订权归采购部所有。

第22条 本办法自公布之日起执行。

编制人员		审核人员		批准人员	
编制日期		审核日期		批准日期	

五、紧急采购管理制度

下面是某企业的紧急采购管理制度，供读者参考。

制度名称	紧急采购管理制度	编　号	
		执行部门	

第1章 总则

第1条 目的。

1. 确保物资供应及时，避免造成采购成本增加、物资供应不足、延误公司生产或影响经营活动。

2. 避免造成待料停工、延迟发货、丧失销售机会等重大损失。

3. 降低公司的采购成本，控制紧急采购的质量与价格风险。

第2条 相关定义。

紧急采购是指公司在生产经营紧急的情况下，来不及纳入正常采购计划而必须立即进行的物资采购行为。

第3条 管理职责。

1. 采购部经理负责组织紧急采购作业，审核"采购申请表"，签订采购合同。

2. 采购进度控制主管负责审核紧急采购申请。

3. 采购专员负责执行紧急采购作业，与供应商进行谈判并拟定采购合同。

4. 采购跟单员负责紧急采购过程中的订单跟踪与催货工作。

5. 财务部负责审核紧急采购审批单和采购合同，并按采购合同进行付款。

第4条 适用范围。

凡公司紧急采购作业，均须参照本制度办理。

（续）

第2章　紧急采购的申请与审批

第5条　紧急采购的条件。

出现下列情况之一者，公司可进行紧急采购。

1. 生产部即将停工待料。

2. 需连续进行的工序或关键工序。

3. 事故紧急抢险。

4. 市场出现很大变化。

5. 公司临时决定变更产品工艺。

6. 影响公司正常生产经营的其他相关情况。

第6条　紧急采购的审批流程。

紧急采购的审批流程与一般采购的审批流程不同，具体操作如下所述。

1. 请购部门填写"紧急采购申请审批单"（如下表所示），注明需采购物资的基本信息，如名称、规格、型号、底价、建议价格等，同时详细说明紧急采购的原因，经部门经理签字后交公司领导审批。

紧急采购申请审批单

物资名称	
型号规格	
用途	
底价	
参考价格	
请购数量	
请购原因	
请购部门经理确认	
主管副总/总经理审批	

申请部门：　　　　　　申请人：　　　　　　申请日期：____年__月__日

2. 紧急采购的物资价值在5 000（含）元以下的，请购部门须报采购总监审核，同意后转交采购部实施紧急采购作业。

3. 紧急采购物资的价值在5 000元以上的，请购部门须报总经理审批，同意后转交采购部实施紧急采购作业。

（续）

第 7 条　如遇特殊情况，请购部门可直接请示总经理，在紧急采购后补办相关审批手续。

第 8 条　一些低值易耗生产物资的紧急采购允许由采购部经理直接审批，先行采购，再补办相关手续。

第 3 章　紧急采购作业管理

第 9 条　采购部应根据"紧急采购申请审批单"制定采购作业方式。

第 10 条　根据已确定的采购作业方式进行采购，采购专员在供应商档案中选择比较合适的两到三家供应商进行询价与谈判，谈判的内容包括采购价格、付款方式、交货时间、交货地点、交货方式等。

第 11 条　根据谈判结果，采购专员填写"采购申请表"并报采购部经理审核。

第 12 条　采购部经理审核通过后，采购专员再将"采购申请表"交采购总监审核（价值在 5 000 元及以下）或总经理审批。

第 13 条　经采购总监或总经理核准后，采购部应将"采购申请表"交财务部审核。

第 14 条　采购部与供货商签订采购合同，采购合同的内容须符合国家相关法律法规的规定和公司的采购合同管理规定。

第 15 条　采购跟单员负责采购订单的跟踪与催货工作。

第 16 条　物资抵达仓库后，采购部和质量管理部要进行入库检查，并将"验收单"送交财务部。

第 17 条　财务部根据采购合同和"验收单"办理付款手续，并作相关账务处理。

第 18 条　档案管理人员应将相关资料归档，采购部留存档案副本，作为采购作业的依据。财务部留存采购合同副本，作为采购付款、成本核算和账务处理的依据。

第 4 章　其他规定

第 19 条　紧急采购仍需在采购部建立的供应商档案中选择供应商。

第 20 条　采购价格应尽量不超过财务部提供的底价。

第 21 条　紧急采购应尽量采用先供货、后付款的方式，以提高效率。遇到必须先付款才能供货的情况时，采购部可直接向总经理申请，总经理是付款的最终审批人。

第 22 条　因紧急情况，物资从供应商处直接领用而来不及进行入库验收和质量检验时，必须经质量管理部经理批准。

第 5 章　附则

第 23 条　本制度由采购部负责制定，解释权和修订权归采购部所有。

第 24 条　本制度自公布之日起执行。

编制人员		审核人员		批准人员	
编制日期		审核日期		批准日期	

第三节 采购进度控制管理表格

一、采购订单

采购合同编号：　　　　　　　　　　　　供应商编号：
订单编号：　　　　　　　　　　　　　　供应商名称：

项次	物资编号	品名规格	单位	数量	单价	合计
交货日期						
交货地点						
采购部联系人				联系电话		
注意事项				交易条款		

核准：　　　　　　审核：　　　　　　经办：　　　　　　日期：＿＿年＿月＿日

二、采购进度控制表

编号：　　　　　　　　　　　　　　　　　　　　日期：＿＿年＿月＿日

请购单号	请购部门	请购日期	物资名称	供应商名称	订购				需要日期	交期	付款条件	付款情况	交货记录	备注
					日期	数量	单价	金额						

审核：　　　　　　　　　　　　　　　　制表：

三、采购物资跟催表

编号：　　　　　　　　　　　　　　　　　　　　　　　　跟催员：

物资		订购日期	订购单号	订购数量	规格	供应商名称	计划交货日期	实际入库		备注
编号	名称							数量	交货日期	

审核人：　　　　　　　　　　　　　　　　　　　　　　审批人：

四、采购催货通知单

制单人：　　　　　　　　　　　　　　　　　　　日期：＿＿年＿月＿日

敬启者：

　　查贵公司与本公司签订的下列合同已到期，迄今未交货，请于一周内交清货物。

　　此致

敬礼！

　　　　　　　　　　　　　　　　　　　　　　　　　　　＿＿＿公司

到期未交货的物资一览表						
订约日期	合同编号	物资名称与规范	数量	单位	约定交货日期	备注

注：本单一式三联，一联送生产部，一联送仓储部转请购部门，一联存查。

五、交期变更联络单

日期：＿＿＿年＿月＿日

物资编号		品名			
		规格			
请购单编号	请购量	原需要日	预计到货日	急需到货日	采购部答复

经办人：　　　　　　　　　　　　　　　　　　　主管：

六、采购交货延迟检讨表

日期：____年__月__日

采购订单号		请购部门	
采购专员		采购跟单员	
品名			
原定采购交期		原定采购数量	
事由		延迟天数	
供应商名称		未交量	
说明（含保证事项）		最终完成情况	
请购部门意见			

七、供应商交货状况分析表

日期：____年__月__日

供应商编号		供应商简称		所属行业	
总交货批次		总交货数量		合格率	
合格批数		特采批数		退货批数	

检验单号	交货日期	物资编号	名称	规格	交货量	计数分析	计量分析	特检	最后判定

第四节　采购进度控制管理流程

一、采购进度控制流程

1. 采购进度控制流程示例

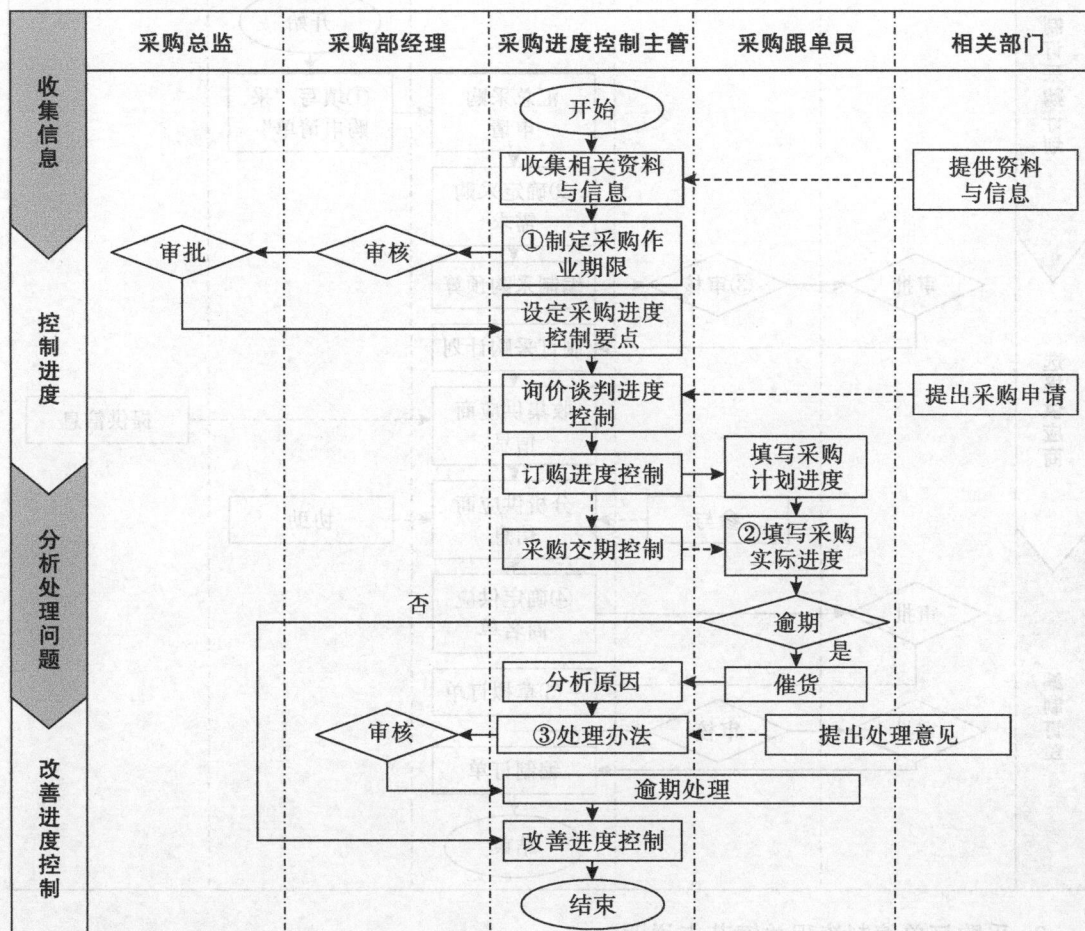

2. 采购进度控制流程关键节点说明

任务概要	采购进度控制
关键节点	相关说明
①	采购进度控制主管根据需求物资的相关资料，结合需求物资的性质和市场因素设定采购作业期限
②	采购跟单员接收订单，并在"采购进度控制表"上填写采购计划进度和实际进度
③	采购进度主管分析采购延误原因并提出逾期处理办法，经领导审批后执行

二、采购订单编制流程

1. 采购订单编制流程示例

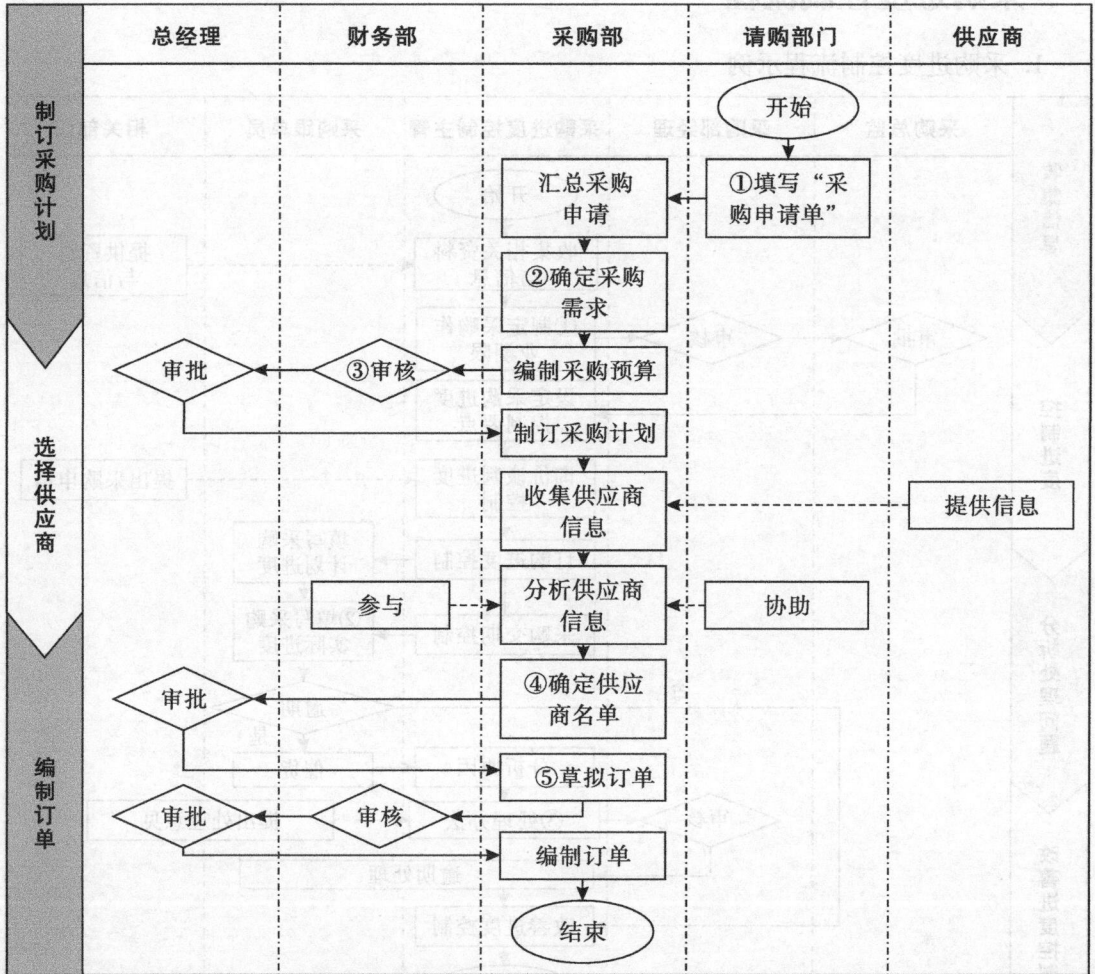

2. 采购订单编制流程关键节点说明

任务概要	采购订单编制
关键节点	**相关说明**
①	各部门根据企业经营计划和本部门的工作情况提出请购需求，拟定"物资需求清单"
②	采购部根据企业经营情况和现有库存情况确定请购需求
③	财务部根据企业预算和请购需求审核采购部预算
④	采购部根据企业请购需求、采购预算和供应商信息确认供应商，并报相关部门审核
⑤	采购部根据采购计划草拟订单，并报上级领导审核

三、采购订单下达确认流程

1. 采购订单下达确认流程示例

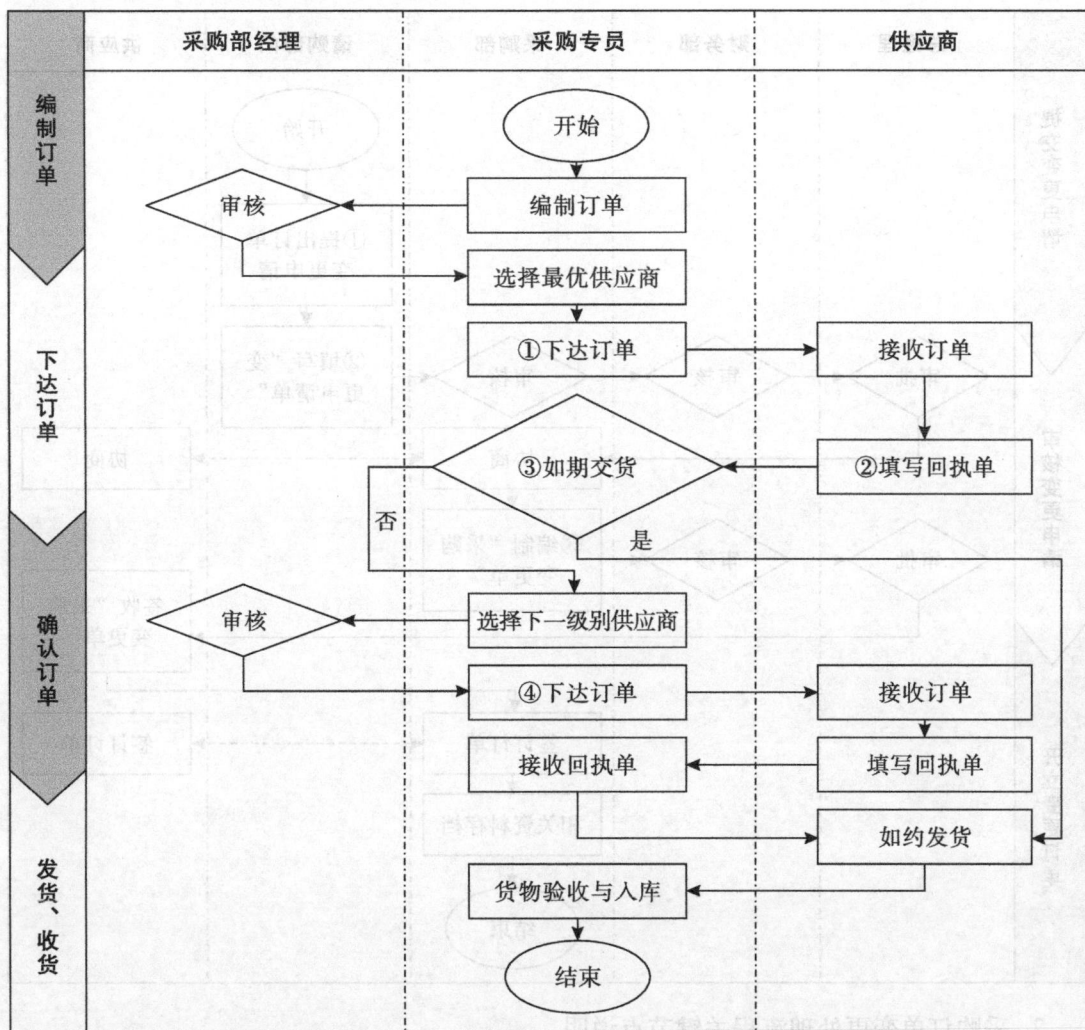

2. 采购订单下达确认流程关键节点说明

任务概要	采购订单下达确认
关键节点	相关说明
①	采购专员根据企业采购量和供应商等级，优先向最优的的供应商下达订单
②	供应商根据自身生产能力和采购数量详细填写能否如期保质、保量交货等内容
③	采购专员根据回执单判断供应商能否如期交货
④	采购专员根据订单容量选择下一级别供应商，并下达订单

四、采购订单变更处理流程

1. 采购订单变更处理流程示例

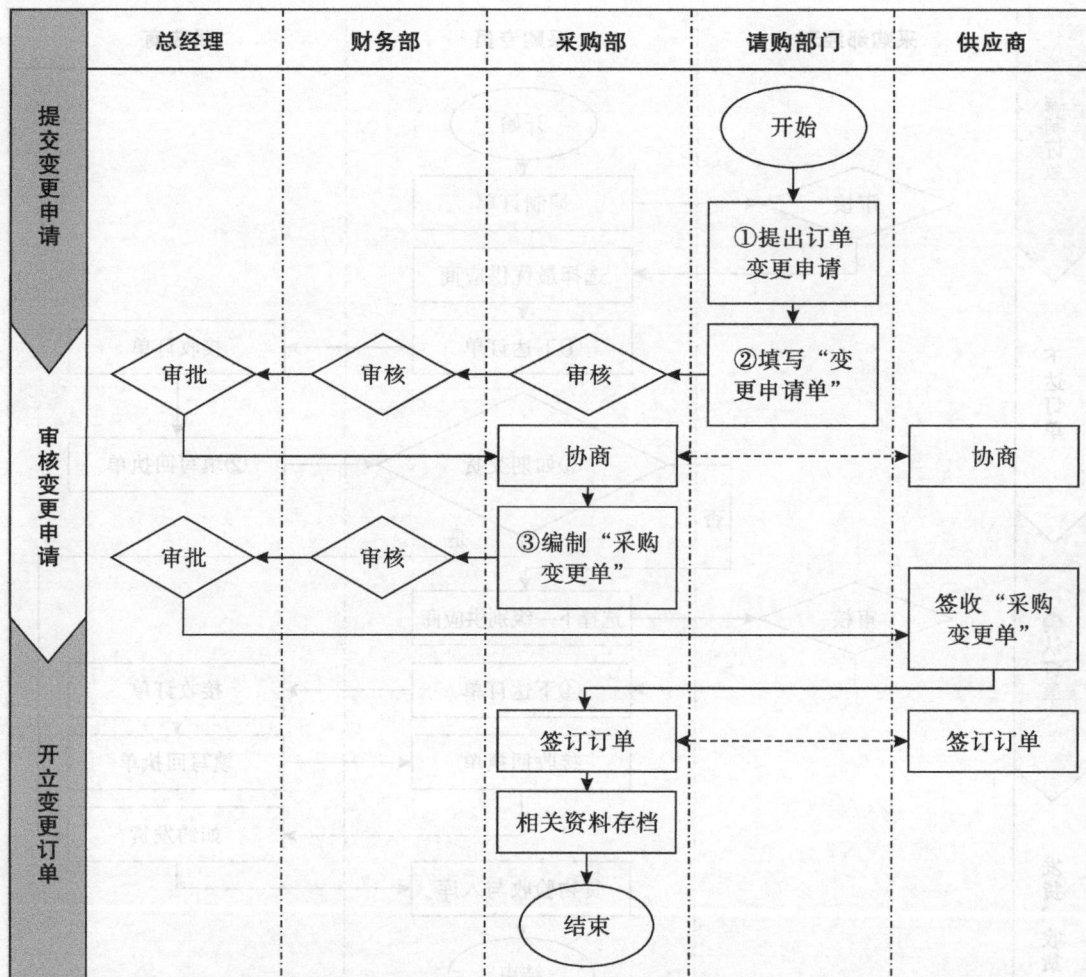

	总经理	财务部	采购部	请购部门	供应商

提交变更申请 / 审核变更申请 / 开立变更订单

```
                                              开始
                                               │
                                          ①提出订单
                                           变更申请
                                               │
  审批 ← 审核 ← 审核 ←                     ②填写"变
                                           更申请单"
                                               │
              协商 ←───────── 协商 ┄┄┄┄┄┄ 协商

  审批 ← 审核 ← ③编制"采购
                变更单"
                                                      签收"采购
                                                       变更单"

              签订订单 ┄┄┄┄┄┄┄┄┄┄┄┄ 签订订单

              相关资料存档
                  │
                 结束
```

2. 采购订单变更处理流程关键节点说明

任务概要	采购订单变更处理
关键节点	相关说明
①	订单下达后，如采购需求发生重大变化，请购部门可根据实际情况向采购部提出订单变更申请
②	请购部门在变更申请单中就订单中价格、交货日期和采购数量变更等内容进行详细描述
③	采购部在订单变更审批并同供应商完成后，制定"采购变更单"，"采购变更单"（一式四份），采购部、财务部、总经办和供应商各留一份

五、采购交期延误处理流程

1. 采购交期延误处理流程示例

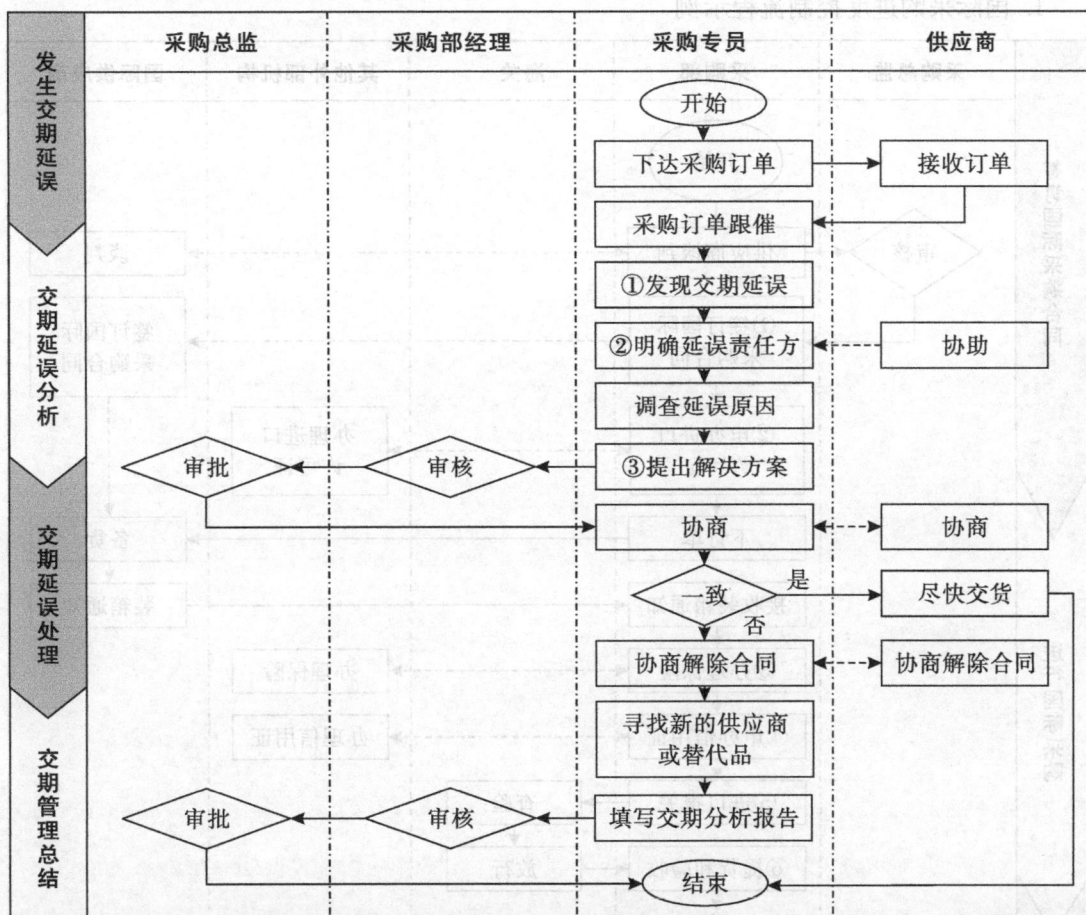

	采购总监	采购部经理	采购专员	供应商
发生交期延误			开始 → 下达采购订单 → 采购订单跟催	接收订单
交期延误分析			①发现交期延误 ②明确延误责任方 调查延误原因	协助
交期延误处理	审批	审核	③提出解决方案 协商 一致（是/否） 协商解除合同 寻找新的供应商或替代品	协商 尽快交货 协商解除合同
交期管理总结	审批	审核	填写交期分析报告 结束	

2. 采购交期延误处理流程关键节点说明

任务概要	采购交期延误处理
关键节点	**相关说明**
①	交期延误包括合同期限外、交货届满一段时间后或因不可抗力而导致不能及时交货的情况
②	采购专员分析交期延误的原因，主要排查供应商、企业和双方沟通因素，明确延误责任方
③	采购专员根据具体情况选择催促供应商交货或重新采购两类措施，制定交期延误解决方案

六、国际采购进度控制流程

1. 国际采购进度控制流程示例

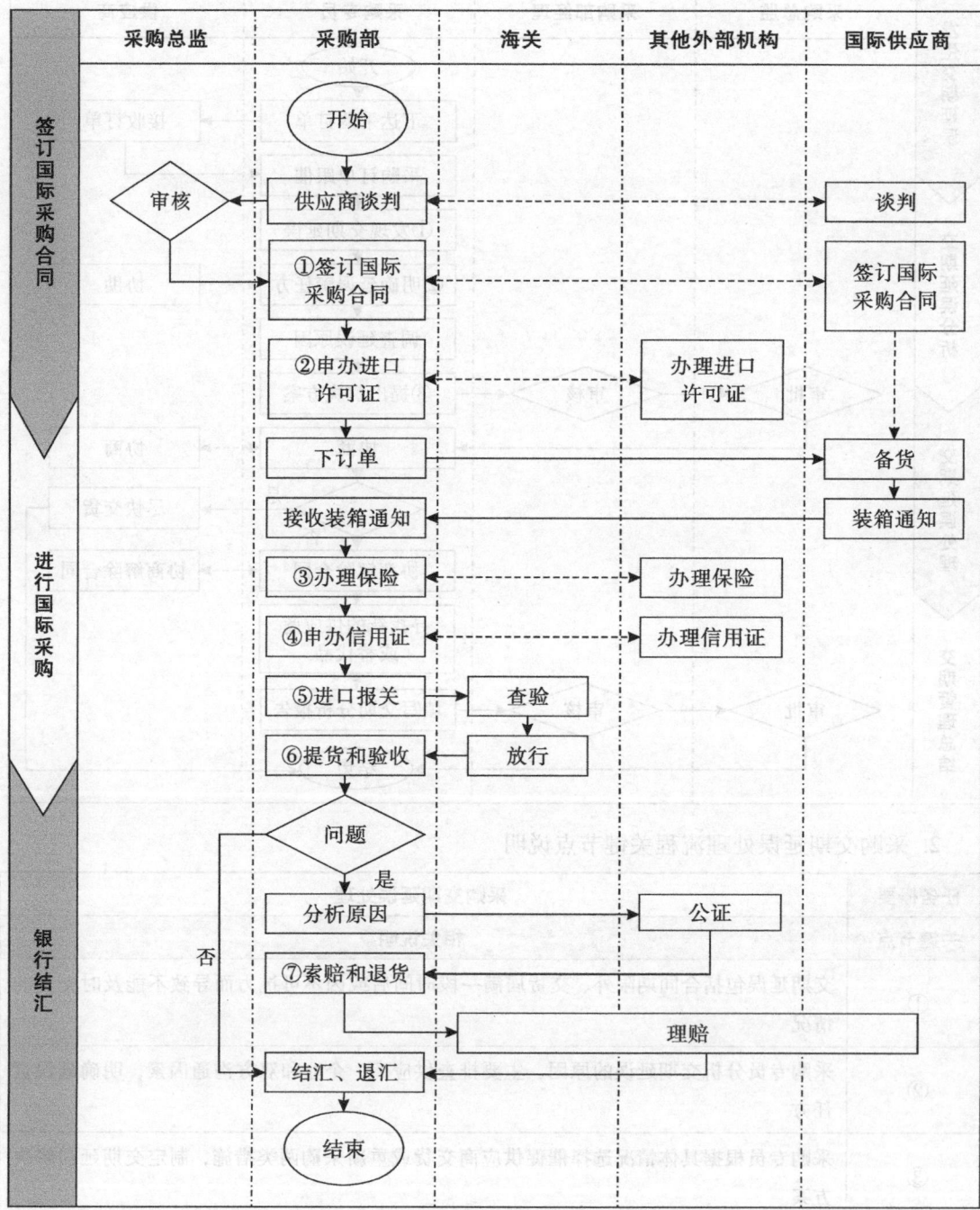

采购总监	采购部	海关	其他外部机构	国际供应商

签订国际采购合同

开始

供应商谈判 ← 审核；供应商谈判 ← → 谈判

①签订国际采购合同 ← → 签订国际采购合同

②申办进口许可证 ← → 办理进口许可证

下订单 → 备货

进行国际采购

接收装箱通知 ← 装箱通知

③办理保险 ← → 办理保险

④申办信用证 ← → 办理信用证

⑤进口报关 → 查验

⑥提货和验收 ← 放行

问题 —是→ 分析原因 → 公证

银行结汇

否

⑦索赔和退货

理赔

结汇、退汇

结束

2. 国际采购进度控制流程关键节点说明

任务概要	国际采购进度控制
关键节点	相关说明
①	采购部按照国际通用规则选择供应商并进行谈判，签订国际采购合同
②	采购部在进口货物前向相关机构申请办理货物进口许可证，申请成功后，向供应商下订单
③	供应商备货完成后，向采购部发送装箱通知，采购部准备办理保险
④	采购部接到装箱通知后应前往企业开户银行申请办理信用证
⑤	货物到港后，采购部经办人员须及时办理进口报关，海关人员进行查验并放行
⑥	海关放行后，相关人员要将货物运输到公司指定的地点，办理货物入库验收手续
⑦	发现质量问题时，采购部应及时联系相关人员进行公证，根据责任划分办理索赔或退货手续

第五节　采购进度控制管理方案

一、采购交期跟催方案

下面是某企业的采购交期跟催方案，供读者参考。

方案名称	采购交期跟催方案	编　　号	
		执行部门	

一、目的
为了规范交期跟催工作，确保采购合同与订单的正常执行，特制定本方案。
二、适用范围
本方案适用于公司所有采购物资的交期跟催管理与指导工作。
三、交期跟催的方法
常用的交期跟催方法包括以下四种：订单跟催、定期跟催、物资跟催表和物资跟催箱，具体内容如下图所示。

（续）

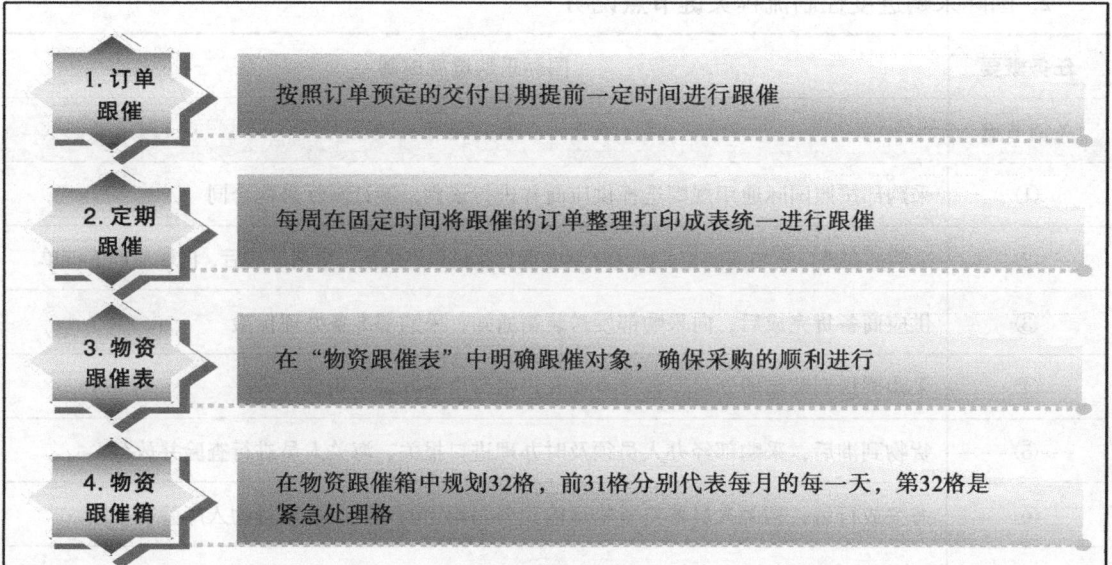

1.订单跟催	按照订单预定的交付日期提前一定时间进行跟催
2.定期跟催	每周在固定时间将跟催的订单整理打印成表统一进行跟催
3.物资跟催表	在"物资跟催表"中明确跟催对象，确保采购的顺利进行
4.物资跟催箱	在物资跟催箱中规划32格，前31格分别代表每月的每一天，第32格是紧急处理格

交期跟催的方法

四、一般物资的交期跟催

1. 采购跟单员要定期同供应商联系，查询备货进度，或由采购专员前往实地考察。

2. 在订单预定到货日期前____周，采购跟单员需通过电话跟催方式确定物资的备货情况和预计发货日期。

3. 如果供应商可能出现延期交货的现象，那么采购跟单员应立即通知供应商编制"实际进度表"，将实际进度与计划进度进行比较，并要求其说明延误原因及改进措施。

4. 如果供应商未按时交货，那么可能会影响公司的正常生产经营活动，采购部需向供应商发送"催货通知单"，及时联系供应商以确定准确的交货时间，或及时寻找其他货源或替代品，降低公司出现停产而带来的损失。

五、重要物资的采购监控

1. 采购跟单员要严格审查供应商的实际生产进度，每天将实际生产进度和计划生产进度进行比较，掌握每天实际生产进度与计划生产进度之间的差距。

2. 采购跟单员需要求供应商按时报送进度表，如有必要，应前往供应商处进行实地访问。

六、交期跟催工作总结

1. 采购工作完成后，采购部应对交货延误的原因进行分析与总结。

2. 对延期交货的供应商进行处罚，并对按时交货的供应商给予适当的奖励。

编制人员		审核人员		批准人员	
编制日期		审核日期		批准日期	

二、采购跟单员培训方案

下面是某企业的采购跟单员培训方案，供读者参考。

方案名称	采购跟单员培训方案	编　号	
		执行部门	

一、目的

为了提高采购跟单员的工作技能，实现订单跟踪与催货工作的规范化管理，确保采购物资及时到货，使公司的生产经营活动顺利进行，特制定本方案。

二、培训对象

此次培训的对象是采购部所有采购跟单员。

三、培训时间

____年__月__日至____年__月__日，每个工作日的14：00—16：00。

四、培训地点

公司第××会议室。

五、采购跟单员的职位说明

（一）主要岗位职责

1. 熟悉并掌握所负责物资的规格型号及相关标准，对订单的要求、交期进行掌控。

2. 及时跟进与确认每日应到物资，记录并核查物资账目。

3. 根据采购合同或订单，催促供应商发货，并跟踪货物的运输情况。

4. 出现质量问题时，协助采购专员与供应商沟通，填写"物资交货异常信息反馈日报表"。

（二）应具备的素质与能力

1. 人际关系处理能力：较好地处理与供应商、上级领导、同事、其他部门人员之间的关系。

2. 专业知识能力：具有与跟单产品相关的专业知识，了解产品的性质。

3. 沟通表达能力。

4. 谈判能力：掌握谈判技巧。

六、培训内容与课程

1. 培训方式：公司可聘请外部讲师授课，课堂上采用演讲、案例分析、互动提问、作业练习、团队讨论等授课方式。

2. 培训课程安排如下表所示。

（续）

培训课程安排表			
序号	培训讲师	培训课程	培训具体内容
1	人力资源部培训经理	开课动员大会	本次培训的目的
			培训纪律、培训时间、培训地点
			培训讲师介绍、培训课程安排
			考核方式与考核结果应用
2	培训讲师	采购跟单员角色认知	采购跟单员岗位职责
			采购跟单员需具备的各项素质与能力
			报表、表单管理
			日常工作演习
3	培训讲师	跟单技术与技巧	如何跟单、跟单技巧
			进度督促技巧与控制技术
			大型订单跟进
4	培训讲师	日常工作技巧	年、月、日工作计划
			采购过程关键控制要点的控制技术
5	培训讲师	强势跟单	采购跟单员采取主动策略
			强势沟通
			谈判能力训练
6	培训讲师	跟单高级技巧	工作的条理性，把工作日记本与进度控制表一体化
			用合同及数据解决问题
			采购成本量化
7	培训讲师	跟单异常与对策	实施及原因分析
			及时上报并提出对策
8	培训讲师	供货商关系管理	对选择供货商较单一、质量问题顽固、交期经常延迟等情况的处理
			沟通技巧与礼仪

七、培训纪律

参见公司的培训制度规定。

八、培训费用预算

1. 培训费用包括培训讲师费、培训课程费、培训资料费、设备工具费等。

2. 培训费用预算表。

（略）。

九、培训考核评估

（一）培训讲师考核

培训结束后，培训学员都要填写"培训反馈表"，对本次培训课程的安排、培训讲师等进行评估。

（二）培训效果的评估与考核

1. 培训效果评估内容包括培训课堂考核（纪律和态度考核）、培训考试结果、日常工作应用与现场操作、工作改善计划、工作业绩考核五个部分。

2. 培训考核一般由培训学员的直接领导负责，培训专员协助。

3. 培训学员需进行培训小结，总结问题，与培训成绩一起放进人事档案。

4. 培训结束后，培训学员应将所获得的知识、技能应用于工作中，培训专员要不定期了解培训后学员的工作情况。

十、培训讲师介绍

（略）。

编制人员		审核人员		批准人员	
编制日期		审核日期		批准日期	

三、供应商延误交货处理方案

下面是某企业的供应商延误交货处理方案，供读者参考。

方案名称	供应商延误交货处理方案	编　　号	
		执行部门	

一、背景介绍

为了妥善处理供应商延误交货的违约行为，避免给公司造成损失，确保公司的合法权益，特制定本方案。

二、供应商延误交货的四种情况分析

1. 供应商未按照采购合同约定的时间、地点准时交货。

2. 供应商在交货期限届满后的一段时间内经采购专员催告后仍未交货。

3. 供应商在交货期限届满后的一段时间内虽然交货，但所交物或所提交单证上记载的货物根本不是或有别于采购合同约定的物资，并且拒不交付替代物或替代单证。

4. 因为各种不可抗力因素导致供应商不能及时交货。

（续）

三、特别说明

因为各种不可抗力导致供应商不能及时交货不属于违约范畴，采购专员应及时与供应商沟通，采取相应的补救措施，尽量减少公司的损失。

四、供应商延误交货的处理

（一）沟通并了解延误原因

若供应商在采购合同约定的期限内未能按时交货，采购专员应积极与供应商沟通协调，了解供应商延迟交货的真正原因，以便采取有效的方法进行处理。

（二）分析原因

针对供应商延迟交货的原因，采购专员主要从以下两个方面进行分析。

1. 己方原因。因预测不准确及技术、工程配置差错而造成紧急交货，因库房管理混乱而造成短缺、紧急交货和货款未及时支付等。

2. 供应商原因。承诺超出己方能力范围、管理效率低、不重视、生产工艺技术达不到标准等。

（三）提出解决方案

1. 如果延迟交货属己方产品的技术问题，那么采购专员可同工程师一起到供应商处，协助供应商尽快解决技术问题，尽量协助供应商按时交货。

2. 如果是由于供应商的原因导致交货延迟，那么采购专员经过分析后，可通过下表所示的四种方式解决问题。

供应商延迟交货的解决方式

解决方式	具体操作
沟通解决	与供应商高层取得联系，通过和平方式解决问题，尽快交货
继续履行采购合同	与供应商进行协调，要求供应商继续履行采购合同，同时设定交货期限
解除采购合同，赔偿损失	依照法律规定或采购合同约定，通知供应商解除采购合同，并要求供应商按照采购合同的约定赔偿经济损失，同时寻找新的供应商或进行替代品的采购
采取补救措施	主要是指修理、更换、重做、退货、减少价款等，这一措施通常是当供应商提供的物资不符合采购合同约定的质量时使用
备注	以上四种方式可以结合使用，以公司经济损失最小化为原则，同时使问题尽快得到解决

（续）

（四）与供应商沟通解决方案

采购专员应对延误交货的原因进行认真分析，并提出切实可行的解决方案，报采购部经理审核，经审核通过后与供应商沟通具体的解决办法，尽快达成共识。

（五）延误交货处理实施

1. 在与供应商沟通的基础上，如果供应商拒不配合交货，那么采购专员应积极搜寻市场价格，寻找新的供应商，同时按照解决方案进行处理。

2. 若需要诉诸法律，采购专员则应收集齐有关资料，咨询公司的法律顾问，由专业律师诉讼解决。

五、预防供应商延误交货的办法

1. 订单发出后，采购跟单员应定期打电话或抽时间拜访供应商，询问其备货进度，及时了解物资的生产情况，以便发现问题并进行处理。

2. 在与供应商沟通的过程中，若发现供应商有诚信问题，采购专员应尽快与对方的负责人联系，并上报公司领导。

3. 采购跟单员可通过电话方式提醒供应商交期责任，让供应商保证物资的生产绝不会因人为因素而造成延误。

4. 尽量拓展采购渠道，避免因供应商供应不及时而造成生产或经营出现问题。采购专员可以在采购时比价、比质，以便获得最佳的采购价格。需要注意的是，采购专员在采购时必须进行质量检验，以保证本公司产品质量的稳定性。

5. 采用集中采购的方式，及时编制采购计划，变中小采购为大宗采购，变小客户为主要客户，从而获得采购的主动权，赢得供应商的重视。

编制人员		审核人员		批准人员	
编制日期		审核日期		批准日期	

第七章　采购质量控制

第一节　采购质量控制岗位职责

一、采购质量控制主管岗位职责

采购质量控制主管主要负责企业采购物资的质量控制、验收工作，保证所购物资的质量优良，符合企业生产经营和销售需要，具体职责内容如表7-1所示。

表7-1　采购质量控制主管岗位职责

工作大项	工作细化
1. 制定采购质量检验标准及规范	（1）参与制定各类采购物资质量检验标准、质量检验规范和质量检验方案
	（2）落实物资质量检验规范范本，指导采购质量检验工作
2. 监控物资质量	（1）参加采购计划会议，提出采购物资的供应商质量保证条款
	（2）针对所购物资出现的质量异常情况提出处理意见，并进行妥善处理
	（3）对各类购进物资的规格和质量提出意见
3. 管理检验仪器	（1）负责组织检验仪器、量规和试验设备的管理和保养工作
	（2）组织下级员工建立并完善仪器设备档案
4. 组织建立采购物资质量标准档案	（1）建立并完善企业各类采购物资的质量标准档案
	（2）对供应商交货的质量进行整理、分析和评价，评定供应商的质量保证能力，并提出改善建议

二、采购检验专员岗位职责

采购检验专员的岗位职责是在采购质量控制主管的领导下具体实施采购物资检验方案，协调处理质量问题，具体职责内容如表7-2所示。

表 7-2　采购检验专员岗位职责

工作大项	工作细化
1. 制定质量标准并积极落实	（1）协助采购部经理、采购质量控制主管制定各类采购物资的检验标准、检验规范和检验实施方案
	（2）执行并落实质量检验规范
2. 供应商认证管理	负责对供应商进行质量评审和认证工作
3. 采购质量检验	（1）按照质量检验标准，协同使用部门人员对采购物资进行检验
	（2）按照企业规定的程序实施检验工作，防止不合格品入库或投入使用
	（3）识别和记录各类采购物资的质量问题，填写"检验报告单"，登记质量原始记录
	（4）妥善处理采购物资质量异常情况
4. 质量改进工作	（1）根据质量检验记录，定期对所检物资的质量情况进行统计分析，形成物资质量检验报告，并提交上级领导审批
	（2）针对供应商提供的各类采购物资提出质量改进意见
5. 检验仪器管理	（1）维护和保养检验仪器、量规和试验设备
	（2）建立并完善仪器设备档案

第二节　采购质量控制管理制度

一、采购认证管理制度

下面是某企业的采购认证管理制度，供读者参考。

制度名称	采购认证管理制度	编　号	
		执行部门	

第1章　总则

第1条　目的。

为了加强采购认证管理，建立并维护公司的采购环境，确保公司拥有一支优秀的供应商队伍，以满足公司在采购质量、成本、供应服务等方面的要求，特制定本制度。

（续）

第2条　适用范围。

本制度适用于采购部全体员工。

第3条　管理职责。

1. 技术部负责制定采购物资的技术标准和制造工艺设计。

2. 采购部负责供应商的选择、谈判、沟通等工作。

3. 质量管理部负责对供应商提供的样品进行质量检验。

第4条　认证准备。

1. 参与认证的人员必须熟悉要进行质量认证的物资。

2. 确定物资认证的质量标准。

3. 明确待认证物资的需求状况、物资对于生产经营的重要性。

4. 编制合理的物资质量认证预算。

5. 准备好物资质量认证需要的设备、原料等。

第2章　初选供应商

第5条　供应商的初选程序。

1. 划定供应商的地域范围。

2. 联系供应商，索取相关资料。

3. 开展供应商调研。

4. 与供应商进行谈判。

5. 综合评价供应商，确定初选供应商名单。

第6条　供应商的选择标准。

1. 供应商的管理人员须品行优秀，工作经验丰富。

2. 供应商的专业技术水平高，专业技术人员经验丰富。

3. 供应商的机器设备的性能和生产能力能满足公司所需物资的生产要求，并且将机器设备保养、维护得很好。

4. 供应商有充足的原材料供应源，而且原材料的品质好。

5. 供应商的质量管理制度完善，并且通过了相关的 ISO 质量认证。

6. 供应商的财务状况和信誉良好。

7. 供应商的企业管理规范、科学。

第7条　供应商的初选数量。

采购部根据供应商调研和评价初选供应商，其数量不得少于三家。

第3章　物资质量认证

第8条　物资质量认证的方式。

1. 试制认证：要求供应商提供物资样品，进行质量认证。试制认证的具体过程如下图所示。

（续）

```
                    ┌──────────┐
                    │   开始   │
                    └────┬─────┘
                         │
          ┌──────────────▼──────────────┐
          │      签订试制认证合同        │
          ├─────────────────────────────┤
          │     提供采购物资试制资料     │
          ├─────────────────────────────┤
          │      供应商准备样品试制      │
          ├─────────────────────────────┤
          │  沟通、协调监控样品的试制过程 │
          ├─────────────────────────────┤
          │根据反馈的试制信息调整技术方案 │
          ├─────────────────────────────┤
          │       供应商提供样品        │
          ├─────────────────────────────┤
          │  认证人员对样品进行检验和评估 │
          └──────────────┬──────────────┘
                         │
                    ┌────▼─────┐
                    │   结束   │
                    └──────────┘
```

试制认证的过程

2. 中试认证：对供应商提供的小批样品进行质量认证。中试认证的具体过程如下图所示。

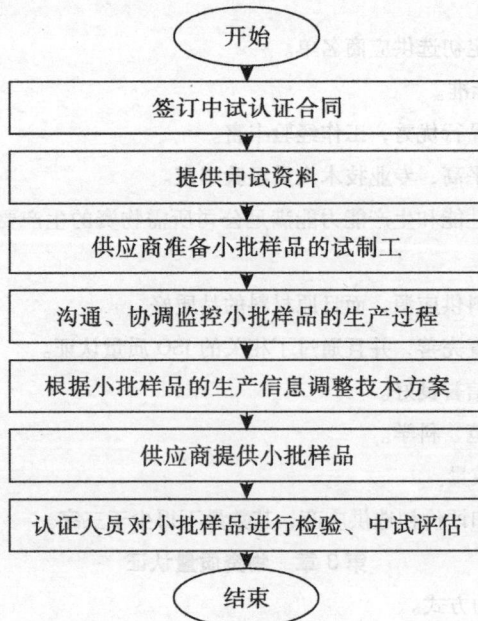

```
                    ┌──────────┐
                    │   开始   │
                    └────┬─────┘
                         │
          ┌──────────────▼──────────────┐
          │      签订中试认证合同        │
          ├─────────────────────────────┤
          │        提供中试资料         │
          ├─────────────────────────────┤
          │  供应商准备小批样品的试制工   │
          ├─────────────────────────────┤
          │沟通、协调监控小批样品的生产过程│
          ├─────────────────────────────┤
          │根据小批样品的生产信息调整技术方案│
          ├─────────────────────────────┤
          │     供应商提供小批样品      │
          ├─────────────────────────────┤
          │认证人员对小批样品进行检验、中试评估│
          └──────────────┬──────────────┘
                         │
                    ┌────▼─────┐
                    │   结束   │
                    └──────────┘
```

中试认证的过程

3. 批量认证：重点是检测采购物资质量的稳定性和供应商供应的稳定性。批量认证的具体过程如下图所示。

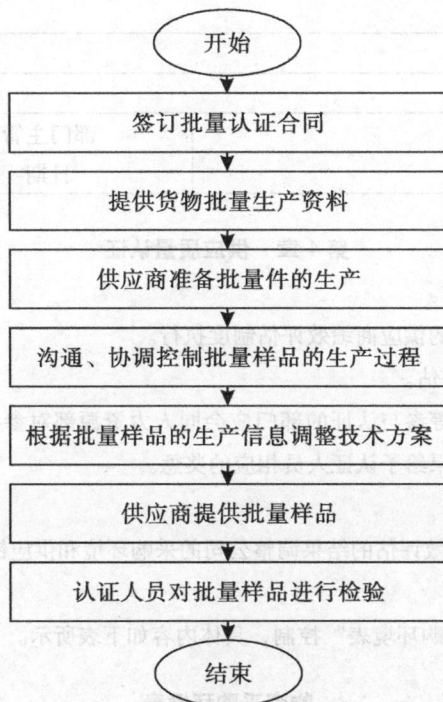

```
              ┌──────────┐
              │   开始   │
              └──────────┘
                   │
    ┌──────────────────────────────┐
    │       签订批量认证合同         │
    └──────────────────────────────┘
                   │
    ┌──────────────────────────────┐
    │      提供货物批量生产资料       │
    └──────────────────────────────┘
                   │
    ┌──────────────────────────────┐
    │     供应商准备批量件的生产      │
    └──────────────────────────────┘
                   │
    ┌──────────────────────────────┐
    │  沟通、协调控制批量样品的生产过程 │
    └──────────────────────────────┘
                   │
    ┌──────────────────────────────┐
    │ 根据批量样品的生产信息调整技术方案 │
    └──────────────────────────────┘
                   │
    ┌──────────────────────────────┐
    │      供应商提供批量样品        │
    └──────────────────────────────┘
                   │
    ┌──────────────────────────────┐
    │   认证人员对批量样品进行检验    │
    └──────────────────────────────┘
                   │
              ┌──────────┐
              │   结束   │
              └──────────┘
```

批量认证的过程

第 9 条　填写"样品质量评价表"。

"样品质量评价表"（如下表所示）由相关认证人员填写。

样品质量评价表

编号：　　　　　　　　　　　　　　　　　　　　　　　　日期：＿＿＿年＿＿月＿＿日

供应商名称		地址	
联系人		电话/传真	
样品名称		数量	
规格型号			
检测部门			
检测标准			
检测结论			
检测报告号码			

（续）

（续表）

用于何种产品			
试用部门			
试用情况			
评价结果			
评价部门工程师		部门主管	
总经理		日期	

第4章　供应质量认证

第10条　供应商绩效评估。

供应商绩效评估参照公司的供应商绩效评估制度执行。

第11条　认证人员绩效评估。

认证工作完成后，采购部等参与认证的部门应会同人力资源部对参与认证的人员进行绩效考评，按照公平原则和绩效评估的结果给予认证人员相应的奖惩。

第12条　调整采购环境。

1. 采购部应根据供应商绩效评估的结果调整公司的采购环境和供应链，以保证采购物资适时、适质、适地、适量、适价地供应。

2. 采购环境通过"物资采购环境表"控制，具体内容如下表所示。

物资采购环境表

序号	物资					采购环境								采购环境容量总和	备注
	编号	名称	型号	年需求量	单位	供应商一				供应商二					
						比例	价格	期限	合同	比例	价格	期限	合同		
合计															
制订日期		开发工艺		质管计划			认证订单			批准日期					
采购认证编号		制定部门		任务来源说明						来源部门					

备注：

1. 采购环境：同一物资的供应商数量不能局限为两个。

2. 比例：供应商在物资年需求量中占的比例。

3. 合同：认证人员与供应商谈判所确定的供应协议条款。

4. 采购环境容量总和：同一物资所有供应商年供应能力总和。

5. 会签：物资的开发人员、工艺设计人员、质量管理人员、采购计划制订人员和订单提交人员共同审核会签"物资采购环境表"。

（续）

第13条　采购认证合同。

公司与供应商签订的物资质量认证合同（试制认证合同、中试认证合同、批量认证合同）采用统一的样式。

第5章　附则

第14条　初选供应商的具体操作参照供应商选择制度执行。

第15条　本制度由采购部、技术部和质量管理部共同制定。

第16条　本制度自公布之日起执行。

编制人员		审核人员		批准人员	
编制日期		审核日期		批准日期	

二、采购质量控制制度

下面是某企业的采购质量控制制度，供读者参考。

制度名称	采购质量控制制度	编　号	
		执行部门	

第1章　总则

第1条　目的。

通过对采购的配套件、原材料、零部件、辅助材料、外购设备等质量的有效控制，确保配套件、原材料、零部件、辅助材料、外购设备符合公司生产经营的规定和要求。

第2条　适用范围。

本制度适用于公司各类物资的配套件、原材料、零部件、辅助材料、外购设备的采购活动。

第3条　详细说明。

本制度后文中的"配套件、原材料、零部件、辅助材料、外购设备"统称为"采购物资"。

第2章　相关部门的职责

第4条　采购部的主要职责。

1. 公司各类物资和原材料、零部件的采购。

2. 配套件供应商的选点、布点和新增供应商的初选。

3. 合格供应商协作配套能力调查评价的组织与实施。

4. 合格供应商档案资料的管理。

5. 零部件采购价格的评定。

6. 采购合同（含质量保证协议）的签订、管理，并负责配套件技术文件、更改通知的传递与发放工作。

（续）

7. 配合质量管理部进行各类采购物资的质量监督、质量改进及改进结果的验收、质量索赔和其他日常管理工作。

第5条　质量管理部的主要职责。

1. 编制进料检验控制标准。

2. 负责供应商质量保证能力的评定工作。

3. 负责所有采购物资质量信息的收集、分析、反馈和处理工作。

4. 负责采购物资进厂检验和试验及日常供货过程中的质量监督，新增供应商的样品质量验证和试验工作。

第6条　技术部的主要职责。

1. 向供应商提供所需物资的完整、正确的技术文件和（或）样品。

2. 同供应商签订有关技术协议和知识产权保护协议。

3. 新物资开发新增供应商的初选及新增供应商的物资技术认证。

4. 必要时，与供应商共同进行技术开发。

第3章　采购质量控制程序

第7条　采购质量控制的基本原则。

1. 必须向评定合格的供应商采购。

2. 采购前应提供有效的采购文件和资料。

3. 对某些突发场合所需的特殊材料、急用材料、技术研发所需材料，可向未进行供应商评定的供应商采购，由质量管理部进料检验专员进行材料的验证，验证合格后即可投入使用。

第8条　采购计划管理。

采购部依据与客户签订的长期协议、仓库库存量，适时地提出采购需求、制订采购计划，采购计划经总经理批准后生效。

第9条　物资采购需准备的相关资料。

1. 采购合同。

2. 质量保证协议书（必要时）。

3. 采购技术协议书、新物资开发技术协议书。

4. "三包"服务协议书（必要时）。

5. 向供应商发放的技术文件。

6. 相关的采购计划。

第10条　采购合同的内容。

采购合同由采购部负责签订，其内容至少应包括以下五个方面。

1. 采购物资的品名、规格、型号和数量。

2. 采购物资的技术要求。

3. 交货期限和交货地点。

（续）

4. 价格和付款方式。

5. 质量保证条款。该条款应明确规定以下五项内容：（1）公司验证采购物资质量的方式、方法、地点；（2）采购物资的改进、改型及验证结果的处理，必要时应安排客户到供应商处进行验证；（3）双方发生质量纠纷时的协调处理方式；（4）供应商不合格品的处理方式；（5）"三包"服务承诺。

第 11 条　采购技术协议书的签订。

技术部负责签订采购技术协议书，其内容至少应包括以下三个方面。

1. 双方共同确认的图样、技术条件、物资标准和验收标准。

2. 对于新物资需签订"新物资开发技术协议书"和"知识产权保护协议书"。

3. 对于配套物资技术资料的发放、更改、回收等应按"技术文件和资料控制程序"的有关条款进行控制。

第 12 条　采购物资的入库验收。

1. 采购物资到达公司后，采购部应电话通知质量管理部进料检验专员进行检验。

2. 新到物资应放置于仓库待检区。

3. 质量管理部进料检验专员负责对仓库待检区的物资按"进货检验和试验控制程序"的规定进行检验，并填写相应的"进料检验报告表"。

4. 采购物资验收合格后方可入库，仓库管理员办理入库事宜，对物资进行保管、分发。

5. 若物资验收不合格，则对该批物资依据"不合格品控制程序"执行，采购部及时与供应商进行沟通，协调处理。

第 13 条　采购物资的搬运、贮存、包装、防护和标识管理工作按公司仓储部相关规定执行。

第 14 条　公司各有关部门配合采购部收集、分析和反馈采购物资质量信息，必要时对供应商提出改进建议。

第 4 章　供应商供货质量综合评定

第 15 条　评定方式。

质量管理部与生产部负责对供应商的供货质量每年进行一次综合评定，评定结果须经运营总监审核，供货质量合格的可继续列为合格供应商。

第 16 条　评定内容。

供应商评定内容包括供应商的配套物资质量、供货的及时性、价格水平和售后服务质量等方面。

第 17 条　质量问题处理。

对于连续发生质量问题的供应商，采购部须及时向其发出停供整顿或取消资格的通知。

第 5 章　附则

第 18 条　本制度由质量管理部和采购部联合制定，报总经理审批。

第 19 条　本制度自公布之日起执行。

编制人员		审核人员		批准人员	
编制日期		审核日期		批准日期	

三、采购物资检验制度

下面是某企业的采购物资检验制度，供读者参考。

制度名称	采购物资检验制度	编　号	
		执行部门	

第1章　总则

第1条　目的。

为了严格检验采购物资的采购标准和质量标准，杜绝不合格品入库，特制定本制度。

第2条　适用范围。

本制度适用于所有公司采购物资的质量检验工作。

第2章　采购物资质量检验规划

第3条　明确采购物资检验要项。

1. 采购检验专员在对采购物资进行检验之前需清楚该批物资的质量检测要项，不明之处需向采购质量控制主管或质量管理部门咨询。

2. 必要时，采购检验专员可从采购物资中随机抽取一定数量的物资，交质量管理部相关人员检验临时样品，并附相应的质量检验说明，采购人员不可在采购物资检测项目、检测方法和允收水准（AQL）不明的情况下进行验收。

第4条　采购物资检验依据。

1. 公司制订的采购计划。

2. 采购部与供应商签订的采购合同。

3. 供应商出示的材质证明书。

4. 供应商出示的产品合格证。

5. 技术部制定的采购物资技术标准。

6. 物资工艺图纸。

7. 供应商提供的样品和装箱单。

第5条　影响采购物资检验方式、方法的因素。

1. 采购物资对产品质量、生产经营活动的影响程度。

2. 供应商质量控制能力和以往的信誉情况。

3. 该类物资以往经常出现的质量异常情况。

4. 采购物资对公司运营成本的影响。

第6条　采购物资检验方法。

采购物资检验方法如下表所示。

（续）

采购物资检验方法一览表

检验方法	具体说明
外观检测	一般用目视、手感、限度样品来验证
尺寸检测	一般用卡尺、千分尺、塞规等量具来验证
结构检测	一般用拉力器、扭力器、压力器来验证
特性检测	电气的、物理的、化学的、机械的特性，一般采用检测仪器和特定方法来验证

第 7 条　采购物资检验方式的选择。

1. 全数检验。这种方式适用于数量少、价值高、不允许有不合格品的物资或工厂指定进行全检的物资。

2. 免检。这种方式适用于大量低值辅助性材料、经认定的免检厂物资和因生产急用而特批免检的物资。对于后者，采购检验专员应跟踪物资生产时的质量状况。

3. 抽样检验。这种方式适用于数量较多、经常使用的物资。一般工厂的物资采购均采用此种检验方式。

第 3 章　采购物资检验程序

第 8 条　技术部编制"采购物资质量标准"，由技术部经理批准后发放采购检验专员执行。

第 9 条　质量管理部编制"采购物资检验控制标准及规范程序"，经质量部经理批准后发放采购检验专员执行，检验的规范包括货物的名称、检验项目、方法和记录要求。

第 10 条　采购部根据到货日期、到货品种、规格、数量等，通知仓储部和质量管理部准备检验和验收采购物资。

第 11 条　采购物资运到后，由仓储部仓库管理员检查采购物资的品种、规格、数量（重量）和包装情况，填写"采购物资检验报告单"，并通知采购检验专员到现场抽样，同时对该批采购物资进行"待检"标识。

第 12 条　采购检验专员接到检验通知后，到标识的待检区域对采购物资进行检验，并填写"采购物资检验报告单"，交采购质量控制主管审核。

第 13 条　采购检验专员将通过审核的"采购物资检验报告单"作为检验合格物资的放行依据，通知仓库管理员办理入库手续。仓库管理员对采购物资按检验批号标识后，入库的合格品由仓库管理员控制、发放和使用。

第 14 条　采购检验专员储存和保管抽检的样品。

第 15 条　检验中不合格的采购物资根据公司制定的"不合格品控制程序"的相关规定处置，不合格的采购物资不允许入库，由采购人员移入不合格品库，并进行相应的标识。

第 16 条　如果是紧急采购物资，来不及检验和试验时，则要按紧急放行相关制度规定的程序执行。

第17条　采购部按规定期限和方法保存采购物资检验记录。

第4章　采购物资检验的实施要点

第18条　采购检验专员收到"采购物资检验报告单"后，依检验标准进行检验，并将采购物资的供应商、品名、规格、数量、验收单号码等填入"检验记录表"内。

第19条　采购物资应于收到"采购物资检验报告单"后三日内检验完毕，但急需的采购物资可优先办理。

第20条　检验时，如果采购检验专员无法判定采购物资是否合格，则应立即请技术部和请购部门委派人员会同检验，会同检验的人员必须在"检验记录表"内签名。

第21条　采购检验专员在执行检验时应随机抽样，不得以个人或私人感情为由判定采购物资是否合格。

第22条　采购检验专员必须及时反馈采购物资检验情况，将供应商的交货质量情况及检验处理情况登记于"供应商交货质量登记卡"内，并每月汇总于"供应商交货质量月报表"内。

第23条　采购检验专员须根据采购物资的实际检验情况对检验的方案、程序等提出改善意见或建议。

第24条　采购检验专员应定期校正检验仪器、量规，对试验设备进行保养，以保证采购货物检验结果的准确性。

第5章　采购物资检验结果的处理

第25条　经采购检验专员验证，若送检物资的不合格品个数低于规定的不合格品个数，则公司允许接收该批物资，采购检验专员应在"进料检验报告表"上签名，盖"检验合格"印章，通知仓储部收货。

第26条　若送检物资的不合格品个数多于规定的不合格品个数，则公司应拒收该批物资。采购检验专员应及时在"进料检验报告表"上签名，盖"检验不合格"印章，经相关部门会签后，交仓储部和采购部办理退货事宜；同时在该批送检物资外箱标签上盖"退货"字样，并挂退货标牌。

第27条　特采规定。

1. 特采是指采购货物经采购检验专员检验，其质量低于允许接收的标准，虽然采购检验专员提出退货的要求，但是由于急需情况或其他原因，请购部门作出特别采用的决定。

2. 若非迫不得已，请购部门尽可能不启用"特采"；即使采用，也应严格按程序办理，具体参见公司特采作业管制制度。

第28条　若送检物资的不合格品个数超过规定的允收水准，经特批后，可进行全数检验，选出其中的不合格品退回供应商，合格品办理入库或投入生产手续。

第29条　送检物资几乎全部不合格，但经过加工处理后即可使用的，由采购部送生产部加工。

第30条　采购检验专员对加工后的物资进行重检，接收合格品，为不合格品办理退货手续。

(续)

第6章 附则

第31条 本制度由采购部和质量管理部共同制定。

第32条 本制度自公布之日起执行。

编制人员		审核人员		批准人员	
编制日期		审核日期		批准日期	

四、特采作业管理制度

下面是某企业的特采作业管理制度，供读者参考。

制度名称	特采作业管理制度	编　号	
		执行部门	

第1章 总则

第1条 目的。

为了规范特采作业，在不影响产品最终质量造成客户投诉或退货的原则下，对不合格物资加以特别采用，准时完成生产经营任务，确保生产经营活动的顺利进行，特制定本制度。

第2条 适用范围。

公司特采作业需依照本制度办理。

第3条 管理职责。

1. 采购部负责组织特采会审会议的提出，签署特采结论，与供应商就不合格物资处理方式进行交涉。

2. 质量管理部负责物资检验及不合格报告的提交，参加特采会审会议，进行特采处理后的检验。

3. 使用部门参加特采会审会议，负责对特采不合格物资进行加工处理，估算损耗并呈报。

4. 财务部负责费用的核算及扣除。

第2章 特采申请

第4条 进料检验。

进料质量检验人员根据公司的进料检验程序执行抽检、判定，根据进料检验结果填写"进料检验单"。

第5条 不合格品确认。

"进料检验单"经质量管理部负责人确签为不合格后，交采购部经办人员。

第6条 提出特采申请。

采购部根据生产经营情况决定是否申请特采，使用部门也可根据生产经营情况提出特采申请。

（续）

第7条 特采申请原则。

1. 无安全伤害。

2. 不影响产品质量。

3. 生产经营急需，影响客户交期。

4. 事先取得客户同意宽放允收。

5. 检验结果无法立即产生，存在停产误期的风险。

第8条 填写"特采申请单"。

申请特采时，相关部门必须详细填写"特采申请单"，写明不合格原因及特采原因。

第3章 特采会审

第9条 召开会审会议。

由采购部召集技术部、质量管理部和使用部门相关负责人召开会审会议，针对不合格原因、采购合同和技术工艺进行分析，并得出结论，与会人员签署是否同意特采申请的处理意见。

第10条 会审意见审核。

会审意见须呈交采购总监和总经理审核并签署最后意见。

第11条 会审结果处理。

1. 若特采未获批准，则采购部要安排退货。

2. 若特采获得批准，则采购部要执行特采工作程序。

第4章 执行特采作业

第12条 偏差接受。

特采物资仅影响生产速度，而不造成产品最终品质不合格的，由生产部估算并上报超耗工时，报采购部核实，由采购部与供应商交涉，达成协议后执行特采工作程序。

第13条 全检。

检验后判定为不合格的物资经批准特采后进行全数检验。

第14条 全检合格品的处理。

全检合格品可办理入库，投入生产，全检耗费工时由采购部按程序确认后送交财务部作扣款处理。

第15条 返工。

检验后判定为整批不合格，但公司有能力将其加工为合格品的，生产部须事先向财务部申报费用，采购部就有关费用同供应商达成一致意见后通知生产部处理，加工费用由生产部通知财务部作扣款处理。

第16条 特采处理后的检验。

特采处理后，质量管理部相关人员需再行检验，合格部分予以接收，不合格部分办理退货。

第17条 特采记录。

特采记录由采购部收集保存，转质量管理部定期存档。

（续）

<table>
<tr><td colspan="4" align="center">第5章 附则</td></tr>
<tr><td colspan="4">第18条 本制度由采购部和质量管理部共同制定。</td></tr>
<tr><td colspan="4">第19条 本制度自公布之日起执行。</td></tr>
<tr><td>编制人员</td><td></td><td>审核人员</td><td>批准人员</td></tr>
<tr><td>编制日期</td><td></td><td>审核日期</td><td>批准日期</td></tr>
</table>

五、食品采购质量验收制度

下面是某企业的食品采购质量验收制度，供读者参考。

<table>
<tr><td rowspan="2">制度名称</td><td rowspan="2" align="center">食品采购质量验收制度</td><td>编 号</td><td></td></tr>
<tr><td>执行部门</td><td></td></tr>
</table>

第1章 总则

第1条 目的。

为了确保按时完成各类食品的验收任务，按各种食品的验收标准及质量要求对各种食品进行检验，坚决杜绝不合格食品流入公司，特制定本制度。

第2条 适用范围。

本制度适用于公司食品采购质量验收相关工作事项。

第2章 采购验收准备

第3条 食品采购检验人员需维护工作环境的整洁，检查磅秤是否准确，及时纠正误差。

第4条 食品采购检验人员需每天翻阅当天的"进货单"，对当天应到的食品品种、规格和数量做到心中有数。

第5条 食品采购检验人员须检验订单是否符合公司要求，同时凭符合规定手续的"请购单"、"订购单"等凭证验收食品。

第6条 食品采购检验人员须明确各类食品的保质期期限要求，具体内容如下表所示。

各类食品的保质期期限要求一览表

食品名称	保质期期限要求
奶粉	马口铁罐装为12个月，玻璃瓶装为9个月，500克塑料袋装为4个月
糖果	第1季度和第4季度生产的为3个月，第2季度和第3季度生产的为2个月（梅雨季节生产的为1个月）
饮品	果汁汽水、可乐汽水玻璃瓶装为3个月，罐装为6个月

（续）

（续表）

食品名称	保质期期限要求
啤酒	1～12度熟啤酒省优以上为4个月，普通为2个月
	14度啤酒为3个月，10.5度熟啤酒为50天
	葡萄酒、果酒为6个月，气泡酒为3个月
	瓶装黄酒暂定为3个月，露酒为6个月
饼干类	镀锡铁罐装为3个月，塑料袋装为2个月，散装为1个月
	塑料袋装方便面为3个月，夹心巧克力为3个月，纯巧克力为6个月
油炸干果、番茄酱	铁罐装、玻璃瓶装为12个月
酱油和食醋	一般为6个月
备注	进口食品罐上所显示的日期为到期日期；国产食品罐上所显示的日期为生产日期，一般都有保质期；凡进口食品必须有中文标签，无中文标签不得入库

第3章　食品到货验收

第7条　采购检验专员检查"报价单"是否有采购专员、财务部经理、食品组负责人的签字，实际价格超过采购专员定的价格或与报价不符，应坚决拒收。

第8条　采购检验专员须严格检查供应商有无三证（经营执照、卫生许可证、个人健康证明），进口食品必须有中文标签和卫生检疫标志。

第9条　采购检验专员验收肉类食品时，必须审查其是否有卫生检疫证明，同时还要有"当天市场肉类复检单"。

第10条　验收到货食品时，采购检验专员、质量管理部相关人员和食品组负责人要严格按照订单的相关规定及公司的要求审核物资的品种、数量、规格和价格。

第11条　验收时，采购检验专员应先清点或过磅核对物资数量是否与"到货单"或发票相符，其中水产类鲜活货品须过滤掉水分后再过磅。

第12条　验收大批鲜活货品或有疑义的食品时，要由采购检验专员、食品组负责人、食品卫生检验员和收货员共同验收。

第13条　验收包装食品原料时，采购检验专员要检查其包装上是否已注明生产厂家、厂址、生产日期、保质期、质量标准、包装规格和等级等；对于进口食品，采购检验专员还要检查是否有中文标签和防伪标识。

第14条　验收装箱物资时，使用部门、收货员和仓管员要按订货封样和要求拆箱抽样检验，共同签字。

第15条　验收水产类、肉类、蔬菜类货品时，要保证其新鲜、干净，无腐烂变质、无过多水分和其他杂物，特别是鱼类要活、鲜、净，虾肉、鸡翅、鸡胸、大虾、虾仔和肉类必须先解冻，然后称其净重，每一箱都要过秤。

（续）

第16条　验收干货、罐头时，采购检验专员必须审核货品的生产日期、保质期、厂家、商标、外观包装等，符合要求后方能入库或使用。

第4章　验收处理

第17条　符合数量和质量标准的食品，由收货员填写"验收单"，收货时须根据发票和验收单复核实物。

第18条　采购检验专员应填写"收货检验日报表"，做到货物、数量和金额无误，每月月底要汇总日报表、订单封存备查。

第19条　质量和数量不符合要求的食品，若使用部门坚持留用，则必须在"收货单"上详细说明原因并由负责人签字确认。

第20条　已由使用部门领走的物资原则上不允许退换货，特殊情况下必须上报采购部经理处理。

第5章　附则

第21条　本制度由采购部、质量管理部和食品部共同制定。

第22条　本制度自公布之日起执行。

编制人员		审核人员		批准人员	
编制日期		审核日期		批准日期	

六、大型设备采购验收规范

下面是某企业的大型设备采购验收规范，供读者参考。

制度名称	大型设备采购验收规范	编　　号	
		执行部门	

第1章　总则

第1条　目的。

为了保证新购置设备的性能符合公司的要求，特制定本规范。

第2条　适用范围。

公司大型设备采购验收工作须参照本规范办理。

第2章　组建设备验收小组

第3条　设备采购合同签订后，公司需成立设备验收小组，负责大型设备验收工作。

第4条　设备验收小组一般由采购部组建成立，其主要任务是完成采购设备的验收、安装等工作。

第5条　设备验收小组由设备归口管理部门相关人员、采购部负责人、仓储部负责人和相关技术人员共同组成。

（续）

第6条　根据设备的具体情况，若需聘请外单位专家参与验收，可报请总经理批准。

第7条　验收招标采购的设备时，设备验收小组应包括参与招标的人员。

第3章　验收资料准备

第8条　设备到货之前，采购人员应将订单或采购合同送交设备验收小组，以便设备验收小组提前做好设备验收和入库的准备工作。

第9条　采购部应协助相关部门向供应商索取装箱清单、标样测试分析报告、配置报告及批文、仪器设备的相关说明等资料。

第10条　进口国外仪器设备时，采购部除向供应商索取上述资料外，还须索取装运单、外商发票、技术条款、进出口登记表、海关免税证明、进口委托协议书等资料。

第4章　验收工作细则

第11条　采购人员应该向设备验收小组说明所购设备的名称、数量、规格、用途、特殊要求以及注意事项，如怕潮、怕挤压、易碎等。

第12条　设备验收小组应根据采购部提供的装箱清单清点装箱数量、规格、外观质量，并填写"开箱记录单"。

第13条　检查随机的备品附件、工具、原件资料是否齐全，并要造册登记，由专人保管。

第14条　检查包装情况，慎重选择拆箱方法，严防开箱时损坏设备及附件。

第15条　设备的技术资料、图纸应由设备管理部相关人员负责管理，定期存档。

第16条　采购人员应与仓储部相关人员一起拆箱，按照票据明细认真核实设备品种、数量、规格、型号、外形等。

第17条　设备验收小组须配合设备管理部和使用部门做好设备的安装和调试工作。

第18条　供应商提供安装和调试服务，设备验收小组应予以现场配合，并监督其安装和调试。

第19条　对有差错或有质量问题的设备，采购人员应及时与供应商取得联系。

第20条　采购部相关人员需跟踪设备试运转情况，了解设备的实际使用性能等，发现问题应及时与供应商取得联系。

第21条　对于验收合格的设备及零配件，采购人员要根据发票上注明的品名、规格、型号、单位、单价、数量和金额填写"验收入库单"。验收入库单应一式三联，第一联为财务部记账联，第二联为仓库记账联，第三联为采购部核算联。

第5章　附则

第22条　本规范由采购部和设备管理部共同制定。

第23条　本规范自公布之日起执行。

编制人员		审核人员		批准人员	
编制日期		审核日期		批准日期	

第三节　采购质量控制管理表格

一、采购检验报告

编号：_____　　　　　　　　　　　　　　　　　　　日期：___年__月__日

物资名称				规格		
批号				数量		
采购日期				到货日期		
供应商编号				供应商名称		
检验记录						
检验项目	检验标准	检验结果		合格	不合格	备注	总评

检验项目	检验标准	检验结果	合格	不合格	备注	总评
						□ 合格
						□ 不合格
采购部经理		采购质量控制主管		采购检验专员	验收数量	□ 足　□ 短缺

二、检验异常报告

编号：_____　　　　　　　　　　　　　　　　　　　日期：___年__月__日

物资编号		品名	
供应商名称		交货日期	
交货数量		样本数量	
进料异常描述	□ 新料　　　　□ 新版　　　　　　　□ 第_____次进料 □ 无规格　　　□ 未承认 □ 无样品　　　□ 附样品_____件 □ 附检验记录　□ 同一异常已连续 3 次以上（含 3 次）		

序号	规格	问题描述	不良数	检验方法	备注

质量工程师确认：

三、特采作业申请书

编号：　　　　　　　　　　　　　　　　　　　　　　　　日期：____年__月__日

申请部门		品名		供应商名称	
使用部门		物资编号		数量	
异常内容					
特采理由					
讨论结果	技术部		责任人：		____年__月__日
	生产部		责任人：		____年__月__日
	质量管理部		责任人：		____年__月__日
	采购部		责任人：		____年__月__日
总经理		主管副总		技术部经理	
生产部经理		质量管理部经理		采购部经理	

四、采购质量控制表

编号：　　　　　　　　　　填表人：　　　　　　　　日期：____年__月__日

供应商							交易情况								
采购单号	物资名称	采购数量	发货批数	检验批数	批抽检率	总抽检率	质量水平	A类不良品		B类不良品		C类不良品		退货记录	备注

五、采购认证计划表

序号	主项							次项						现存库存数量	订单环境容量	备注
	物资编码	名称	型号描述	年需求量	单位	开始日期	完成日期	样品图纸	技术规范	工艺路线	工艺指令	配料清单	隶属产品			
1																
2																
3																
……																
制定								日期								
审核								日期								
审批								日期								
认证计划编号			制定部门			任务来源说明					来源部门					

六、采购认证进展状态表

序号	物资									认证状态												采购环境容量总和
										供应商一					供应商二						
	物资编码	名称	型号规格	年需求量	单位	开始日期	完成日期	认证计划编号	认证经办人员	初选	试制	中试	批量	认证合同	供应比例	初选	试制	中试	批量	认证合同	供应比例	
1																						
2																						
3																						
4																						
……																						

填表人：　　　　　　　　审核：　　　　　　　　日期：＿＿＿年＿＿月＿＿日

195

第四节　采购质量控制管理流程

一、采购质量控制流程

1. 采购质量控制流程示例

	总经理	采购部	质量管理部	相关部门	供应商
市场及供应商调查		开始 → ①采购物资市场调研 → ②供应商评估	⑦货物质量检验		提供资料
采购实施	审批	建立供应商档案 → ③编制采购计划 → 采购谈判 → ④签订采购合同和技术协议		提出采购要求	按照采购合同规定及时发货
货物验收		⑤接货清点核对 → ⑥组织质量验收	⑦货物质量检验 → 合格	配合 验收入库和领用	
质量反馈		退换货程序 → ⑨提出改进意见 → ⑩供应商供货质量综合评定 → 结束		⑧货物质量反馈 参与	

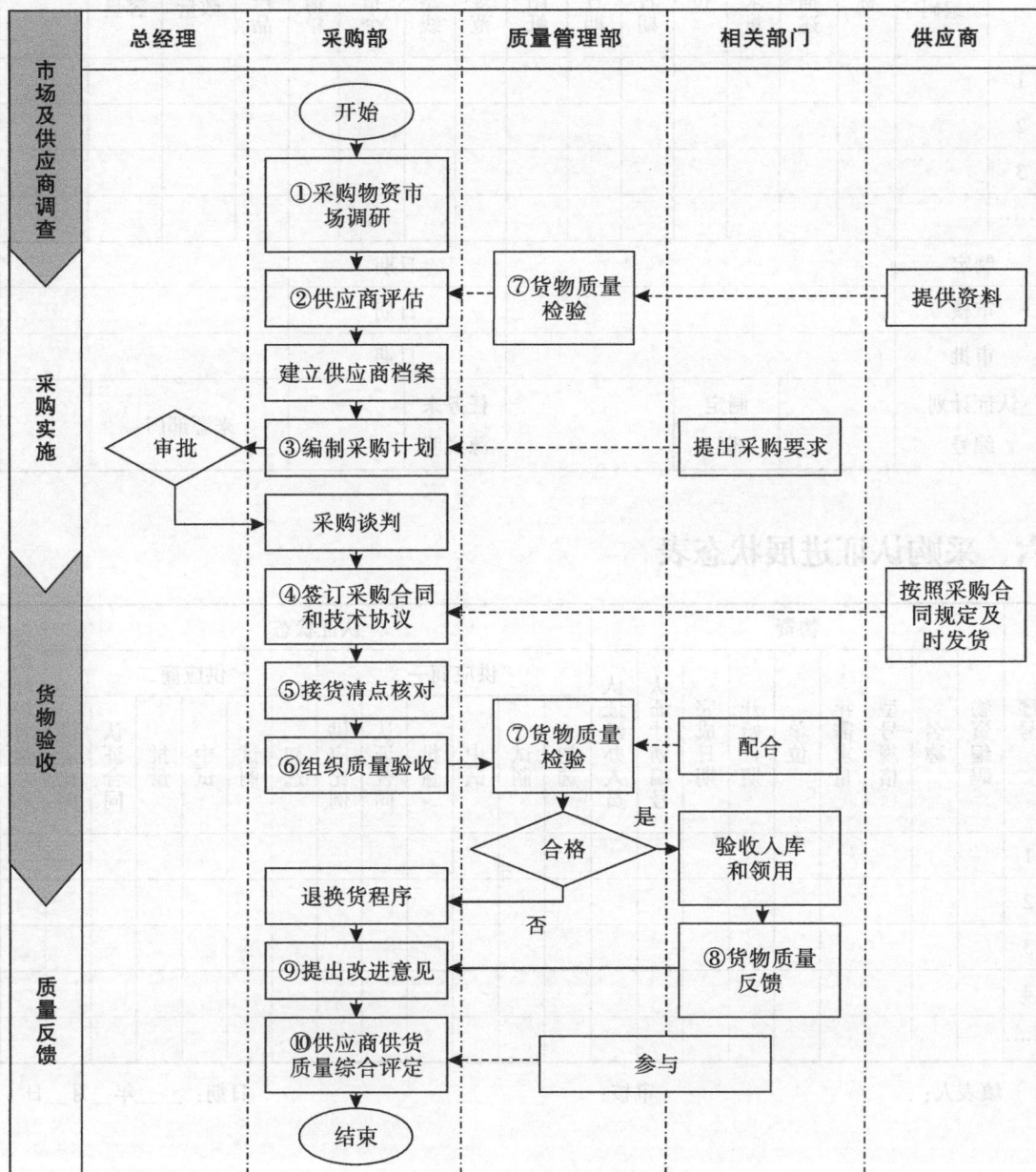

196

2. 采购质量控制流程关键节点说明

任务概要	采购质量控制
关键节点	相关说明
①	采购专员应关注经常性采购原材料、零部件、辅助材料等的市场供求信息、价格信息、供应商信息等，为采购决策的制定与实施提供依据
②	在关注货物市场信息的同时，采购专员还应对主要物资供应商的信用、供货能力、生产能力、生产技术工艺、产品的质量等方面进行评估，要求供应商提供相关资料，质量管理部应协同采购部对供应商质量保证能力进行评估，评估完毕，由采购部建立供应商资料档案
③	采购部根据请购部门提出的采购需求和库存等实际情况编制采购计划，其内容包括采购物资类别、数量、规格技术要求、采购实施方案等，采购计划必须上报总经理审批
④	采购专员根据已通过审批的采购计划寻找供应商并进行采购谈判，就合作细节等达成共识后签订采购合同和技术协议书；采购合同的内容应包括采购物资品名、规格、型号、数量、技术要求、交货时间、交货地点、付款方式、质量保证条款等
⑤	供应商按照采购合同规定及时发货，收到供应商发出的物资后，采购检验专员应将采购合同、"请购单"与"送货单"相核对，清点货物的数量
⑥	数量清点无误后，由采购检验专员组织进行质量验收
⑦	质量管理部检验专员对采购物资进行质量检验，使用部门协同检验，保证采购物资质量合格，符合企业生产经营的需要
⑧	企业相关职能部门在使用采购物资的过程中应对其质量问题进行记录，并及时反馈至采购部
⑨	采购专员应及时向供应商提出改进意见，若已给企业造成经济损失，则要与供应商协商赔偿事宜
⑩	采购部要协同质量管理部和其他职能部门定期对供应商的供货质量进行综合评定，评定内容包括供应商的配套产品质量、供货的技术性、价格水平、售后服务质量等，对于评定不合格的供应商，取消其供货资格

二、采购检验管理流程

1. 采购检验管理流程示例

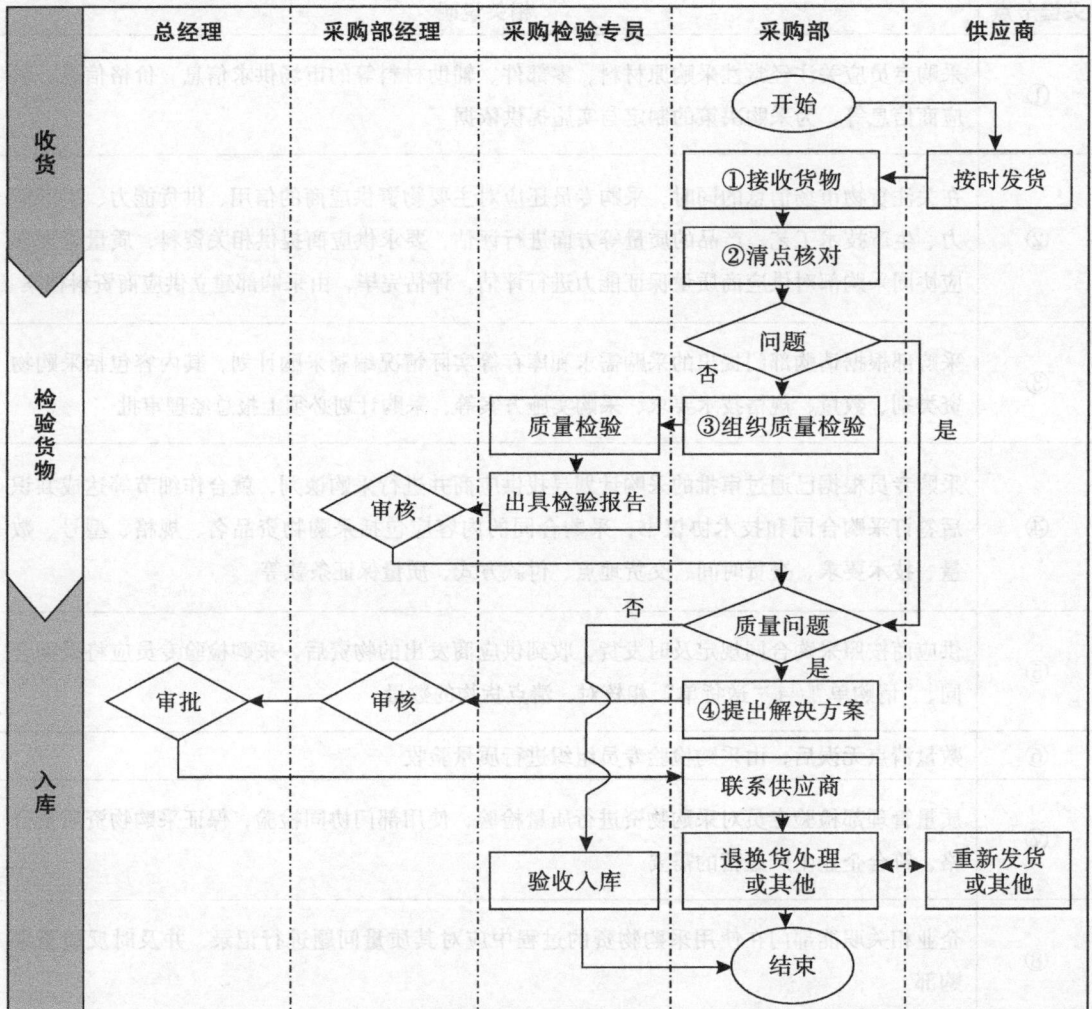

	总经理	采购部经理	采购检验专员	采购部	供应商
收货				开始 → ①接收货物 ← 按时发货 → ②清点核对 → 问题	
检验货物		审核	质量检验 ← ③组织质量检验（否）/ 是 → 出具检验报告		
入库	审批 ← 审核	审核（否）		质量问题（是）→ ④提出解决方案 → 联系供应商 → 退换货处理或其他 ← 重新发货或其他	
				验收入库 → 结束	

2. 采购检验管理流程关键节点说明

任务概要	采购检验管理
关键节点	相关说明
①	根据采购合同的相关规定，采购部在接到供应商的"发货通知单"后准备接收物资
②	采购检验专员根据采购合同、"请购单"等与供应商的"送货单"进行核对，并清点实物数量

（续表）

关键节点	相关说明
③	核对无误，采购检验专员组织质量管理部门或使用部门进行质量检验，看是否符合采购合同的要求、工艺技术要求等；质量检验完毕，质量管理部应出具质量检验报告，提交采购部经理审阅
④	若检验报告显示物资存在质量问题，则由采购专员根据采购合同的规定提出具体解决办法，报采购部经理审核、总经理审批后，联系供应商进行退换货处理；若物资数量有误，采购专员应根据采购合同的规定提出具体解决办法，及时联络供应商

三、采购退货管理流程

1. 采购退货管理流程示例

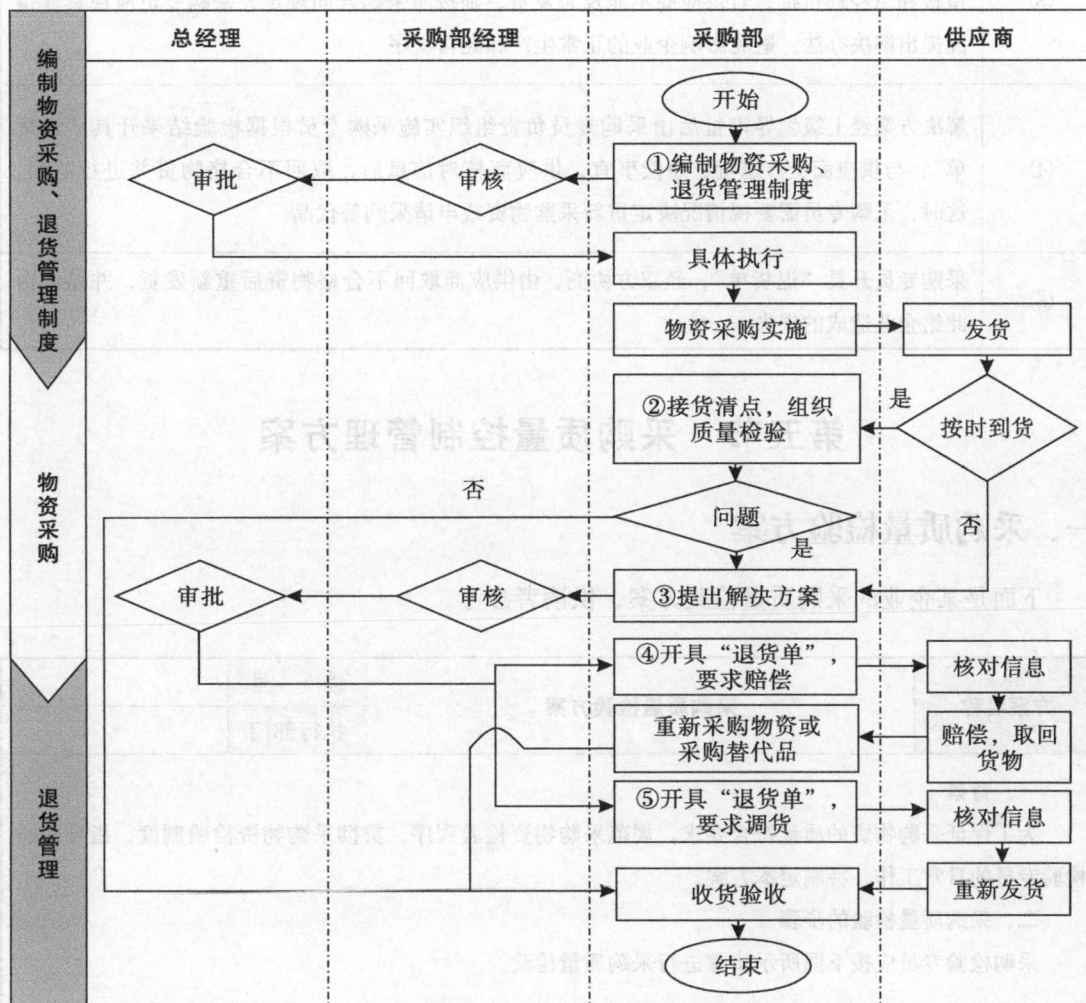

2. 采购退货管理流程关键节点说明

任务概要	采购退货管理
关键节点	相关说明
①	采购专员依据企业的相关规定、经常性采购物资的性质和特点、常见的供应商供货问题等编制物资采购、退货管理制度，报采购部经理审核和总经理审批，通过后贯彻执行
②	采购专员根据各相关部门的生产经营需要安排采购工作，若供应商按时发货，到货后由采购部负责清点核对，数量无误后组织相关部门进行质量检验
③	在检验过程中，若发现物资存在质量问题，采购专员应提出具体解决方案并报采购部经理审核和总经理审批；若供应商不能及时发货，则按照采购合同规定，采购专员应视具体情况提出解决办法，避免影响企业的正常生产和经营秩序
④	解决方案经上级领导审批后由采购专员负责组织实施采购专员根据检验结果开具"退货单"，与供应商交涉退货、赔偿事宜，供应商核对信息后，取回不合格物资并进行赔偿，这时，采购专员需要视情况决定重新采购物资或申请采购替代品
⑤	采购专员开具"退货单"，经双方协商，由供应商取回不合格物资后重新发货，并赔偿由此给企业造成的损失

第五节　采购质量控制管理方案

一、采购质量检验方案

下面是某企业的采购质量检验方案，供读者参考。

方案名称	采购质量检验方案	编　号	
		执行部门	

一、背景

为了保证采购物资的质量符合要求，规范采购物资检验程序，贯彻采购物资检验制度，指导采购检验专员的日常工作，特制定本方案。

二、采购质量检验的步骤

采购检验专员应按下图所示步骤进行采购质量检验。

（续）

```
                    ┌──────────┐
                    │   开始   │
                    └────┬─────┘
                         ↓
                ┌──────────────────┐
                │   编制检验方案   │
                └────────┬─────────┘
                         ↓
                ┌──────────────────┐
                │   做好检验准备   │
                └────────┬─────────┘
                         ↓
                ┌──────────────────┐
                │   核对采购凭证   │
                └────────┬─────────┘
                         ↓
                ┌──────────────────┐
                │   进行质量检验   │
                └────────┬─────────┘
                         ↓
                ┌──────────────────┐
                │  填写检验记录单  │
                └────────┬─────────┘
                         ↓
                    ┌──────────┐
                    │   结束   │
                    └──────────┘
```

采购质量检验的步骤

三、编制采购质量检验计划

（一）编制时间

采购专员实施物资采购前。

（二）编制人员

采购专员协同采购检验专员、质量管理部相关人员、使用部门相关人员、技术人员等，就采购物资的品种、规格、特性、技术指标要求进行讨论，确定最终的采购质量检验方案；同时，检验内容将作为采购合同的条款之一。

（三）采购质量检验计划的内容

1. 检验的方式和程度。

2. 检验的特性和质量项目。

3. 检验的程序、方法、人员、使用的设备等。

4. 若是抽样检验，则要确定样本的抽取方法、选择抽样检验的类型等。

四、做好采购质量检验的准备

1. 确定检验人员。采购检验专员、质量管理部相关人员、使用部门相关人员组成采购质量检验小组，负责采购质量检验工作。

2. 收集相关技术资料。根据采购物资的类别，采购检验专员应有针对性地收集、整理、查阅有关的技术资料，并与采购专员进行沟通，详细了解该批采购物资的采购合同、质量标准、使用要求等。

（续）

3. 准备检验器具和设备。事先做好检验器具和设备的调试、清洁与维护工作，并进行校准或校审，以保证检验的正确性。

4. 安排检验场地和保管场所。若是较大型物资或数量较多的货品，采购检验专员应事先安排好检验场地和保管场所。

五、核对采购凭证

1. 物资到货后，采购检验专员首先应对有关采购凭证进行检验，具体包括合格证、化验单、试验报告、检验单、装箱单、物资明细表、磅码单、发货单、运输单据等。

2. 采购检验专员应对照采购合同及请购单的内容，按照采购合同条款规定的供应商名称，供货品种、规格、数量、重量、包装方式、检验标准和方法，交货时间、交货地点等，与有关单证进行核对，并将采购凭证提供的产品质量检验结果与采购合同规定的相应标准进行对照，以确定是否无误。

六、实施采购质量检验

采购物资的有关单证核对无误后，采购检验专员应严格按照事先制定的采购质量检验方案，对采购物资的数量、重量和外观进行检验。

1. 数量和重量检验。实际数量和重量要与供应商的发货单相对照。

2. 外观检验。外观应与采购合同规定的标准相对照。

3. 代检。若需要外部单位代检，采购检验专员应提前提出申请，经采购部经理、主管副总、总经理批准后，委托外部单位进行代检。

七、填写检验记录单

采购质量检验完毕后，采购检验专员应认真填写"采购质量检验记录单"，描述检验结果并报上级领导审批。

编制人员		审核人员		批准人员	
编制日期		审核日期		批准日期	

二、仪器设备质量检验方案

下面是某企业的仪器设备质量检验方案，供读者参考。

方案名称	仪器设备质量检验方案	编　号	
		执行部门	

一、方案介绍

为了保证采购的仪器设备符合公司的要求，提高公司的质量管理水平，特制定本方案。仪器设备质量检验的参与人员均依照本方案进行检验作业。

（续）

二、参与检验人员

参与检验人员包括采购检验专员、采购质量控制主管、技术人员（专家）、设备管理人员、使用部门相关人员等。

三、仪器设备质量检验的内容

仪器设备质量检验项目及要求说明如下表所示。

仪器设备质量检验项目及要求说明表

检验项目	具体要求
外观检查	检查仪器设备内外包装是否完好，有无破损、碰伤、浸湿、受潮、变形等
	检查仪器设备及附件外表有无残损、锈蚀、碰伤等
	如发现上述问题，应做好详细记录，并拍照留据
数量验收	以采购申请、采购合同和装箱单为依据，检查主机和附件的规格、型号、配置、数量，并逐件清查核对
	认真检查随机资料是否齐全，如仪器说明书、操作规程、检修手册、保修卡、产品检验合格证书等
	大型精密仪器设备和成批购置的办公自动化设备的技术资料（包括计算机驱动程序等软件在内），要留一份存设备管理部
	做好验收记录，写明验收地点、时间、参加人员、箱号、品名、应到和实到数量
质量验收	严格按照采购合同条款、仪器使用说明书、操作手册的规定和程序进行安装和试机
	对照仪器设备说明书，进行各种技术参数测试，检查仪器设备的技术指标和性能是否达到要求
	若仪器设备出现质量问题，应将详细情况书面通知供应商，视情况决定是否退货、更换或要求供应商派人检修

四、检验操作及报告

（一）按检验项目逐一验收

仪器设备到厂后或集成系统安装调试后，仪器设备质量检验小组应根据检验要求到现场依次对仪器设备的外观、数量和质量进行检查验收。

（二）填写验收报告

1. 采购 10 000 元以上的物资时，采购专员须填写验收报告。

2. 验收报告要明确表述采购理由、验收依据、外观验收情况、数量及主要附件验收情况、技术质量验收情况等。

3. 对不符合验收标准的处理意见要一一进行说明。

4."设备采购验收报告单"如下表所示。

设备采购验收报告单

采购专员：   日期：＿＿＿年＿＿月＿＿日

设备名称		规格型号		出厂日期	
出厂编号					
供应商名称				到货日期	
单位		数量			
单价		经费 来源		主要附件	
验收详细记录	设备外观情况				
	设备数量情况				
	技术指标情况				
验收人员意见	签字：			日期：＿＿＿年＿＿月＿＿日	
仓储部意见	签字：			日期：＿＿＿年＿＿月＿＿日	
使用部门 负责人意见	签字：			日期：＿＿＿年＿＿月＿＿日	
设备管理部 意见	签字：			日期：＿＿＿年＿＿月＿＿日	
备注	验收完毕，相关人员应立即持"设备采购验收报告单"到设备管理部办理固定资产登记和入库手续				

（三）材料、配件、工具等物资的验收

采购专员负责将材料、配件、工具等物资送交设备部仓库，同时组织相关人员对实物的数量、质量和使用情况进行验收，验收无误后由设备部相关负责人办理入库手续。"材料、配件、工具等物资检验报告单"如下表所示。

（续）

材料、配件、工具等物资检验报告单

序号	物资名称	规格型号	验收情况表述	验收人	验收日期
1					
2					
3					
……					
采购经办人			使用部门		

编制人员		审核人员		批准人员	
编制日期		审核日期		批准日期	

三、采购验收异常处理方案

下面是某企业的采购验收异常处理方案，供读者参考。

方案名称	采购验收异常处理方案	编　　号	
		执行部门	

一、方案规划

（一）目的

为了及时处理物资验收过程中发现的异常问题，防止问题物资进入仓库或投入使用，特制定本方案。

（二）适用范围

本方案适用于物资验收过程中异常问题的解决，如证件不齐、数量短缺、质量不符合要求、规格不符或错发等。

二、质量异常问题处理原则

（一）遵照制度、明确责任

验收人员在物资验收过程中发现物资数量不符合要求或存在质量问题时，应该严格按照公司有关规定进行处理，分清供应商、承运单位和采购部的责任。

（二）分清情况、区别对待

在物资验收过程中，若发现以上诸多问题，应区分不同情况对待。

（三）隔离存放、妥善保管

凡等待处理的问题物资，应该单独存放，妥善保管，防止混杂、丢失、损坏。

三、证件不齐的处理

1. 在物资验收过程中，若证件未到或不齐，采购部应及时向供应商索取，到达物资应作为待验物资堆放在"待验区"，等证件齐全后再进行验收。

（续）

2. 证件未到之前，采购部和仓储部不得对物资进行验收，办理入库手续，更不得办理发货及相关转移手续。

四、数量不符的处理

（一）短缺处理

1. 若物资数量在规定的差额范围之内，则验收人员可按原来的数量入账。

2. 若物资数量短缺并超过规定差额范围，则验收人员应进行核实，如实填写数量，并由采购部相关人员及时与供应商进行交涉。

（二）数量超出处理

凡实际数量多于原订购数量，可由采购部向供应商退回多发数或补发货款。

五、质量不符合要求的处理

当验收人员发现质量不符合公司的要求时应采取以下三种处理方法。

1. 及时通知采购部，与供应商进行交涉，办理退换货。

2. 在征得供应商同意的前提下，将物资交相关部门代为加工。

3. 在不影响使用的前提下降价处理。

六、规格不符或错发的处理

当发现规格不符或错发时，采购部和仓储部应先批准规格对的物资入库；规格不对的物资，相关人员应如实填写"物资验收单"，经部门主管审核后与供应商协商办理换货事宜。

七、其他异常问题的处理

1. 凡属承运过程中造成的物资数量变化或外观包装严重残损等，采购部应凭接运提货时索取的"货运单"向承运单位索赔。

2. 若物资的价格与采购合同有出入，则对于供应商多收部分，财务部应当拒付；对于少收部分，经过检查核对后，财务部应及时补交。

八、处理异常问题的注意事项

验收人员在处理物资验收过程中发现的异常问题时应特别注意以下三大事项。

（一）验收凭证

在物资验收入库凭证未齐全之前不得正式验收。如果凭证不齐全或不相符，那么公司有权拒收或暂时存放物资，待凭证齐全后方可办理验收入库手续。

（二）物资质量与数量

当发现物资数量或质量不符合规定时，采购部要会同相关人员当场核实，并予以详细记录，交接双方应在记录上签字。

1. 若是供应商的问题，则采购部应拒绝接收。

2. 若是承运单位的问题，则采购部应凭"货运单"进行索赔。

（三）计件物资

计件物资应及时验收，发现问题时验收人员要按规定的手续办理，并在规定的期限内向有关部门提出索赔要求。

编制人员		审核人员		批准人员	
编制日期		审核日期		批准日期	

第八章　采购结算管理

第一节　采购结算管理岗位职责

一、采购结算主管岗位职责

采购结算主管主要负责采购部应付账款的核算与结算工作，其岗位职责如表8-1所示。

表8-1　采购结算主管岗位职责

工作大项	工作细化
1. 建立与执行采购结算制度	（1）协助采购部经理制定采购结算制度
	（2）监督采购结算制度的执行情况
2. 监督并指导采购结算工作	（1）负责采购结算的管理协调和采购结算的日常监督工作
	（2）指导下级员工进行采购业务往来的分析工作
3. 管理下级员工	（1）指导采购结算专员解决工作中出现的问题
	（2）负责采购结算专员的绩效考核工作

二、采购结算专员岗位职责

采购结算专员的岗位职责是在采购结算主管的领导下与供应商进行对账与货款结算，具体职责内容如表8-2所示。

表8-2　采购结算专员岗位职责

工作大项	工作细化
1. 规范采购结算工作	（1）协助采购结算主管制定采购结算制度
	（2）协助采购结算主管完成采购业务往来的分析工作
2. 办理采购结算	（1）按照采购合同结算条款或企业财务结算进度要求结算供应商货款
	（2）清算供应商退货款
3. 处理其他问题	（1）协助财务部和供应商进行账务核对
	（2）处理和反馈货款结算与退货款清算中的问题
	（3）根据结算记录及时更新并维护供应商信用信息

第二节　采购结算管理制度

一、采购结算付款管理制度

下面是某企业的采购结算付款管理制度，供读者参考。

制度名称	采购结算付款管理制度	编　　号	
		执行部门	

第1章　总则

第1条　目的。

为了加强采购订购、付款管理和采购结算工作，确保财务部按采购合同付款，维护公司的利益，特制定本制度。

第2条　适用范围。

本制度适用公司的采购订购和付款结算工作。

第3条　管理职责。

1. 采购部负责采购订购、确定付款方式及采购结算等相关工作。

2. 财务部负责按采购合同付款。

3. 采购付款工作需严格遵循财务部制定的付款申请审批程序。

第2章　采购合约规定

第4条　订购方式。

1. 电话通知方式：小宗交易，可用电话通知下单。

2. 确认方式：由采购部出具订单或供应商出具售货单。

3. 合同方式：由采购部与供应商签订采购合同。

第5条　采购合约可确定双方应尽义务，作为解决合约纠纷、法律诉讼的证据。

第6条　公司采购合约的种类如下表所示。

公司采购合约种类说明表

合约种类	具体说明
订购单	标准化产品，不易发生错误
	公司与供应商有很高的互信度
	在已有长期合约的情况下，每次订购采用订购单即可
	出现交货问题，容易处置
	交货、验收流程成熟且严密

（续）

（续表）

合约种类	具体说明
国内采购合同	明确订购物料的名称、规格、编号、数量、单价、总价、交货时间和地点，并且上述信息与请购单一致
	明确付款方式，包括一次性付款、分期付款、下批付款等
	规定延期罚款的责任、尺度和赔偿方式
	规定解约的办法，保障双方的合法权益
	商定验收方式与质量问题处理方式
	规定供应商保证责任
	明确其他附加条款
国际采购合同	基本条款包括物资名称、品质与规格要求、单价与总价、数量、货款支付方式、装运、包装、保险等方面的内容
	一般条款包括不可抗力事故、索赔规定、仲裁、适用法律、违约及解约等
	付款方式包括汇款、信用证付款、托收、货到付款、凭单付款等

第 7 条　采购部凭借请购单、订购单、采购合同、进料验收单等向财务部请款，财务部依据采购合同规定的给付方式与供应商结款。

第 8 条　国内采购一般采用一次性后付款方式，即物资验收合格后，一次性付给供应商货款，特殊情况须由总经理核准。

第 9 条　国外采购一般采用信用证付款方式，特殊情况须由总经理核准。

第 3 章　采购付款与结算

第 10 条　采购款项须按采购合同规定或订购单约定的时间，由采购部向财务部申请付款，统一支付。

第 11 条　采购部和财务部应根据每天的入库单或收货清单分别设立应付账款台账。

第 12 条　采购部应在每批物资收货后一周内及每月底与供应商核对账目，防止出现差错。

第 13 条　采购部根据收货清单、结算单与采购合同、应付账款核对无误后，统一制订结算计划。

第 14 条　结算计划由采购结算专员根据采购合同的时间要求、供应商的重要性、采购物资的时间、公司现有资金情况等制订，分清轻重缓急。结算计划须经采购部经理和主管副总审核。

第 15 条　在向供应商或配送方支付货款时，采购结算专员须对照采购合同、收货清单等仔细复核，并同预付货款及应收账款等全部债权一起清理结算，防止重复付款。

第 16 条　支付货款时，财务部一般应采用银行划账的支付办法，采购结算专员必须在付款后五日内向供应商索要发票等有关票据或证明文件。

（续）

第17条　在部分物资紧张或供应商坚持要求先款后货时，所需货款须由采购部、财务部和总经理严格审查批准后方可办理。

第18条　确实需要直接交付支票的，应由采购结算专员带正式合法发票到财务部办理借款手续。

第19条　采购先款后货作业具体见公司的"预付货款采购管理制度"。

第20条　采购结算专员支付货款后应依据财务部规定的报销程序每半个月办理一次报销手续，报销单据应附上购货发票、采购计划单、订购单、验收入库单，并由采购部经理审核。

第4章　应付账款管理

第21条　采购结算专员负责采购应付账款的管理工作，设立应付账款台账。

第22条　采购结算专员应定期编制客户往来对账单，发送至对方单位，每月核对一次并妥善保存对账记录。

第23条　对长期客户、重点客户及金额在一定起点以上的往来客户，应视情况按客户名称设置档案。

第24条　采购结算专员需归档保管相关的采购合同、提货凭证、收付款凭据，并设置备查登记簿，逐笔记录预付款、已付款、余款等。

第5章　附则

第25条　本制度由采购部负责制定、修订和解释。

第26条　本制度自公布之日起执行。

编制人员		审核人员		批准人员	
编制日期		审核日期		批准日期	

二、预付货款采购管理制度

下面是某企业的预付货款采购管理制度，供读者参考。

制度名称	预付货款采购管理制度	编　号	
		执行部门	

第1章　总则

第1条　目的。

为了加强预付货款的采购结算付款管理工作，减少供应商对公司资金的占压，使公司资金得到合理运用，特制定本制度。

第2条　适用范围。

本制度适用于公司所有预付物资采购、结算和付款作业。

（续）

第 3 条　相关定义。

预付货款是指公司按照采购合同或订单规定预先支付给供应商的款项。

第 2 章　采购预付申请审批

第 4 条　采购预付的使用范围。

1. 合同中明确约定以"先款后货"方式结算的货款。

2. 大的订单，为得到额外折扣且额外折扣不低于＿＿％的，执行时必须按照公司规定的授权权限报相关领导审批后支付。

3. 合同中规定超额度进货需先款后货的。

第 5 条　预付款的支付必须严格按照财务部规定的借款授权权限进行审批，不得违反。

第 3 章　预付款采购及结算

第 6 条　采购部向财务部申请借款，财务部负责人对照资金计划进行审批，借出款项。借款只能用于支付货款，不得挪作他用。

第 7 条　采购部不得自行保存资金，应于支付款项时向财务部支取借款，即借即付。

第 8 条　带款提货必须确保采购资金的安全，须待货物发出并拿到有效凭证后方可办理付款，钱货两清，避免资金遭受损失。

第 9 条　带款提货人不得由新入职员工担当。

第 10 条　同城购进的物资，采购专员必须保证自款项付出之日起三日内（含休息日）收到货物并办理入库。

第 11 条　异地购进的物资，采购专员必须保证自款项付出之日起七日内（含休息日）收到货物并办理入库。

第 12 条　公司严禁一次性付款，分次进货。

第 13 条　采购专员应对市场需求与销售作出准确的判断，力求做到按需采购，用预付款购进的物资尽可能一次性验收入库。

第 14 条　预付款购进物资验收入库后，因购进物资数量或价格造成的预付款总额与到货总额的差异不得大于 10 000 元。

第 15 条　采购专员在提出新的预付款申请时必须保证前期预付款已无余额，或有余额的必须在本次货款支付中予以协调处理，抵扣本次货款或购进其他物资。

第 16 条　对于以预付款结算的供应商，采购部必须严格遵守"上款不清，下款不付"的规定。

第 17 条　如因付款后进货量不足等情况而造成公司多付款或供应商欠款的，采购部具体经办人员须尽快将货款追回，必要时应采用法律手段。

第 4 章　预付款采购监督

第 18 条　为了加强对预付款购进物资的监控与管理，采购结算主管须设立采购预付台账，定期向采购部经理和财务部提交报表。

（续）

第19条　采购预付台账要按供应商名称及物资类别进行编写，同一供应商有多笔预付款尾款未清时，应按货款付出的先后顺序逐笔填列支付金额、余额及其付款日期等相关内容。

第20条　采购预付台账中登记的数据须与财务部相关数据保持一致，对已到货未入库的物资不得予以扣除。

第5章　附则

第21条　本制度由采购部负责制定、修订和解释。

第22条　本制度自公布之日起执行。

编制人员		审核人员		批准人员	
编制日期		审核日期		批准日期	

三、采购付款作业控制办法

下面是某企业的采购付款作业控制办法，供读者参考。

制度名称	采购付款作业控制办法	编　号	
		执行部门	

第1章　总则

第1条　目的。

为了提高资金运转效率，降低采购成本，增加公司的收益，特制定本办法。

第2条　解释说明。

1. 采购付款是指因采购物资而支付给供应商的款项。

2. 采购付款控制是指采购专员对支付供应商款项相关活动和内容进行控制。

第3条　适用范围。

本办法适用于公司所有物资采购过程中的采购付款作业事项。

第4条　采购付款作业控制要点。

1. 优化采购付款流程，提高工作效率。

2. 选择合适的付款支付方式。公司的付款支付方式包括现金支付、票据支付等。

3. 选择合适的付款方式。根据付款进度不同，公司可以选择不同的付款方式支付供应商货款，付款方式主要有预付部分款项、货到现金一次性支付、票据支付、分期付款、延期付款或将以上几种方式相结合。

4. 选择合适的供应商优惠政策。在采购过程中，采购专员须结合公司的具体情况分析供应商提出的优惠政策，选择对公司最合适的优惠方案，降低采购成本。

（续）

第 2 章　职责分工

第 5 条　公司高层管理职责。

1. 计划外采购项目须由主管副总审核签字后方可付款。

2. 涉及金额重大的采购项目须由主管副总审核签字后方可付款。

3. 因公司经营战略规划和公司规模扩大而发生的采购项目须由总经理和董事会审批后方可付款。

第 6 条　采购部职责。

1. 采购部经理负责审核采购付款方式、最终选择供应商提供的优惠政策、签订采购合同。

2. 采购合同主管负责组织采购付款方式、时间等细节的谈判工作。

3. 采购成本控制人员负责分析供应商提供的优惠政策，并提出选择意见。

第 7 条　财务部职责。

财务部负责采购成本核算工作、审核采购合同、审核支付采购款项。

第 3 章　采购付款程序的控制

第 8 条　采购物资运抵仓库后，仓库管理员、采购专员和质检人员须共同验收物资。

第 9 条　采购专员与仓库管理员应依照采购合同或订单进行实物核对，确认无误后填具"验收单"。

第 10 条　质检人员按照公司质检规范对物资进行质检，检验通过后在"验收单"上签字。"验收单"（一式三联），第一联由仓储部留存，第二联交采购部，第三联送财务部。

第 11 条　采购部将"验收单"与采购合同的副本、供应商提供的发票、银行结算凭证一一核对，以确认采购业务的完成情况。

第 12 条　财务部收到"验收单"后，成本会计应将"验收单"与采购合同的副本、供应商提供的发票、银行结算凭证一一核对，作为付款依据，报财务部经理审核。审核通过后，成本会计根据付款依据开具付款凭证，由出纳人员按照采购合同规定的付款方式办理付款手续。

第 13 条　由于物资与订单要求不符或质检未通过等原因无法办理入库手续的，采购专员须及时与供应商取得联系，协商解决办法，并将情况上报采购部经理。

第 14 条　根据协商结果，由仓储部负责办理退换货或入库手续（仍按上述流程办理），具体退换货手续参照公司的"退换货管理规定"办理。

第 4 章　付款支付方式的选择与控制

第 15 条　若使用现金支付货款，须满足下列条件。

1. 公司资金充足。在公司资金充足的情况下，如果选择用现金支付货款，往往能换来更多的优惠或更大的折扣。现金付款手续简单，能减少相关的人工费用，提高工作效率，从而降低采购成本。

2. 当前银行利率较低。在保证公司资金运转正常的情况下，如果银行利率较低且预测近期不会上调时，可采取现金支付。

（续）

第16条　票据支付的控制。

1. 票据是指由出票人签发，无条件约定自己或要求他人支付一定金额，可流通转让的有价证券，持有人具有一定权利的凭证。

2. 票据有一定的贴现期，通过票据付款，公司可将相应的资金用于其他方面投资，从而获得投资回报，因此，在适当的情况下，公司鼓励使用票据付款。

第5章　付款方式的选择与控制

第17条　付款方式与付款时间的控制。

1. 付款方式和付款时间的不同会影响采购成本，例如，一次性付款和分期付款两种付款方式的会计入账所花费的成本就不同，后者所花费的入账成本明显比前者高，但因分期付款而获得的公司资金的利用回报收益却可能比其花费的成本高得多。

2. 采购部在选择付款方式时须进行充分考虑、对比，选择最合适的付款方式，从而降低采购成本。

第18条　付款方式与供应商优惠条件的控制。

针对不同的付款方式，供应商提出的优惠条件也不同，采购部须根据具体采购项目，结合公司的实际情况和供应商提出的优惠条件，选择最合适的付款方式进行付款。

第19条　公司可采取的付款方式一般有预付部分款项、货到现金一次性支付、分期付款、延期付款等。

第20条　供应商优惠条件的选择原则。

1. 如果公司的资金相对充裕且一次性付款的优惠折扣够高，那么公司可采取货到现金一次性付款方式。

2. 如果公司的资金不够充裕，一次性付款可能会导致公司资金不足、丧失其他投资机会等，而供应商提出的优惠条件又无法弥补这些损失时，那么公司应尽可能采用票据支付、分期付款、延期付款的方式支付款项。

3. 如果公司的资金短缺，那么公司应尽可能以分期付款、延期付款的方式支付款项。

4. 对于经常性物资采购，公司可选择固定的供应商，并与其建立良好的合作关系，从而获得相对优惠的采购价格，并在公司资金不足时获得其提供的信用优惠。

第6章　附则

第21条　本办法由采购部负责制定、修订和解释。

第22条　本办法自公布之日起执行。

编制人员		审核人员		批准人员	
编制日期		审核日期		批准日期	

第三节　采购结算管理表格

一、预付申请表

编号：　　　　　　　　　　　　　　　　　　　　　　　　　日期：＿＿年＿月＿日

申请部门		申请人	
付款类别	□ 订金（尚未开发票）		□ 分批交货暂支款
付款金额			
说明			

审核：　　　　　　　　财务部：　　　　　　　　　　　　总经理：

二、采购付款申请表

（一）采购付款通知单

合同编号：　　　　　　　　　　　　　　　　　　　　　　日期：＿＿年＿月＿日

合同名称			
物资名称			
收款单位			
合同金额（元）		人民币（大写）	
本次应付款（元）		人民币（大写）	
累计付款（元）		人民币（大写）	
合同余额（元）		人民币（大写）	
备注			

经办部门：　　　　　　　　　　　　　　　　经办人：

（二）一般采购付款申请表

申请表编号：　　　　　　　　　　　　　　　　　　　　　　　　　申请日期：____年__月__日

收款供应商名称：　　　　　　　　　　　　　　　　　　　　　　　合同编号：

地址：　　　　　　　　　　　　　　　　　　　　　　　　　　　　电话：

采购项目	物资型号	物资编码	合同编号	合同数量	单位	单价	入库数量	申请金额	审批金额	备注
合计										
总金额（大写）	____佰____拾____万____仟____佰____拾____元____角____分									
特别说明	后附单据									
	其他说明									
付款申请人					采购部经理审批					
总经理审批					财务部经理审批					

（三）项目采购资金申请表

申请单位：　　　　　　　　　　　　　　　　　　　　　　　　　　日期：____年__月__日

采购编号		项目名称		
采购方式	□ 公开招标　　□ 邀请招标　　□ 竞争性谈判　　□ 询价　　□ 单一来源　　□ 其他			
项目采购总金额（元）				
已付款记录				
项目明细	供应商名称	开户银行	银行账号	付款金额（元）

（续表）

项目明细	供应商名称	开户银行	银行账号	付款金额（元）
			此次申请金额	
备注		若供应商无法提供发票，需供应商盖章认可		

制表：　　　　　　　　　　审核：

三、现金采购申请表

编号：　　　　　　　　　　　　　　　　时间：

采购物资：　　　　　　　　　　　　　　　支票号码：

现汇汇支金票、款票	用途	金额	供货单位全称	开户银行	账号
申请人					
财务部意见					
总经理意见					

四、委托付款申请表

项目名称		申请单位	单位领导签名：
立项申请表编号			
采购编号		日期	___年__月__日
项目合同总金额	¥_____元（小写） 人民币（大写）：___佰___拾___万___仟___佰___拾___元___角___分		

217

（续表）

付款期数共（　　）期　本次为第（　　）期		
委托 付款 金额	￥_____元（小写） 人民币（大写）：___佰___拾___万___仟___佰___拾___元___角___分	
	收款单位	
	开户银行	银行账号
退回采购单位 剩余金额	￥_____元（小写） 人民币（大写）：___佰___拾___万___仟___佰___拾___元___角___分	
	收款单位	
	开户银行	银行账号
本次申请支付 金额合计	￥_____元（小写） 人民币（大写）：___佰___拾___万___仟___佰___拾___元___角___分	
采购部经理 审核意见	签名：　　　　　　日期：___年__月__日	
财务部经理 审核意见	签名：　　　　　　日期：___年__月__日	
总经理 审批意见	签名：　　　　　　日期：___年__月__日	

五、采购付款进程表

序号	订单号	产品/服务	供应商	订单金额	订单到货日	验收状况	发票号码	付款到期日	付款完成情况	备注
1										
2										
3										
……										

六、采购付款结算表

供应商：   合同号：   时间：

收货单号：   验收单号：

品种	规格	结算规格	换算率	计算单位	数量	面积	含税单价	不含税单价	税率（%）	金额	税额	价税合计
合计												
预付金额					实付金额（大写）							
备注												

经办人：   财务部负责人：

七、采购支出证明表

单位：   日期：＿＿＿年＿月＿日

支出事由	
金额	￥＿＿＿＿＿＿＿＿元（小写） 人民币（大写）：＿佰＿拾＿万＿仟＿佰＿拾＿元＿角＿分
单据	
报销种类	

部门经理：   经手人：   财务部负责人：

八、采购结算清款表

编号：   日期：＿＿＿年＿月＿日

清款金额	￥＿＿＿＿＿＿＿＿元（小写） 人民币（大写）：＿佰＿拾＿万＿仟＿佰＿拾＿元＿角＿分
清款原因	
采购部经理意见	

总经理：   财务总监：   清款人：

九、月度付款汇总表

编号：　　　　　　　　　时间：　　　　　　　　　单位：元

序号	供应商名称	材料名称	规格型号	单位	数量	单价	结算金额	退货数量	退货金额	质量罚款	已付款	欠款	备注
1													
2													
3													
……													
总计													

采购部经理：　　　　　　经办人：　　　　　　财务部负责人：

十、采购作业授权表

采购项目	金额范围	采购程序					合同验收单位	付款程序			
		申请	初核	合办	复核	裁决		申请	初核	复核	裁决

第四节　采购结算管理流程

一、采购结算工作流程

1. 采购结算工作流程示例

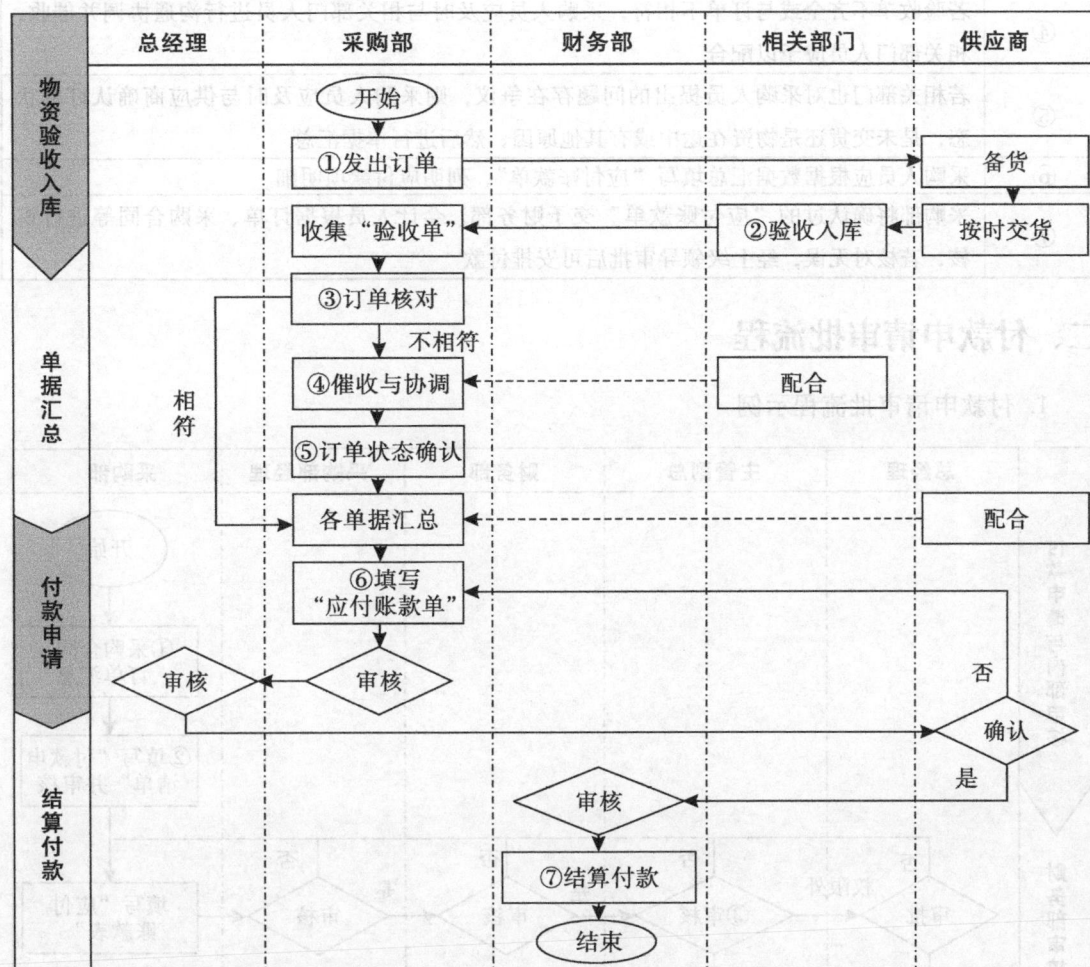

2. 采购结算工作流程关键节点说明

任务概要	采购结算工作
关键节点	相关说明
①	采购部根据企业生产的实际需要发出订单，明确说明采购物资的型号、种类、技术指标、价格、数量等要求

（续表）

关键节点	相关说明
②	供应商进行备货，并按订单要求按期交货，企业相关部门根据订单要求验货、入库，认真填写验收单等相关单据
③	采购人员将验收单与订单相核对，若二者相符，则进行单据汇总，整理各项数据
④	若验收单不齐全或与订单不相符，采购人员应及时与相关部门人员进行沟通协调并催收，相关部门人员应予以配合
⑤	若相关部门也对采购人员提出的问题存在争议，则采购人员应及时与供应商确认订单状态，是未交货还是物资在途中或有其他原因，然后进行单据汇总
⑥	采购人员应根据数据汇总填写"应付账款单"，列明应付款项明细
⑦	采购部将确认过的"应付账款单"交予财务部，会计人员根据订单、采购合同等进行审核，若核对无误，经上级领导审批后可安排付款

二、付款申请审批流程

1. 付款申请审批流程示例

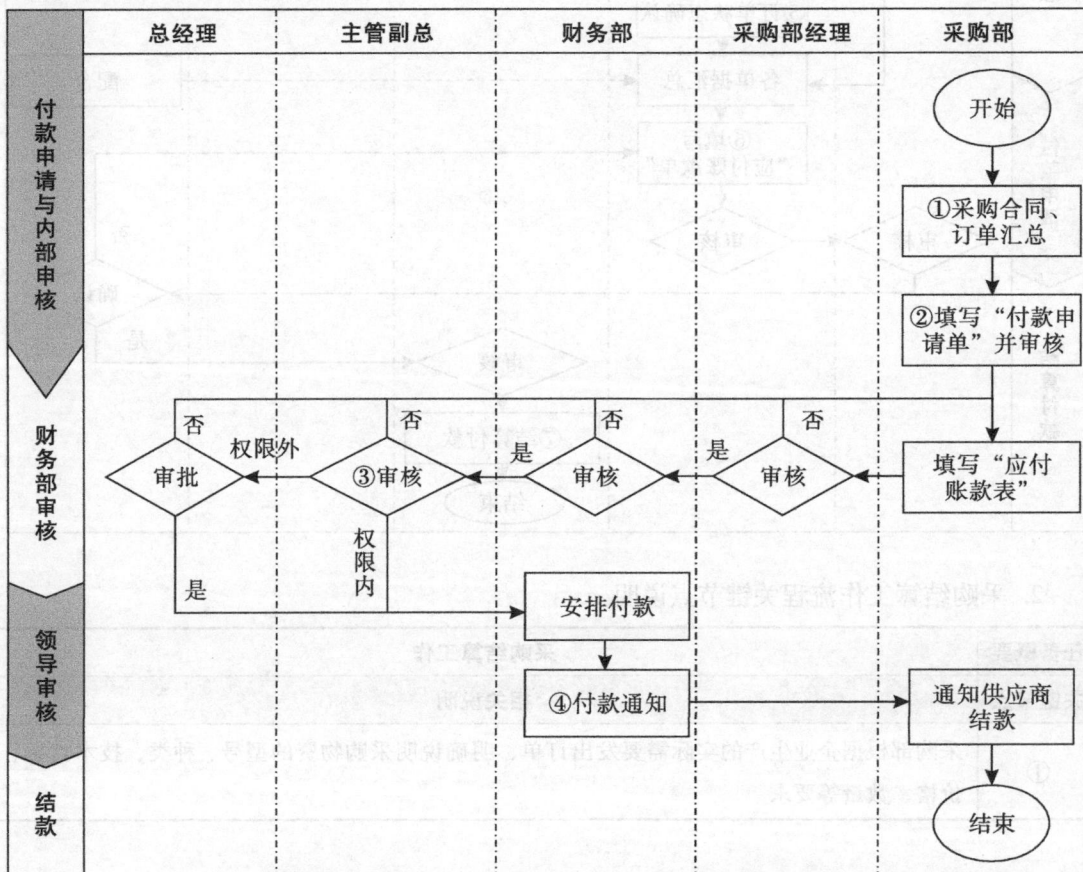

222

2. 付款申请审批流程关键节点说明

任务概要	付款申请审批
关键节点	相关说明
①	采购专员收集订单、入库验收单等相关单据，核对采购合同的执行情况，汇总应付款项
②	采购员填写"付款申请单"、"应付账款表"，并自行审核，确保数字准确无误
③	主管副总在权限范围内进行付款审核，大额采购项目的付款在主管副总签署意见后还须上报总经理审批，若总经理存在异议，则将"付款申请单"等票据转回主管副总进行处理
④	财务部将"付款通知书"交给采购专员，采购专员通知供应商取款结账或查收款项是否到账

三、现金采购管理流程

1. 现金采购管理流程示例

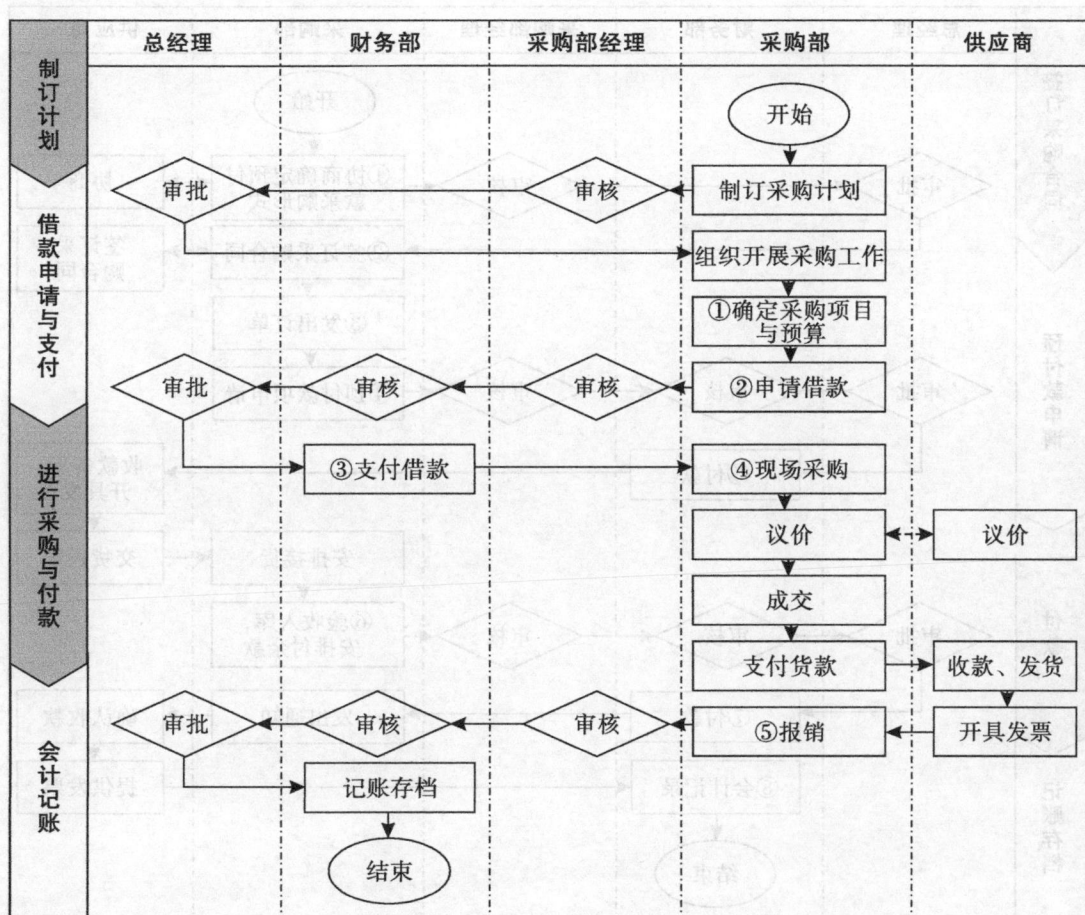

2. 现金采购管理流程关键节点说明

任务概要	现金采购管理
关键节点	相关说明
①	采购部根据企业实际生产经营及库存情况确定采购项目，并根据采购项目的当前市场状况、价位等确定采购费用，编制采购预算
②	采购专员根据采购项目预算填写"借款单"，连同"预算清单"报采购部经理及会计人员审核
③	总经理对采购项目及借款进行审批，审批通过后由财务部负责按照相应程序支付借款
④	采购专员根据企业的实际要求开展采购活动，对所要购买的物资进行比较与选择
⑤	采购专员整理各项单据，详细列明各项费用，填写"报销单"，报销采购费用

四、采购预付款管理流程

1. 采购预付款管理流程示例

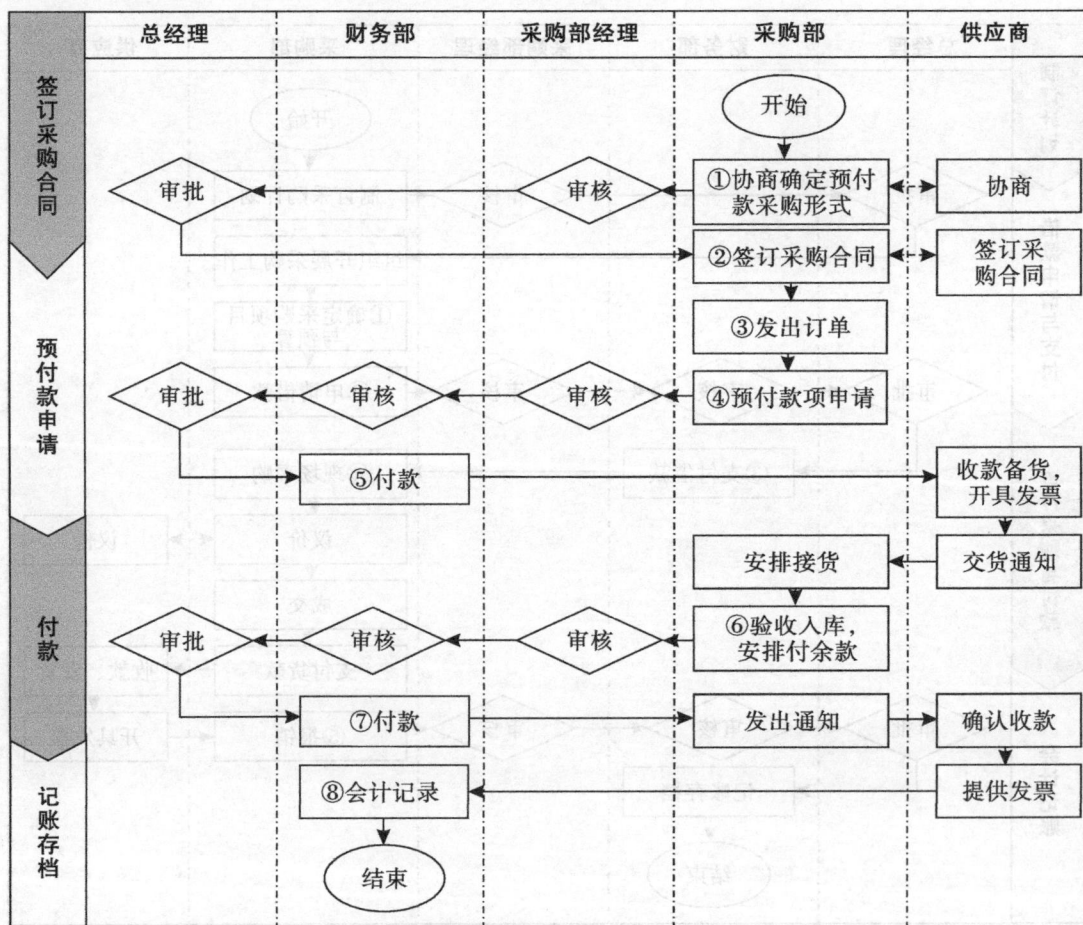

2. 采购预付款管理流程关键节点说明

任务概要	采购预付款管理
关键节点	相关说明
①	采购部与选定的供应商就采购方式、付款方式（预付款）、采购项目、物资价格等进行协商与谈判
②	预付款采购经采购部经理及总经理批准后双方签订采购合同
③	采购部根据企业生产经营的实际需求发出订单，详细说明采购物资的数量、质量、技术指标、价格、交货日期等要求
④	采购部相关人员根据订单预算情况计算前期预付款数额，填写"预付款申请书"，报采购部经理、财务部经理审核，总经理审批
⑤	预付款申请经总经理审批通过后，财务部按照相应程序将货款划入供应商账户，保存好汇款或付款凭证，同时通知供应商查收款项并开具发票
⑥	货到后，经验收确定物资不存在质量等问题后，采购部根据采购合同规定安排支付剩余货款，填写"应付账款单"，报采购部经理、财务部经理审核，总经理审批
⑦	总经理审批同意后，财务部按照相应程序付款，保存付款凭证，并由采购部通知供应商查收货款，向供应商索取发票
⑧	财务部接收发票，进行会计记录、做账，同时保存相关单证

第五节　采购结算管理方案

一、采购结算控制方案

下面是某企业的采购结算控制方案，供读者参考。

方案名称	采购结算控制方案	编　号	
		执行部门	

一、背景

为了建立并完善公司结算体系，规范采购结算作业，特制定本方案。本方案适用于公司采购物资的付款结算相关工作。

二、结算控制机构

为了控制采购结算工作，公司特别设立招标委员会和价格审定委员会，作为结算内部控制机构。

（续）

（一）价格审定委员会

1. 成员组成。价格审定委员会一般由总经理、采购副总、技术质量部经理、财务部经理、财务审计部经理、价格信息部经理和招标办主任组成。

2. 职责。价格审定委员会的职责主要有以下两点：（1）每月对公司集中招标采购、零星采购、定点采购物资价格进行审定；（2）对由于市场变化而调价的物资进行审定。

（二）招标委员会

1. 成员组成。招标委员会一般由总经理、采购副总、财务审计部长、价格信息部部长、招标办主任、技术质量部相关人员和办事处采购人员组成。

2. 职责。招标委员会的职责主要有以下两点：（1）对大宗物资进行招标，对招标项目进行管控；（2）对零用物资定点定价采购进行管控。

三、明确相关部门职责

（一）采购部职责

1. 负责价格信息的搜集、整理、分类和处理工作。

2. 负责招标、谈判等采购价格方案的制定和调整工作。

3. 负责材料价格的比对、监督工作。

4. 负责采购和供应价格的预警、报告工作。

5. 负责供应商价格因素的评审工作。

（二）技术质量部职责

1. 负责采购样品的取得和质量标准的制定工作。

2. 负责质量信息的搜集整理和反馈工作。

3. 负责重、大、新、特物资的质量检验和鉴定工作。

4. 负责材料分类标准的制定和材料的分类工作。

5. 负责材料技术标准的制定、判断和评价工作。

6. 负责质量监督工作。

7. 负责质量问题的协调、谈判、报告和处置工作。

8. 负责供应商技术、质量项目的考察与评审工作。

（三）财务部职责

1. 对采购各项规定、流程的执行情况进行监督。

2. 对价格、质量、结算、供应商选择和供应商配额分配的执行情况进行审计。

3. 对供应商经营管理资质的评审。

4. 对采购合同和票据的审查。

5. 负责采购付款审核、结算与付款。

（续）

四、控制采购物资价格

1. 价格动态管理。由于物资价格不是一成不变的，其经常随市场变化而有所波动，公司必须对价格实行动态管理和控制。

2. 监督价格变化及上报。建立价格信息库，建立供应商价格执行分析系统，及时监督并预警供应商的价格走势和价格行为以及对公司的影响，并建立及时报告制度。

3. 价格比对。采购部和财务部应定期对物资信息进行搜集、比对和监督，并及时反馈相关异常信息。

五、结算控制

1. 明确采购合同的相关规定。关于物资的结算方式、结算周期、付款比例，均需明确体现在采购过程中，并写入采购合同。

2. 审核相关结算凭证。财务部根据与供应商签订的采购合同、资金安排计划、供应商手中持有的经批准的发票、入库单、质量验收单等进行结算。

3. 监督付款进度。财务部建立付款比率动态控制信息体系，对付款的情况进行适时、动态的监督控制。

编制人员		审核人员		批准人员	
编制日期		审核日期		批准日期	

二、采购付款审批管理方案

下面是某企业的采购付款审批管理方案，供读者参考。

方案名称	采购付款审批管理方案	编　号	
		执行部门	

一、公司采购付款问题分析

（略）。

二、目的

为了规范公司采购付款审批管理，特制定本方案。

三、明确付款原则

采购付款实行付款凭单制，由采购部填制应付凭单，经财务部经理审核、财务总监和总经理按权限审批后，财务部方可支付货款。

（续）

四、物资到库验收

1. 物资运抵仓库后，由采购部、仓储部和质量管理部进行验收，验收合格后入库。

2. 验收人员在验收时须将运抵的物资与采购合同副本、供应商发来的"发运单"相互核对。

3. 验收无误后，仓储部相关人员负责办理入库手续，填写"验收单"（一式三份），一联仓库留存，作为登记材料明细账的依据；一联转送采购部；一联转送财务部。

五、制定付款申请审批程序

1. 采购部收到"验收单"后应将"验收单"与采购合同副本、供应商发来的发票、其他银行结算凭证相核对，以确定此采购业务的完成情况。

2. 收到供应商的发票后，采购部应将供应商的发票与订单及验收报告进行比较，核对物资的种类、数量、价格、折扣条件、付款金额及方式等是否相符，并于核对无误后交财务部。

3. 财务部将收到的凭证、资料，包括购货发票、验收证明、结算凭证与订单、采购合同等进行复核，检查其真实性、合法性、合规性和正确性。

4. 财务部将"验收单"与采购合同副本、供应商发来的发票、其他银行结算凭证相核对，作为是否支付货款的依据。

六、付款

1. 应付款的，由财务部会计人员开出付款凭证，交出纳人员办理付款手续。

2. 出纳人员付款后，在进货发票上盖"付讫"章，然后转交会计人员进行记账。

七、核查与工作改进

1. 采购部按月向供应商取得对账单，将其与应付账款明细账或未付凭单明细表互相调节，并查明发生差异的原因。

2. 财务部的物资明细账应定期与采购部和仓储部的物资明细账相核对。

3. 相关部门针对各部门的采购业务进行评审，指出存在的问题，并提出改进意见。

编制人员		审核人员		批准人员	
编制日期		审核日期		批准日期	

第九章　采购成本控制

第一节　采购成本控制岗位职责

一、采购成本控制主管岗位职责

采购成本控制主管的岗位职责是全面负责企业采购成本控制工作，对采购计划的制订、合同的签订、订单采购与进度控制等进行监督，具体职责内容如表9-1所示。

表9-1　采购成本控制主管岗位职责

工作大项	工作细化
1. 建立采购成本控制制度	协助采购部经理制定采购成本控制制度
2. 控制采购成本	（1）制定采购成本控制目标，编制采购成本控制计划
	（2）组织实施采购成本控制计划，协调相关部门或人员进行采购成本控制工作，并监督执行情况
3. 核实采购成本	（1）负责审核采购经济批量、采购预算方案等
	（2）组织采购成本控制专员进行采购成本核算，分析采购成本，定期编制采购成本控制报告
	（3）关注行业采购动向，掌握先进的采购方式，提出降低采购成本的方案
4. 下级员工管理	（1）协助人力资源部做好下级员工的技能培训工作
	（2）按月对下级员工进行绩效考核

二、采购成本控制专员岗位职责

采购成本控制专员的岗位职责是在采购成本控制主管的领导下负责具体的采购成本分析和控制工作，协助相关部门实施采购成本控制计划，达成采购成本控制目标，具体职责内容如表9-2所示。

表9-2 采购成本控制专员岗位职责

工作大项	工作细化
1. 制定相关规范与计划	（1）协助采购成本控制主管制定采购成本控制制度
	（2）协助采购成本控制主管制定采购成本控制目标，编制采购成本控制计划
	（3）协助采购成本控制主管制定采购成本降低方案
2. 实施成本控制工作	（1）在采购成本控制主管的指导下实施具体的采购成本控制计划
	（2）实施采购成本控制措施，完成采购经济订货批量的制定和审核工作
3. 总结成本控制工作	（1）定期编制采购成本核算与分析报表，提供采购成本控制依据
	（2）根据实际工作情况编制采购成本分析与控制报告
	（3）负责采购成本控制相关报表、报告、文档的存档和保管

第二节 采购成本控制管理制度

一、采购成本控制制度

下面是某企业的采购成本控制制度，供读者参考。

制度名称	采购成本控制制度	编　　号	
		执行部门	

第1章 总则

第1条 目的。

为了加强采购成本管理，降低采购成本消耗，提高公司的市场竞争力，现根据国家有关成本费用的管理规定，结合公司的实际情况，特制定本制度。

第2条 适用范围。

公司采购成本控制相关事项均须依照本制度办理。

第3条 采购成本的构成。

采购成本包括维持成本、订购成本和缺料成本，不包括物资的价格，具体内容如下表所示。

采购成本构成说明表

采购成本分类	具体说明	成本细分
维持成本	为保持物资而发生的成本	资金成本、搬运成本、仓储成本、折旧及陈腐成本、保险费用、管理费用等

（续）

采购成本分类	具体说明	成本细分
订购成本	为实现一次采购而开展各种活动的费用	请购手续成本、采购成本、进货验收成本、进库成本等
缺料成本	由于物资供应中断而造成的损失	安全库存成本、延期交货成本、失销成本、失去客户的成本等

第 4 条　采购成本控制的管理职责。

1. 采购总监具体负责指导、监督采购成本控制工作。

2. 采购成本控制主管及专员负责具体的采购成本控制工作。

3. 采购部其他人员及其他部门需配合执行采购成本控制规定。

第 5 条　采购成本控制要点。

采购成本控制包含对采购申请、计划、询价、谈判、合同签订、订单发送、物资入库、货款结算等采购作业全过程的控制。采购部应结合公司的具体情况明确采购成本控制关键点，即确定最优的采购价格、确定合理的采购订货量和控制采购付款。

第 2 章　采购计划控制

第 6 条　常备用料的采购计划由采购计划专员根据采购申请、库存情况及用料需求计划制订，经采购部经理审核后报采购总监审批。

第 7 条　其他用料的采购计划由采购计划专员根据各部门的采购申请制订，经采购部经理审核后报采购总监审批。

第 8 条　采购计划应同时报送财务部审核，以利于公司资金的安排。

第 9 条　采购部在实施采购的过程中必须严格执行采购计划。若采购计划变更，必须由总经理签字确认后方可执行。

第 10 条　未列入采购计划内的物资一般不能进行采购。如确属急需物资，采购专员应填写"紧急采购申请表"，经总经理审批、采购部核准后方能列入采购范围。

第 3 章　采购价格控制

第 11 条　采购部实施物资采购时需填制"采购申请表"，"采购申请表"中的价格要严格执行财务部核定的物资采购最高限价。

第 12 条　采购方式包括招标采购、供应商长期定点采购、比价采购等。采购部应将各种采购方式进行对比，找出成本最低的采购形式组合，降低采购成本。

第 13 条　采购部在确定采购价格时应遵循以下四个步骤。

1. 询价。利用网络、行业协会、市场采价等多种渠道，快速获取市场最高价格、最低价格和一般价格这三类信息，从而保障采购询价效率。

2. 比价。分析供应商提供物资的规格、品质、性能等信息，建立比价体系。

（续）

3. 估价。成立估价小组（由采购部管理人员、技术人员、财务人员组成），自行估算出较为准确的底价资料。

4. 议价。采购部根据底价资料、市场行情、采购量大小和付款期长短等因素与供应商商定出合理的价格。

第14条　如果实际物资采购价格低于最高限价，那么公司将给予经办人一定比例的奖励；如果实际采购价格高于最高限价，那么必须获得财务部核价人员的确认和总经理的批准，同时对经办人处以一定比例的罚款。

第4章　采购订货量控制

第15条　仓库管理员应每日填写"物资库存日报表"，反映现有存货物资的名称、单价、储存位置、储存区域、分布状况等信息，并及时将此信息报送采购部。

第16条　采购部应要求供应商或第三方物流的库房保管人员通过传真、电子邮件等方式及时提供已订购物资的"未达存货日报表"。

第17条　采购计划主管在根据各部门的采购申请制订采购计划时，应在充分研究同期的采购历史记录、下期的销售计划的基础上，协助采购计划专员确定最佳安全库存。

第18条　采购部协助仓储部根据物资采购耗时的不同及货源的紧缺程度等，借助历史经验估计、数学模型测算等方法确定安全库存量。

第19条　采购计划专员在制订采购计划时，应在充分分析现有存货量（包括供应商或第三方物流的未达存货）、货源情况、订货所需时间、物资需求量、货物运输到达时间等因素的基础上，结合各种货物的安全存货量确定最佳订货量及订货时点。

第5章　采购入库及付款控制

第20条　相关人员在办理采购物资入库时必须同时满足以下两个条件，否则仓储部一律不予受理。

1. 到库物资符合订单要求。

2. 到库物资经质量管理部检验合格。

第21条　采购物资登记入账时，其价格、质量、数量、规格型号须完全符合订单的要求。

第22条　相关人员在支付物资采购费用时必须同时满足以下三个条件，否则财务部一律不予付款。

1. 已经列入当期货币资金支出预算。

2. 双方往来账核对无误。

3. "付款申请单"已经财务部经理签字批准。

第6章　附则

第23条　本制度由采购部负责制定、修订和解释。

第24条　本制度自公布之日起执行。

编制人员		审核人员		批准人员	
编制日期		审核日期		批准日期	

二、采购订购成本控制制度

下面是某企业的采购订购成本控制制度，供读者参考。

制度名称	采购订购成本控制制度	编　号	
		执行部门	

第1章　总则

第1条　目的。

为了加强对订购成本的控制，降低采购成本，提高公司的经济效益，特制定本制度。

第2条　适用范围。

本制度适用于公司所有物资订购成本控制的相关事项。

第3条　相关定义。

订购成本是指公司为实现一次采购而开展各种活动的费用，包括办公费、差旅费、电话费、邮资等，具体内容如下表所示。

采购订购成本一览表

订购成本分类		相关活动	内容
固定成本		采购部日常工作运转	采购部的基本支出
变动成本	请购手续成本	(1) 编制并提出采购申请 (2) 审批采购申请	(1) 请购人工费用 (2) 请购事务用品费用 (3) 主管及有关部门的审查费用
	采购执行成本	(1) 调查并选择合适的供应商 (2) 填写并发出订单 (3) 填写并核对收货单	(1) 询价、比价、估价和议价费用 (2) 执行采购费用 (3) 通信费用、事务用品费用
	进货验收成本	检查验收采购物资	(1) 检验人工费用 (2) 交通费用 (3) 检验仪器仪表费用
	进库成本	物资卸载、搬运与入库	物资搬运费用
	其他成本	如会计入账、支付款项等活动	会计入账、支付款项费用
备注			

（续）

第4条　管理职责。

1. 采购部经理负责审核采购申请，确定供应商，签订采购合同并监督采购全过程。

2. 采购专员负责提出采购申请，开展询价和议价工作，执行采购合同。

3. 采购成本控制主管负责制定并监督执行采购成本控制制度或工作流程。

第2章　物资请购过程控制

第5条　为了降低请购过程中发生的成本与费用，采购部应明确制定请购的审批权限，优化请购流程，降低人工费用和完善请购手续。

第6条　公司应建立请购授权审批制度，明确审批人对采购作业的授权批准方式、权限、程序、责任等。具体的请购授权审批权限规定如下表所示。

请购授权审批权限规定一览表

采购项目	采购金额（元）	请购程序			
		申请人	初核人	复核人	核准人
计划内采购	0～10 000	采购专员	采购部经理	财务部经理	财务部经理
	10 000 以上	采购专员	采购部经理	财务部经理	采购总监
计划外采购	全部	采购专员	采购部经理	财务部经理	采购总监
备注					

第7条　建立明确、合理的请购审批流程。

1. 生产部或使用部门根据生产计划及工作需求向仓储部发送"物资需求单"，注明使用部门及请购物资的名称、规格、数量、要求到货日期、用途等内容。

2. 仓储部根据物资需求情况和仓储存货情况填写存货量，汇总物资需求信息，将"物资需求单"传递给采购部。

3. 采购专员须在收到仓储部送来的"物资需求单"后填制"采购申请表"。"采购申请表"（一式四联），第一联采购部留存，第二联返还使用部门，第三联返还仓储部，第四联送财务部审核；同时，还要制定"采购预算表"，报采购部经理审核。

4. 采购部经理收到"采购申请表"和"采购预算表"后，须审核请购物资是否在采购计划内，若符合采购计划，则审核签字后由采购专员转交财务部审查，否则报主管副总审查。

5. 财务部须审查请购物资的款项是否在预算内，若在预算内，则经财务部经理审核签字后交采购专员办理物资采购；若在预算外，则报主管副总审查。

6. 对于计划内采购金额大于10 000元的采购项目和任何金额的计划外采购项目，采购专员须经主管副总审核签字后方可办理采购业务。

7. 重要物资的请购应当经过使用部门、技术部、采购部等相关人员决策论证后报总经理审批。

（续）

8. 紧急需求的特殊请购应执行特殊审批程序，因特殊原因需取消请购申请时，使用部门应通知采购部停止采购，采购部应在采购申请表上加盖"撤销"印章，并退回使用部门。

第3章　采购过程控制

第8条　不同的物资可采取不同的采购方式，采购方式也是影响订购成本的因素之一。采购方式分类如下表所示。

采购方式分类表

采购方式	实施要点	适用范围
招标采购	详列所有条件 发布广告 厂商投标 供应商相互比价 选择供应商	大宗物资的采购，如大宗设备等
议价采购	选择几家供应商进行询价 比价、议价 选择供应商	一般物资的采购
定价收购	定价现款采购	购买数量巨大，非几家厂商所能全部提供的物资
公开市场采购	公开交易场合或拍卖采购	大宗物资采购

第9条　由于采购过程中发生的估价、供应商选择、议价、比价等相关活动直接影响着采购人工费用、管理费用、差旅费、电话费等订购成本，公司须对这些活动进行有效的控制，优化采购流程。

第10条　采购专员应在完成请购审批手续后开始执行采购作业，其流程如下。

1. 采购专员根据采购计划选择合适的采购方式。

2. 采购专员从供应商档案库中选择比较合适的几家供应商进行询价，与供应商围绕采购物资的价格进行初步谈判，确定候选供应商名单（三个左右），并将谈判结果填入"采购申请表"，上报采购部经理。

3. 采购部经理根据采购计划审核"采购申请表"。

4. 计划外采购项目和重要采购项目的初次谈判结果须经财务部经理审核，其审核依据包括采购计划、采购预算和已制定的采购底价等。

5. 采购专员应与候选供应商进行进一步洽谈，洽谈的内容主要包括采购价格和相关条件，如交货期限、付款方式、配送等。

6. 采购专员根据洽谈结果选择适合此次采购计划和公司现状的供应商，将结果填入"采购申请表"并编制"采购作业报告"，上报采购部经理。

7. 对于重要项目的采购，采购部经理应会同其他相关部门对采购价格进行审议。

8. 价格审议后，采购专员应与供应商拟定采购合同，报采购部经理、财务部经理、主管副总审核。

9. 审核通过后，采购部应与供应商签订正式的采购合同并上报，双方按照采购合同的约定条款办理相关手续。

10. 采购部会同仓储部与质量管理部对抵达仓库的物资进行验收并安排入库。因配送错误或质量问题造成物资无法入库的，采购专员须及时与供货商协商解决办法，同时上报相关领导，按领导的指令处理。

11. 财务部根据采购合同进行付款和会计核算，处理相关账务。

12. 采购合同归入档案库，采购部和财务部保留采购合同副本。

第4章　选择供应商

第11条　公司应建立供应商档案，其内容包括供应商编号、联系方式、地址、付款条件、交货条款、交货期限、品质评级、银行账号等。供应商档案须经过严格的审核且合格后才能归档。

第12条　供应商档案须由采购部经理指定专人负责管理，并定期或不定期对其进行更新，保证供应商档案的时效性。

第13条　公司的采购必须在已归档的供应商档案中选择供应商。

第14条　采购部须制定严格的供应商考核制度和指标，按考核流程对供应商进行评估，合格者才能归档。

第15条　重要物资的采购供应商须经过质检部、生产部、财务部联合考核后才能进入供应商档案。如有可能，相关人员须到供应商生产地进行实地考核。

第5章　确定采购价格

第16条　采购部必须为所有采购物资建立价格档案，每一批采购物资的报价应首先与归档价格进行比较，分析价格差异的原因。如无特殊原因，原则上采购物资的价格不能超过档案中规定的价格水平，否则相关人员必须作出详细说明。

第17条　采购部经理应指定专人负责建立与维护价格档案，并根据市场情况及时更新物资价格。相关人员在更新物资价格时须注明原因并附上相关证明。

第18条　对于重要物资，采购部应建立价格评价体系，由财务部、采购部、生产部、质检部等相关部门及人员组成价格评价小组，每季度收集有关物资的价格信息，分析评价现有的价格水平并对归档的重要物资价格档案进行评价与更新。

（续）

第 19 条　价格评价小组应不定期检查价格档案，审查物资价格的更新情况，督促相关人员完善价格档案。

第 20 条　财务部应根据市场的变化和产品标准成本定期为重要物资制定出标准的采购价格，督促采购专员积极开展采购工作，不断降低采购价格。

第 6 章　其他方面的控制

第 21 条　物资到库后，搬运费用和检验人员的人工费用、检验仪表仪器费用等均属于订购成本。具体的入库检验作业须按公司制定的"进库验收流程"和"入库检验规范"进行操作，在提高验收人员工作效率的同时提高入库速度。

第 22 条　采购专员在采购过程中发生的差旅费、通信费等均属于订购成本，其报销审批流程如下所述。

1. 采购专员须填制"费用报销单"，连同相关的费用凭证一起上交采购部经理审核。

2. 采购专员将采购部经理签字后的"费用报销单"与费用凭证交财务部会计处审核。

3. 财务部根据采购专员上交的资料审查报销金额，按照财务部制定的"费用报销管理规定"办理报销手续，登记相关台账。报销费用较高时采购专员须报财务部经理审核后方可办理报销手续。

4. 财务部出纳人员向采购专员发放报销费用。

第 7 章　检查、考核和奖惩

第 23 条　公司对采购各环节的费用使用与控制情况进行检查考核，并根据考核结果实施奖惩。

第 24 条　针对请购过程，公司依据采购计划的完成率、请购报批出错率、错误采购次数、请购过程时间耗用情况和采购滞后情况等考核指标对相关人员进行考核。

第 25 条　针对采购执行过程，公司依据采购预算执行情况、采购实际价格和标准成本的差额、供应商对比选择情况等相关指标对相关人员进行考核。

第 26 条　针对物资检验入库过程，公司可通过物资验收相关指标和入库时间等对相关人员进行考核。

第 27 条　根据考核结果，公司按照奖惩办法对采购部相关人员进行奖惩。

第 8 章　附则

第 28 条　本制度由采购部负责制定、修订和解释。

第 29 条　本制度自公布之日起执行。

编制人员		审核人员		批准人员	
编制日期		审核日期		批准日期	

第三节　采购成本控制管理表格

一、采购成本预算表

（一）采购成本年度预算表

时间段：　　　　　　　　　　　　　　　　　　　　　　　　　　日期：＿＿＿年＿＿月＿＿日

物资名称	型号规格	单位	使用部门	第一季度		第二季度		第三季度		第四季度	
				数量	金额	数量	金额	数量	金额	数量	金额
合计											

制表：　　　　　　　　　　　　　　　　　　　　　　　　审核：

（二）采购成本季度预算表

时间段：　　　　　　　　　　　　　　　　　　　　　　　　　　日期：＿＿＿年＿＿月＿＿日

物资类别	物资名称	型号规格	＿＿月份		＿＿月份		＿＿月份	
			采购量	成本额	采购量	成本额	采购量	成本额
原材料								
小计								
辅助材料								
小计								
生产设备								
小计								
办公耗材								
小计								
其他								
小计								
合计								

制表：　　　　　　　　　　　　　　　　　　　　　　　　审批：

二、采购实施记录表

（一）采购物资比价供应商选择登记台账

日期：＿＿年＿月＿日　　　　　　　　　　　　　　　　　　单位：元

物资名称	单位	数量	可供选择的供应商						确定的供应商	备注
			供应商	单价	供应商	单价	供应商	单价		

（二）采购物资价格申报表

日期：＿＿年＿月＿日

物资编号				物资名称			
单位		数量		单价		金额	
使用部门				采购人员			
技术要求							
供应商情况	单位名称				性质		
	具体地点						
	电话号码				信用情况		
	生产单位名称						
申报部门货比三家情况							
采购部经理			财务部经办人			采购总监	

（三）采购管理月报表

时间段：　　　　　　　　　　　　　　　　　　　　　　　　日期：＿＿年＿月＿日

预定						实际								
请购单位	品名	数量	单价	订购日期	采购部（预定）	传票编号	采购部（决定）	数量	单价	金额	交期	检验结果	付款	摘要

制表：　　　　　　　　　　　　　　　　　　　　　　　　　　审核：

（四）采购支出登记台账

申报部门：　　　　　　　　　　　　　　　　　　　　　　　日期：＿＿年＿月＿日

物资名称	采购价格		人工费用		运杂费用		仓储费用	
	单位成本	总成本	单位成本	总成本	单位成本	总成本	单位成本	总成本
合计								

制表：　　　　　　　　　　　　　　　　　　　　　　　　　　审核：

三、采购库存分析表

日期	库别	品名	规格	单位	最大存量	期初结存	本期入库	本期出库	期末结存	整体库存情况		
										充足	尚可	不足

四、采购成本汇总表

物资		采购地区		价格	进口费用	运输费用		取得成本	付款条件与方式
名称	编号	国别	供应商			金额	方式		

五、成本差异汇总表

采购物资名称	数量	物资价格			各种费用合计			总成本合计		
		估计	实际	差异（%）	估计	实际	差异（%）	估计	实际	差异（%）
合计										

六、采购成本比较表

项目	本月		上月		环比		本年累计		上年累计		同比	
	数量	金额	数量	金额	数量（%）	金额（%）	数量	金额	数量	金额	数量（%）	金额（%）
生产材料												
生产设备												
办公耗材												
采购费用												
合计												

制表：　　　　　　　　　　　　　　　　　　　　　　　　　　　　　审核：

第四节　采购成本控制管理流程

一、采购成本控制流程

1. 采购成本控制流程示例

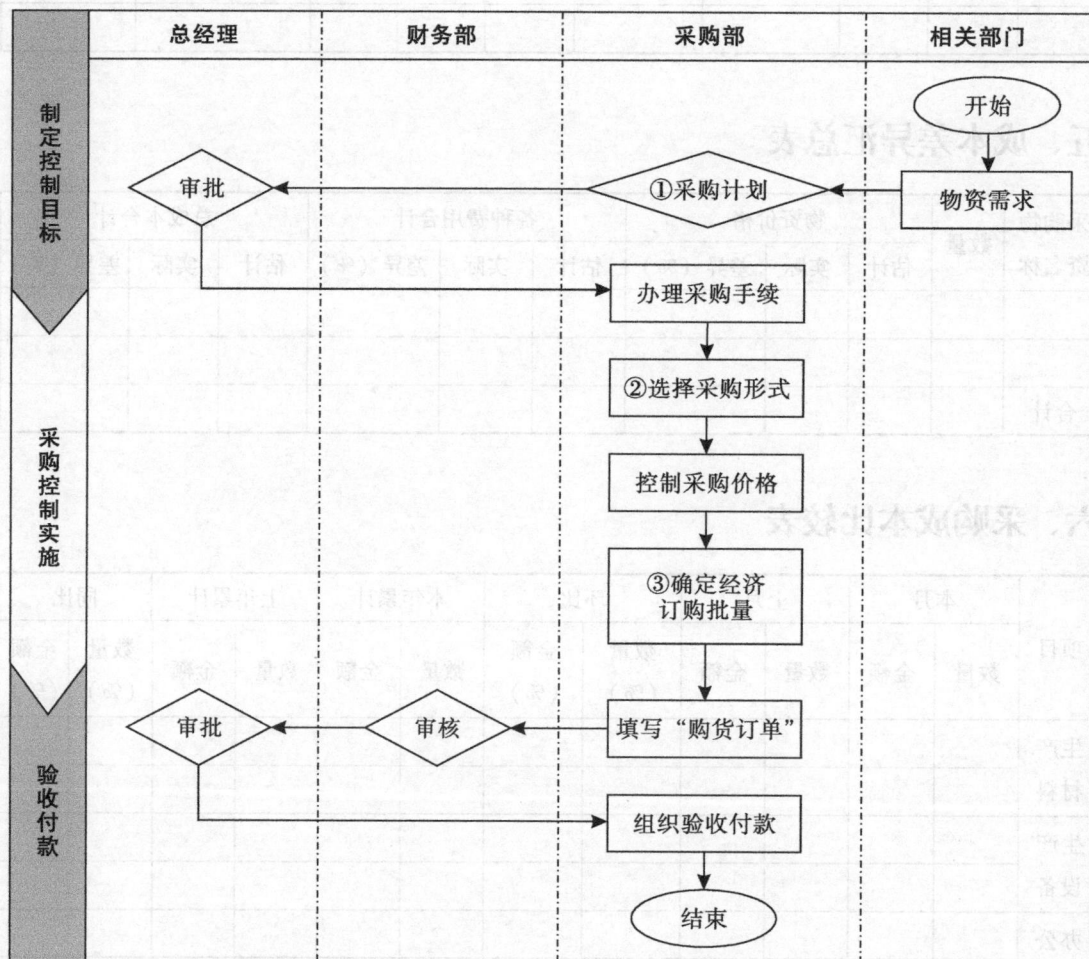

2. 采购成本控制流程关键节点说明

任务概要	采购成本控制
关键节点	相关说明
①	采购部判断物资需求是否在采购计划范围内，在采购计划范围内的可立即办理采购手续，执行采购；不在采购计划范围内的则须填写"物资申购单"，经总经理批准后办理采购手续

（续表）

关键节点	相关说明
②	根据采购物资的特点与需求量选择合适的采购方式，如招标采购、集中采购、电子采购等
③	以采购经济效益最大化为原则，依据采购价格水平、谈判结果确定经济订货批量，对每次的采购数量进行审核，并检查使用部门负责人是否在"物资申购单"上签字

二、订货批量制定流程

1. 订货批量制定流程示例

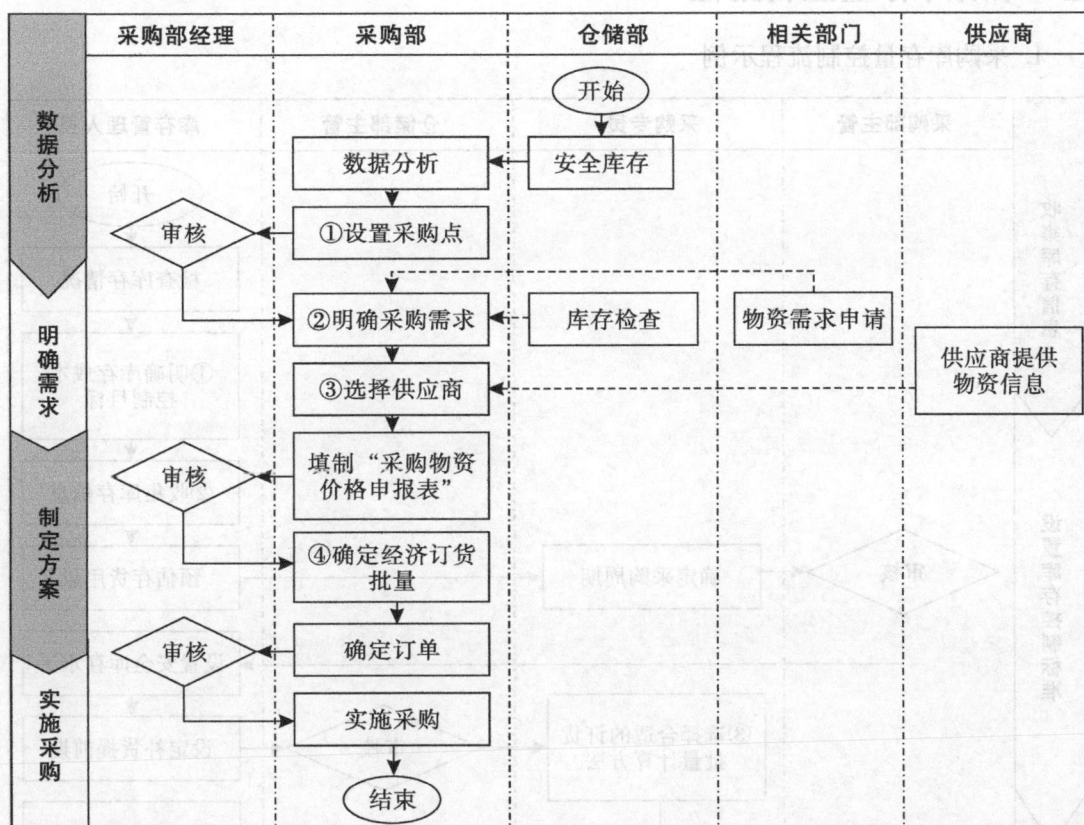

2. 订货批量制定流程关键节点说明

任务概要	订货批量制定
关键节点	相关说明
①	采购专员根据仓储部提供的安全库存信息、结合物资采购周期设置采购点，同时交采购部经理审核

（续表）

关键节点	相关说明
②	根据相关部门的物资需求申请和库存情况确定采购需求
③	采购专员根据公司的"供应商管理办法"和供应商产品信息，就订货折扣、交货期限、物流服务等一系列优惠条件与供应商进行谈判，确定合格供应商
④	采购部工作人员根据谈判结果编制"采购物资价格申请表"，提交采购部经理和财务部审核后，根据现有物资库存量和库存维持成本确定经济订货批量

三、采购库存量控制流程

1. 采购库存量控制流程示例

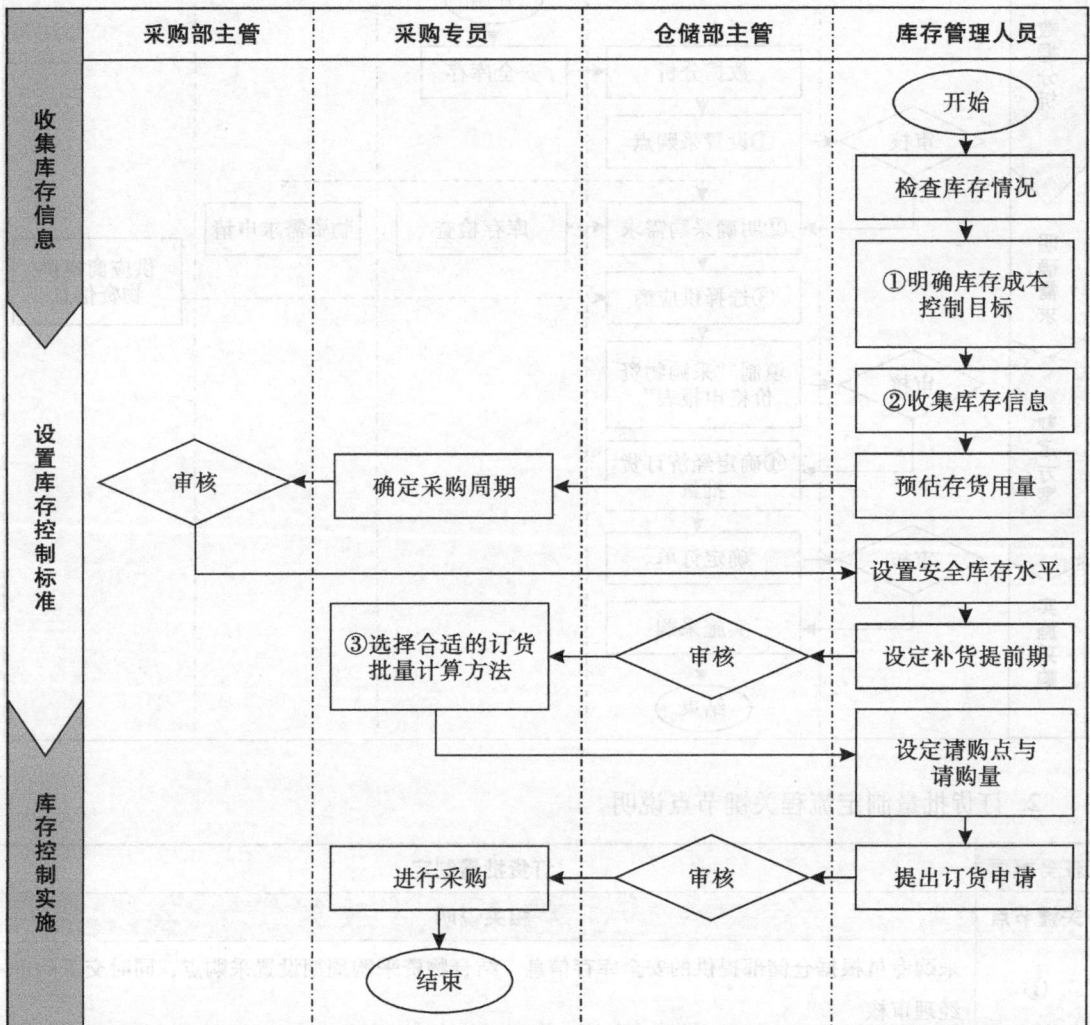

2. 采购库存量控制流程关键节点说明

任务概要	采购库存量控制
关键节点	相关说明
①	库存管理人员应熟悉库存成本控制目标，并据此确定库存量
②	库存管理人员要及时收集库存变动信息，为预估存货用量提供参考依据
③	采购专员依据采购工作和成本控制的需要选择合适的订货批量计算方法，确保库存成本控制目标的达成

第五节　采购成本控制管理方案

一、采购成本降低方案

下面是某企业的采购成本降低方案，供读者参考。

方案名称	采购成本降低方案	编　　号	
		执行部门	

一、目的

采购成本控制的最终目的是降低采购成本。供应商的选择失误、公司采购方式单一和采购流程缺乏控制都是导致采购成本上升的主要原因。为此公司需从供应渠道改善、公司自我完善、采购方式的选择和采购成本降低的计算四个方面来制定采购成本降低方案。

二、供应渠道改善

（一）开发供应商

供应商的议价能力在很大程度上影响了采购成本，而拓展供应商渠道在增加选择机会的同时还能够促使供应商之间展开竞争，有利于降低公司的采购成本。开发供应商一般有以下六种途径。

1. 国内外采购指南。

2. 国内外产品发布会。

3. 国内外产品展销会。

4. 国内外新闻传播媒体。

5. 政府组织的各类商品订货会。

6. 国内外行业协会。

（二）早期供应商参与

在产品设计初期，让具有伙伴关系的供应商参加新产品开发小组，对产品的性能和规格提出要求，从而达到降低采购成本的目的。

（续）

（三）供应商需要不断地进行产品设计更新和改变

采购部在与供应商配合的过程中应不断要求供应商对产品进行设计更新和改变，以促使采购成本不断下降。

三、公司自我完善

1. 寻找替代的原料。开发设计部要不断研究原料的替代品，以求规避采购绑定风险，不断降低原料采购价格。

2. 标准化。开发设计部要成为企业标准化的推进者，实施采购作业程序和制程的标准化，达到降低制造成本的目的。

3. 强化谈判技能。谈判是买卖双方为了实现各自的目标，达成彼此认同的协议过程。谈判并不只限于价格方面，也适用于某些特定需求，采用有效的谈判方式与供应商进行谈判，期望价格降低的幅度通常能达到5%左右。

4. 利用通信技术。采购专员在执行采购任务时要不断学习并合理应用现代科学技术，逐步实现采购活动的电子化，减少不必要的公差，降低采购成本，提高采购效率。

5. 改善交货期限。采购部在与供应商签订采购合同时要注意明确采购的交货期限，实现采购订货批量与库存维持成本的平衡，以有利于降低总体采购成本为原则。

6. 有计划地大量购买。一般情况下，采购的订货量与采购成本成反比的关系，因而采购专员在执行采购活动时，在库存量与库存成本允许的请况下，应尽量大规模采购，以便降低采购成本。

7. 改善采购流程。采购流程不畅是导致采购成本上升的因素之一，因而采购部要随时注意采购流程的构建，以便节约采购时间，降低采购成本。

8. 减少废料。无论是在采购过程还是在生产过程中，各部门都应尽量避免废料的产生，以免造成采购工作的无效，浪费采购成本。

四、采购方式的选择

1. 集中采购。将各部门的需求集中起来，公司便可用较大的采购量作为砝码得到较好的折扣。规格标准化后，公司可取得供应商标准品的优惠价格，物资的通用性可使库存量相对降低，这样可以避免因重复采购而产生行政费用，从而实现降低库存成本和减少资金占用的目标。

2. 联合采购。公司在采购比较贵重且很紧缺的原料时可以考虑组织或加入采购联盟。通过各个公司的联合，可以增强公司防范风险的能力，帮助公司在采购过程中获取更多的利益。

3. 第三方采购。第三方采购是指公司将产品或服务采购外包给第三方公司。与自行采购相比，第三方采购往往可以提供更多的价值和购买经验，以便公司更专注核心竞争力。对采购部而言，可以将非核心原料或自身一时难以解决的物料采购外包给相关的公司，这样能够降低采购成本。

4. 全球化采购。采购部在执行采购任务的同时要注意建设全球化采购网络，实现全球一体化采购，这样有利于公司获得全球最优秀的资源，降低采购成本。

五、采购成本降低的计算

采购成本降低的计算公式如下：

（续）

$$单价降低的金额 = 原单价 - 新单价$$

$$成本降低 = （原单价 - 新单价）\times 一次采购数量（或年采购数量）$$

$$成本降低与预计目标的差异 = 时间成本降低金额（每单位或每年）- 预计$$

$$成本降低金额（每单位或每年）$$

六、采购成本降低的奖励

对于使采购成本降低的员工，公司将给予其一定的奖励，具体奖励标准如下所述。

（一）直接降低采购成本

所谓直接降低采购成本，是指在采购执行过程中通过降低具体采购价格、减少采购运费支出等活动使采购成本直接降低，具体奖励标准如下所述。

1. 采购成本降低在＿＿＿元以内的，奖励人民币＿＿＿元。

2. 采购成本降低在＿＿＿~＿＿＿元的，奖励人民币＿＿＿元。

3. 采购成本降低在＿＿＿元以上的，奖励人民币＿＿＿元。

（二）间接降低采购成本

所谓间接降低采购成本，是指在采购执行过程中通过实现采购物资标准化、提高采购效率等活动使采购成本间接降低。具体奖励标准如下所述。

1. 采购成本降低在＿＿＿元以内的，奖励人民币＿＿＿元。

2. 采购成本降低在＿＿＿~＿＿＿元的，奖励人民币＿＿＿＿＿元。

3. 采购成本降低在＿＿＿元以上的，奖励人民币＿＿＿元。

编制人员		审核人员		批准人员	
编制日期		审核日期		批准日期	

二、采购存货量控制方案

下面是某企业的采购存货量控制方案，供读者参考。

方案名称	采购存货量控制方案	编 号	
		执行部门	

一、背景与目的

存货持有成本是采购成本的重要组成部分，公司必须控制采购存货量以降低存货持有成本。

1. 公司应避免采购存货短缺，保证正常生产物料的供应和日常办公。

2. 公司应尽量减少不必要的库存堆积，避免增加人工成本和仓储成本，产生呆废料损失。

二、说明

（一）适用范围

本方案所指的存货即采购所得物资。本方案适用于采购所得存货的持有成本控制。

（续）

（二）相关解释

本方案规定的存货持有成本是指储存在仓库中的物资成本，具体是指因存货占用的资金使公司丧失了使用这笔资金的投资机会，相应地损失了这笔资金所能得到的投资回报。

三、库存量控制对公司的现实意义

存货的持有成本与库存量有关，库存量过多，则会增加库存成本和呆废料损失；库存量过少，则供应不足，会延误生产。因此，公司必须制定合理的安全库存量和请购点以降低库存量，从而降低存货持有成本。

四、职责分工

（一）采购部经理

1. 审核采购申请和采购作业流程。

2. 审核请购点和请购量的设置。

（二）采购专员

1. 分析制定采购流程与采购作业周期，报采购部经理审核后通报相关部门。

2. 根据生产部、使用部门和仓储部提供的资料设置请购点与请购量。

（三）仓储部经理

1. 领导及监督仓库管理员的库存管理工作。

2. 组织制定并监督执行安全库存量。

（四）仓库管理员

1. 负责仓库存货的日常管理工作。

2. 执行安全库存量管理。

（五）财务部经理

1. 审查安全库存量和请购点的设定。

2. 组织分析存货仓储成本占有率。

（六）成本会计

负责核算库存成本和存货仓储成本占有率等工作。

五、设定安全库存量

安全库存量是为了防止由于不确定性因素（如大量突发性订货、交货时间突然延期等）而准备的缓冲库存。安全库存量的制定方法如下所述。

（一）预估存货的基准日用量

1. 用量稳定的存货。仓储部会同生产部依据去年日平均用量，结合今年销售目标和生产计划，预测常用存货的基准日用量。当产销计划发生重大变化时，相关人员应及时对相关存货的日用量作出相应修正。

2. 用量不稳定的存货。由生产部相关人员根据生产要求，参考销售部提供的销售量，结合市场情况，按照前一次使用周期产品生产所消耗的单位用量预估此存货当前的日用量。

（续）

（二）确定采购作业周期

采购作业周期是指一次采购作业所需要消耗的时间，由采购专员依照采购作业各阶段所需时间来设定，其设定方法如下。

1. 采购专员依采购作业各阶段所需的时间设定采购作业期限，并将设定的作业流程和作业天数报采购部经理核准。

2. 采购部经理结合公司的具体情况和发展规划核准其作业流程和作业天数。

3. 采购部拟定相关文件并传达到有关部门，作为请购需求和采购数量的参考。

4. 相关部门根据采购部发布的采购作业周期预估此期限内的存货用量。

（三）确定安全库存量

1. 安全库存量的计算公式如下：

安全库存量 = 采购作业期间的需求量 × 差异管制率 + 装运延误期间的用量

采购作业期间的需求量 = 采购作业天数 × 预估日用量

装运延误期间的用量 = 装运延误天数 × 预估日用量

2. 差异管制率。生产部或使用部门应根据以往用量经验和实际情况预估用量，但往往与实际用量存在差异。用量差异率是指实际用量超出预估用量的比例。差异管制率是指公司设定的允许用量差异的范围，公司设置的差异管制率为____％。

3. 装运延误天数。装运延误天数是指采购物资在运输途中因装卸和搬运原因造成物资延期到达仓库的时间。一般情况下：省内采购，公司设置的搬运延误天数为一天，其他国内地区为两天；亚太地区为四天；欧美地区为六天。

4. 修改安全库存量。用量差异管理人员应于每月月初针对上月开立的"用量差异反映表"查明差异原因，拟定处理措施，研究是否修正预估月用量。若须修订，则用量差异管理人员应在反映表"拟修订月用量"栏内填写修订内容，经主管副总核准后送仓储部用于修改安全库存量。

六、设定请购点

采购部应根据生产部或使用部门设定的预估日用量和仓储部设定的安全库存量设定请购点和请购量，在保证物资供应及时的同时减少库存堆积，从而降低成本。由于不同物资的性能与用途不同，各部门必须针对重要存货设置不同的请购点和请购量。

（一）设定请购点

请购点是指当库存存货到达一定量时，采购部须执行采购作业。请购点是采购部执行采购的预警信号，有利于降低库存成本。请购点库存量的计算公式如下：

某存货请购点的库存量 = 采购作业期间的需求量 + 安全库存量

（二）设定请购量

不同的物资需设定不同的请购量，影响请购量的因素主要有采购周期、最小包装量、最小交运量、仓储容量。

（续）

七、检查与考核					
公司应定期检查采购部请购点的设置是否合理，是否需要按照已制定的物料消耗定额和安全库存量来制定，考核相关存货仓储成本占用率、采购延误次数等。					
编制人员		审核人员		批准人员	
编制日期		审核日期		批准日期	

三、定量采购成本控制方案

下面是某企业的定量采购成本控制方案，供读者参考。

方案名称	定量采购成本控制方案	编　　号	
		执行部门	

一、目的

为了有效控制订购成本和库存保管成本，使采购成本处于合理水平，特制定本方案。

二、适用范围

本方案适用于下列物资的采购成本控制工作。

1. 需求变化稳定的物资和需确保一定量存货的物资。

2. 单价低的物资。

3. 预备时间短且容易筹措的物资。

4. 一次统筹购进且不易造成存货负担和不易被呆滞的物资。

三、定量采购实施流程

（一）确定订货点

订货点为库存请购点，其计算公式如下：

订货点 ＝ 采购作业期间的需求量 ＋ 安全库存量

＝ 平均使用速度 × 准备期间 ＋ 安全库存量

（二）确定订货量

订货量的计算公式如下：

$$Q_{opt} = \sqrt{\frac{2DS}{H}}$$

其中，Q_{opt} 为订货量即为经济订货批量（EOQ），D 为总需求量，S 为每次订货成本，H 为单位商品的保管成本。

（三）检查库存，发送订单

库存管理人员应不定期检查库存。当库存量下降到订货点且物资类别属于定量采购的适用范围时，库存管理人员应向采购专员发出订货量为经济订货批量的订单。

（续）

（四）执行采购

采购专员在接到订单后应与供应商进行沟通，签订采购合同，并根据供应商的履行情况，确保按时到货，保证公司的生产进度。

四、建立定量采购模型

某公司对 A 物资的使用和采购情况如下：A 物资一年的使用量为 100 个，采购单价为 100 元，平均每次的采购费用为 5 元，每单位 A 物资的管理费率为 20%，准备期（L）为半个月，安全库存量（Q_A）为 3 个。

1. 库存管理人员根据相关公式计算 A 物资的订货量和订货点。

A 物资的订货量为：

$$Q_{opt} = \sqrt{\frac{2DS}{H}} = \sqrt{\frac{2 \times 100 \times 5}{100 \times 0.2}} \approx 7（个）$$

A 物资的订货点为：

$$Q_R = \frac{D}{12} \times L + Q_A = \frac{100}{12} \times 0.5 + 3 \approx 7（个）$$

2. 当 A 物资的库存量下降为 7 个时，库存管理人员应按照每次 7 个订购量向采购部发送订单。

3. 在半个月的订货周期内，A 物资的库存量持续下降。

4. 订货周期结束时，公司收到 7 个 A 物资，此时库存水平上升。

定量采购模型如下图所示。

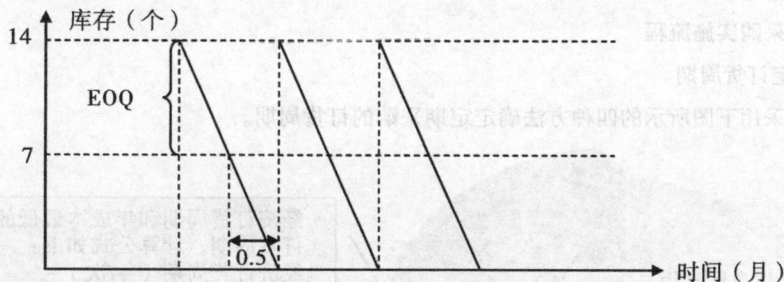

定量采购模型示意图

五、定量采购执行要点

（一）及时反馈

生产部和仓储部应及时向采购部反映物资质量和用量情况，以避免因质量问题或供货问题造成损失。

（二）监督实施

采购部应对定量采购方法的执行情况进行监督与指导，避免出现采购舞弊等现象。

（续）

（三）适当调整

采购专员应考虑需求变动、价格上涨、数量折扣和成本变动等情形，有针对性地修改订货点和订货量。

编制人员		审核人员		批准人员	
编制日期		审核日期		批准日期	

四、定期采购成本控制方案

下面是某企业的定期采购成本控制方案，供读者参考。

方案名称	定期采购成本控制方案	编　号	
		执行部门	

一、目的

为了有效地控制采购成本，避免缺货情况的发生，并使库存保持在合理水平，特制定本方案。

二、适用范围

本方案适用于下列物资的采购成本控制工作。

1. 需求量变动剧烈的物资。

2. 价格昂贵的物资。

3. 主要物资或季节性物资。

三、定期采购实施流程

（一）确定订货周期

采购部可采用下图所示的四种方法确定定期采购的订货周期。

经济订货周期和年成本最低的订货周期，计算公式如下：

$$经济订货周期（年/次）= \sqrt{\frac{2 \times 每次订货费用}{年需求量 \times 单位物料价格 \times 存储费率}}$$

1. 以自然日历习惯为依据确定，如周、月度、季度等

2. 根据公司的生产周期或供应周期确定

3. 根据历史采购经验或公司经营计划确定

4. 根据经济订货周期计算结果确定

订货周期的确定方法

（续）

（二）确定最高库存水平

采购部负责确定最高库存水平，最高库存水平包括订货周期加提前期内的需求量、安全库存量两部分，其计算公式如下：

最高库存水平 =（订货周期 + 提前期）×每月销售预定量 + 安全库存量

（三）定期检查库存

库存管理人员按照既定的时间周期进行库存盘点，并记录盘点数量。

（四）提出采购申请

1. 库存管理人员根据库存检查结果向采购专员提出采购申请。

2. 采购专员接到采购申请后，根据预测量与实际存货的差额确定订货差额，并根据最高库存水平和时间库存量确定订货量，实施采购。订货量的计算公式如下：

订货量 = 最高库存水平 − 实际库存量 + 接受订货的差额

（五）后期跟进

1. 采购部根据公司的采购需求与供应商进行谈判并签订采购合同。

2. 采购部、仓储部和相关部门应对供应商的履行情况进行监督和评价。

四、建立定期采购模型

B 物资的订货周期（T）为 3 个月，提前期（L）为 2 个月，每月预计销售（Q_1）为 900 个，安全库存量（Q_0）为 1 000 个，B 物资的目前存货量（Q_2）为 3 300 个，接受 B 物资订货后差额（Q_3）为 20 个。

1. 库存管理人员根据相关公式计算 B 物资的最高库存量。

$Q_{max} = (T + L) \times Q_1 + Q_0 = (3 + 2) \times 900 + 1\ 000 = 5\ 000（个）$

2. 库存管理人员检查库存量，当库存水平在 A_1 点时，向采购专员提出采购申请。

3. 采购专员接到采购申请后，根据相关公式计算订货量，并实施采购。

$Q = Q_{max} - Q_2 + Q_3 = 5\ 000 - 3\ 300 + 20 = 1\ 720（个）$

4. 进入第一个订货提前期，订货提前期（L）结束，B 物资到库，库存量增加。

5. 继续进行生产，经过一个订货周期（T），检查库存量，库存水平在 A_2 时，库存管理人员提出采购申请，随后进入第二个订货提前期，订货提前期结束，所订货物到达，库存量增加。

6. 采购活动按照上述程序继续推进。

定期采购模型如下图所示。

（续）

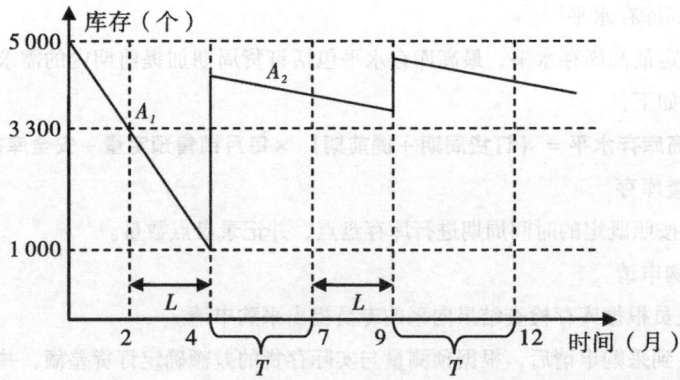

定期采购模型

五、定期采购的执行要点

1. 定期采购方法容易使库存量过大，库存费用过高，库存管理人员应及时向采购部反映库存的真实情况。

2. 每隔一段时间，各相关部门应对供应商供货情况进行评价，并根据生产计划适当修正订货周期和库存标准。

编制人员		审核人员		批准人员	
编制日期		审核日期		批准日期	

第十章　采购绩效管理

第一节　采购绩效管理岗位职责

一、采购绩效主管岗位职责

采购绩效主管的岗位职责是根据企业经营规划和人力资源规划的总体要求编制并组织实施采购绩效考核方案，同时将考核结果应用到员工的日常工作中去。另外，也可将考核结果作为人员晋升、调薪、奖惩等人事决策的依据，从而更好地调动员工的工作积极性，具体内容如表10-1所示。

表10-1　采购绩效主管岗位职责

工作大项	工作细化
1. 建立采购绩效考核制度	（1）协助人力资源部经理制定采购绩效考核管理制度，经批准后组织实施
	（2）制定采购绩效考核标准，组织开展考核培训
	（3）负责对考核事项进行解释
2. 采购绩效考核工作管理	（1）实施采购绩效考核，统计考核得分，解决考核过程中出现的争议问题
	（2）组织进行采购绩效考核面谈，并提出改善采购绩效的建议
	（3）根据采购绩效考核结果和相关规定对相关人员实施奖惩
	（4）受理员工采购绩效考核申诉
	（5）汇总考核信息，撰写考核分析报告并报采购部经理和人力资源部经理审批
	（6）根据公司的实际情况提出采购绩效考核改善建议，报上级领导批准后实施
3. 管理下级员工	指导、培养和考核下级员工

二、采购绩效专员岗位职责

采购绩效专员的岗位职责是在采购绩效主管的领导下负责采购绩效管理工作的具体实施，具体内容如表10-2所示。

表 10-2　采购绩效专员岗位职责

工作大项	工作细化
1. 参与制定采购绩效管理体系	（1）参与采购绩效管理制度、方案的制定和完善工作
	（2）参与设计并优化采购绩效考核标准
2. 进行采购绩效考核	（1）协助采购绩效主管做好采购绩效考核工作
	（2）对考核过程进行跟踪，发现问题并及时上报采购绩效主管处理
	（3）负责采购绩效管理的培训工作并向员工解释各种相关制度
	（4）受理员工采购绩效考核申诉，对于不能给予解决的问题及时上报采购绩效主管处理
3. 采购绩效考核信息整理与归档	（1）收集并整理考核制度、考核结果等资料，并进行分类归档
	（2）及时提供采购绩效数据

第二节　采购绩效管理制度

一、采购绩效考核制度

下面是某企业的采购绩效考核制度，供读者参考。

制度名称	采购绩效考核制度	编　号	
		执行部门	

第1章　总则

第1条　目的。

为了保证公司所需物资的及时供应，确保采购质量，提高员工的工作绩效和工作积极性，从而提高公司的整体绩效，最终实现公司的战略目标，特制定本制度。

第2条　适用范围。

本制度适用于采购部所有正式员工，但下列人员不列入年度考核实施范围。

1. 试用期人员。

2. 停薪留职及复职未达半年者。

3. 连续缺岗天数达 30 天以上者。

第3条·考核实施的意义和作用。

1. 确保公司采购目标的达成。

2. 提供绩效改进的依据。

3. 作为员工个人或部门的奖惩参考之一。

4. 为员工职位变动、教育与培训提供较为有效的参考。

5. 提高采购部相关人员的工作积极性。

第2章　考核实施时间与职责分工

第4条　考核分为月度考核、季度考核及年度考核三种，具体实施时间如下表所示。

考核实施时间说明表

考核类别	考核实施时间	考核结果应用
月度考核	次月5日	与每月绩效工资挂钩
季度考核	下一季度的第一个月的10日前	薪资调整、培训计划制订的依据、职位调整、季度奖金
年度考核	次年1月1日前	薪资调整、年度培训计划制订的依据、职位调整、年度奖金

第5条　职责分工。

1. 被考核者的直接上级作为考核最主要的负责人之一，必须对下属的工作表现作出客观、公正的评价，并有效利用采购绩效考核不断提升自己的管理水平及管理效果。

2. 人力资源部工作人员应对采购绩效考核工作进行组织、协调和监控。

3. 被考核者的同事及被考核者本人必须积极参与公司的采购绩效管理工作。

4. 具体职责划分如下表所示。

职责划分说明表

人员	具体职责
采购部经理	对考核结果进行审核与审批
	组织和实施本部门的员工考核工作，客观公正地对下属进行评估
	与下属进行沟通，帮助下属认识到工作中存在的问题，并与下属共同制订绩效改进计划和培训发展计划
被考核者	学习和了解公司的采购绩效考核制度
	积极配合部门主管讨论并制订本人的绩效改进计划和标准
	对考核过程中出现的问题积极主动地与财务主管或人力资源部进行沟通
人力资源部工作人员	考核工作前期的宣传、培训和组织
	考核过程中的监督和指导
	考核结果的汇总和整理
	应用考核结果进行相关的人事决策

第6条 外部相关人员工作。

1. 供应商。由于采购部相关人员的工作与供应商联系紧密，供应商的意见也可以作为采购部相关人员绩效考核的一个参考依据。

2. 外界管理顾问。为避免公司内各部门之间的本位主义，采购绩效主管也可以聘请外界管理顾问负责采购绩效考核工作。

第3章 考核实施

第7条 考核内容。

1. 采购工作业绩考核指标。采购工作业绩考核指标如下表所示。

采购工作业绩考核指标说明表

考核指标	具体指标
质量指标	进料验收指标
	在制品验收指标
数量指标	储存费用指标
	呆料、废料处理损失指标
时间指标	紧急采购费用指标
	停工待料损失指标
价格指标	实际价格与标准成本的差额
	实际成本与过去移动平均价格的差额
采购效率（活动）指标	采购金额
	新供应商开发个数
	错误采购次数
	订单处理的时间
	采购计划完成率
管理类指标	部门人员流动率
	部门协作满意度

（续）

2. 人事考核。人事考核主要包括考勤和个人行为鉴定两个方面，其中个人行为鉴定主要是指被考核者在日常工作中因违反公司相关制度而被惩罚，或有突出的工作表现而被肯定，并以此进行绩效评定的结果。

第8条　考核方法。

根据职位说明书，各部门负责人应当先分别确定各岗位、各部门的考核内容与评分标准并编制表格，再根据员工的实际工作成果实施考核。

第4章　绩效考核面谈

第9条　绩效面谈是提高绩效的有效途径，各部门主管必须在考核结束后七日内安排绩效面谈。

第10条　绩效面谈记录的内容将作为员工下一步绩效改进的目标和培训安排的参考。

第5章　考核纪律

第11条　考核须遵循公正和公平的原则，上级领导必须认真且负责，否则公司将给予降职、扣除当月绩效或扣分处理。

第12条　各部门负责人要认真讨论，慎重打分，凡在考核中消极应付者，公司将给予其扣分甚至扣除当月绩效和岗位津贴等处分。

第13条　考核工作必须在规定的时间内按时完成。

第14条　凡弄虚作假者，一律按公司相关规定给予相应的处分。

第6章　考核申诉

第15条　提交申诉。

1. 被考核者如对考核结果不清楚或持有异议，可以采取书面形式向人力资源部绩效考核管理人员申诉。

2. 员工可以书面形式提交"申诉书"，内容包括申诉人姓名、所在部门、申诉事项、申诉理由等。

第16条　申诉受理。

人力资源部绩效考核管理人员接到员工申诉后应在三个工作日内作出是否受理的答复。对于申诉事项无客观事实依据，仅凭主观臆断的申诉不予受理。

第17条　申述处理。

首先由员工所在部门的考核管理负责人对员工申诉的内容进行调查，然后与员工的直接上级、共同上级、所在部门负责人进行协调和沟通。不能协调的，可上报公司人力资源部，请其协助处理。

第18条　申诉处理答复。

人力资源部应在接到"申诉书"五个工作日内明确答复申诉人。

第7章　附则

第19条　本制度由人力资源部负责制定、修订和废除。

第20条　本制度自公布之日起执行。

编制人员		审核人员		批准人员	
编制日期		审核日期		批准日期	

二、采购人员行为规范

下面是某企业的采购人员行为规范，供读者参考。

制度名称	采购人员行为规范	编　　号	
		执行部门	

第 1 章　总则

第 1 条　目的。

为了规范采购人员的采购行为，树立和维护公司的良好形象，特制定本规范。

第 2 条　适用范围。

本规范适用于采购部全体员工。

第 2 章　日常行为规范

第 3 条　遵守国家的相关法律法规和公司的制度规定、办事程序。

第 4 条　恪尽职守、勤奋工作，高质量地完成工作任务。

第 5 条　上班时应保持良好的精神状态，认真接受领导的指示和命令，对于别人的提醒、忠告和批评，应虚心接受。

第 6 条　积极主动地钻研业务，提高工作技能。

第 7 条　爱惜并节约使用公司的一切财产物资。

第 8 条　主动学习业务知识与技能，提高自身的工作能力。

第 9 条　全体员工都有义务保守公司的各种经营管理信息，机密文件和资料不得擅自复印，未经特许不得带出公司。

第 10 条　采购人员须凭相关领导审批的订单，按公司规定批准权限和相关程序实施采购。

第 11 条　急需物资经总经理批准后可先进行采购后补办相关手续。

第 12 条　凡每批采购金额在____元以上的采购，采购人员应至少向____家供应商询价，争取最低的采购成本，并将相关询价资料报采购主管审核。

第 13 条　采购人员不按规定进行询价的，公司将按相关规定对其进行处罚。

第 14 条　采购主管应对上述信息进行核实，确认采购人员的报价是否属实且最低，核准其采购申请。若采购主管发现自己的询价比采购人员的报价低，且低于____%时，应展开相应的调查，并将调查结果报相关领导处理。

第 15 条　采购人员应按订单保质保量完成采购工作，收货时要按公司的有关规定进行验收。

第 16 条　不准弄虚作假、伪填或涂改发票。

第 17 条　不准出现向供应商索取或接受回扣、佣金等公司禁止的行为。

第 18 条　采购人员须维护公司形象，保守商业秘密。

第 3 章　附则

第 19 条　本规范由人力资源部负责解释、修订和补充。

第 20 条　本规范自公布之日起执行。

编制人员		审核人员		批准人员	
编制日期		审核日期		批准日期	

三、采购稽核管理制度

下面是某企业的采购稽核管理制度，供读者参考。

制度名称	采购稽核管理制度	编　号	
		执行部门	

第1章　总则

第1条　目的。

为了规范采购人员的行为，提高采购活动的规范性和公平性，特制定本制度。

第2条　适用范围。

本制度适用于公司所有采购作业。

第3条　稽核小组成员构成。

稽核小组由公司总经办、财务部和人力资源部相关人员组成。

第2章　稽核执行

第4条　稽核内容。

采购稽核主要从采购预算稽核、请购作业稽核、比价作业稽核、订购作业稽核和验收作业稽核五个方面进行。各方面的稽核重点与稽核依据如下表所示。

采购稽核重点与稽核依据

稽核内容	稽核重点	稽核依据
采购预算	（1）采购预算的编制是否考虑存货定量及定价管制，是否制定了 ABC 分类标准 （2）采购预算是否符合销售计划、生产计划、库存状况等 （3）采购预算是否得到全面执行，若与实际采购费用存在差异，是否对采购预算进行了修正	（1）请购单 （2）销售计划 （3）生产计划
请购作业	（1）请购内容和金额是否与预算相符，并按照核准权限核准 （2）请购单（数量、规格等）变更是否按照相关程序进行 （3）紧急采购原因分析	（1）请购单 （2）安全存量控制表
比价作业	（1）询价管理 （2）招标管理 （3）采购合同管理	（1）询价单 （2）采购合同 （3）谈判记录

（续）

（续表）

稽核内容	稽核重点	稽核依据
订购作业	（1）采购合同的规范性和合法性 （2）采购合同的执行情况 （3）订单发出后有无跟踪控制 （4）因某种原因当供应商没有按约定的日期将物资送达时，采购部是否采取了相应的措施以保证公司的生产经营活动顺利进行	（1）请购单 （2）采购合同 （3）采购订单
验收作业	（1）采购物资达到时，采购部是否会同使用部门、质量管理部和其他相关部门共同对采购物资进行验收 （2）相关技术部门是否派出专业技术人员对采购物资进行验收 （3）采购物资不符合标准时，采购部是否采取了有效的处理措施 （4）检验人员是否依据相关单据对采购物资的品名、数量、单价等逐一点检，并做好相应的记录	（1）入库验收单 （2）送货发票

第5条　稽核方式

稽核采取定期与不定期两种方式，定期稽核为每季度一次，具体稽核工作由稽核小组组长负责安排。

第3章　附则

第6条　本制度由人力资源部负责制定。

第7条　本制度自公布之日起执行。

编制人员		审核人员		批准人员	
编制日期		审核日期		批准日期	

第三节　采购绩效管理表格

一、采购目标管理卡

目标	目标值	权重	工作计划	完成时间	工作进度（%）				工作条件	工作权限	考评
					3月	6月	9月	12月			
采购计划完成率	达到＿＿＿%	30%		计划							
				实际							

（续表）

目标	目标值	权重	工作计划	完成时间	工作进度（%）				工作条件	工作权限	考评
					3月	6月	9月	12月			
采购质量合格率	达到____%	30%		计划							
				实际							
采购成本降低率	降低____%	10%		计划							
				实际							
提高交期准确率	达到____%	10%		计划							
				实际							
每月新开发的供应商	不少于____家	10%		计划							
				实际							
加速呆滞料的处理	控制在库存总额的____%以内	10%		计划							
				实际							

二、采购绩效考核表

姓名		所在职位		所属部门	
考核期间		____年__月__日至____年__月__日			

1. 工作表现

考核项目	考核内容	考核得分	备注
工作态度	遵守公司各项规章制度		
	工作认真负责		
	遇到问题主动沟通、积极解决		
	从公司整体利益出发处理与其他部门的关系		
工作能力	专业知识掌握熟练		
	能够有效制订自我工作计划并确定所需要的资源		
	沟通能力强，广泛建立业务关系		
	综合分析能力强，善于全面、系统地分析问题，判断准确率高		

2. 业绩表现

考核项目	考核内容	考核得分	备注
工作任务完成情况	工作计划完成率		
成本控制	成本降低率		
工作质量	达到公司规定的要求		
工作效率	在规定的时间内保质、保量地完成工作任务		

3. 综合评定意见

部门经理评价	
人力资源部评价	

三、采购绩效改进表

（一）采购绩效改进表 I

姓名		所在职位		所属部门	
不良绩效描述					
需改进的绩效	采取的措施		完成时间		改进后的效果
被考核者签字		直接主管签字		部门经理签字	

（二）采购绩效改进表Ⅱ

姓名		所在职位		所属部门		直接领导	
1. 考核期间绩效未符合工作标准的事实描述							
2. 原因分析							
3. 改进目标及措施	（需详细说明工作内容、实施日期、完成日期等）						
4. 改进措施记录							
5. 改进效果评价及后续措施							

四、采购绩效奖惩表

编号：　　　　　　　　　　　　　　　　　　　　　　日期：＿＿＿年＿＿月＿＿日

姓名		所在职位		所属部门	
奖惩事由					
奖惩方式					
部门经理核定	签名：			日期：＿＿＿年＿＿月＿＿日	
人力资源部核定	签名：			日期：＿＿＿年＿＿月＿＿日	
总经理批示	签名：			日期：＿＿＿年＿＿月＿＿日	

第四节　采购绩效管理流程

一、采购绩效考核管理流程

1. 采购绩效考核管理流程示例

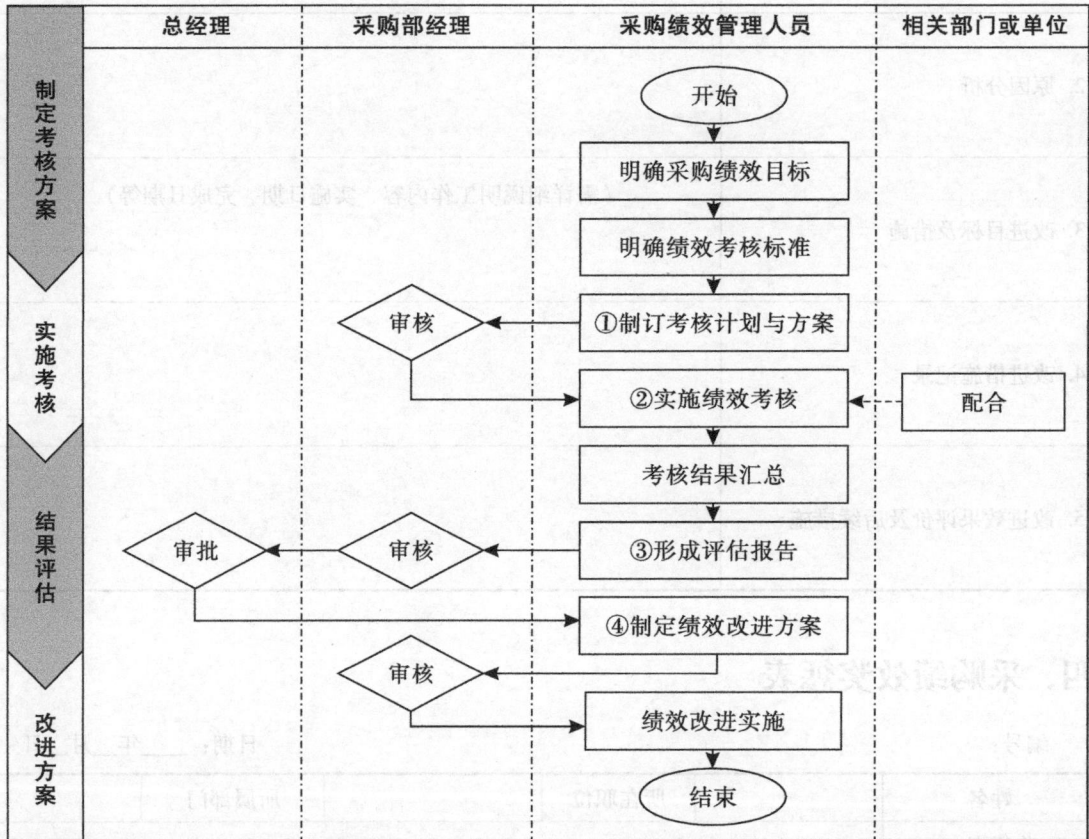

2. 采购绩效考核管理流程关键节点说明

任务概要	采购绩效考核管理
关键节点	相关说明
①	采购绩效管理人员在考核前应明确采购工作绩效目标、评估标准和方法，确定绩效考核指标，制订采购绩效考核计划或方案；采购绩效考核指标包括采购计划完成率、来料合格率、采购成本、采购周期、新开发供应商数量、库存周转率等
②	采购绩效管理人员根据已批准的采购绩效考核计划或方案，在相关部门的配合下，组织本部门的考核工作
③	采购绩效管理人员负责汇总考核结果，撰写绩效评估报告并报相关领导审批
④	结合绩效评估结果，由采购绩效管理人员提出绩效改进实施方案，经相关领导审核后组织实施

二、采购绩效目标管理流程

1. 采购绩效目标管理流程示例

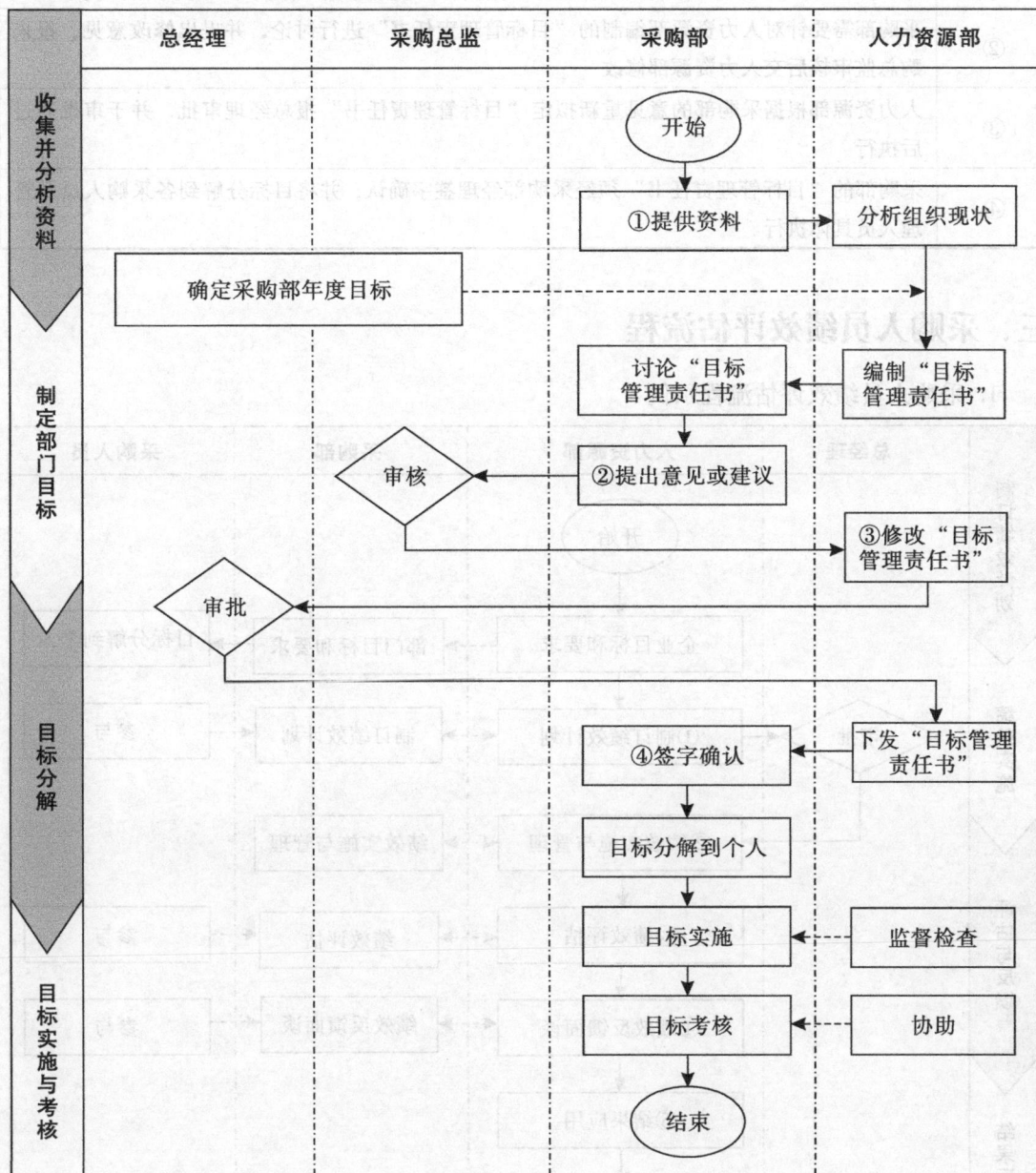

总经理	采购总监	采购部	人力资源部

收集并分析资料

开始

①提供资料 → 分析组织现状

制定部门目标

确定采购部年度目标 ⤏

讨论"目标管理责任书" ← 编制"目标管理责任书"

审核 ← ②提出意见或建议

③修改"目标管理责任书"

审批

目标分解

下发"目标管理责任书"

④签字确认 ←

目标分解到个人

目标实施 ← 监督检查

目标实施与考核

目标考核 ← 协助

结束

2. 采购绩效目标管理流程关键节点说明

任务概要	采购绩效目标管理
关键节点	相关说明
①	采购部应为部门绩效目标的设定提供相应资料，如上一年度工作统计、考核结果等资料
②	采购部需要针对人力资源部编制的"目标管理责任书"进行讨论，并提出修改意见，报采购总监审核后交人力资源部修改
③	人力资源部根据采购部的意见重新拟定"目标管理责任书"报总经理审批，并于审批通过后执行
④	采购部的"目标管理责任书"须经采购部经理签字确认，并将目标分解到各采购人员及管理人员具体执行

三、采购人员绩效评估流程

1. 采购人员绩效评估流程示例

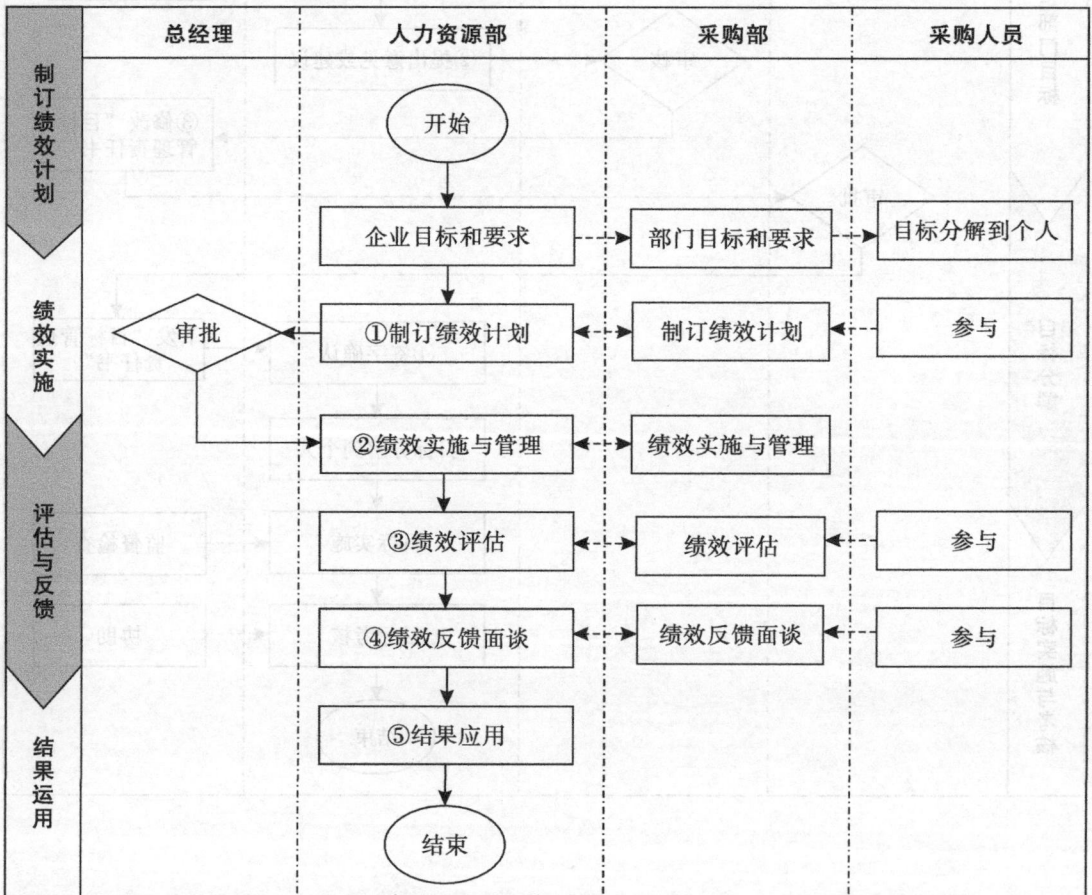

2. 采购人员绩效评估流程关键节点说明

任务概要	采购人员绩效评估
关键节点	相关说明
①	绩效计划是整合绩效管理过程的起点，是在绩效管理期间由管理者和员工共同制定的绩效契约，它包括绩效计划目标及衡量标准等内容
②	在进行采购绩效考核时，人力资源部必须明确考核的内容及评估标准，主要从质量、成本、效率和时间四个方面进行指标设置
③	绩效评估方法有多种，如排序法、对偶比较法、关键事件法、目标管理法、360度考核法等
④	在绩效反馈面谈这一环节中，人力资源部管理人员应就考核结果与员工进行沟通，让员工了解公司对自己的期望，认识到自己的优势和劣势，从而不断提升工作绩效
⑤	将考核结果与公司人事制度相结合，以对员工进行更好的激励

四、采购绩效评估申诉流程

1. 采购绩效评估申诉流程示例

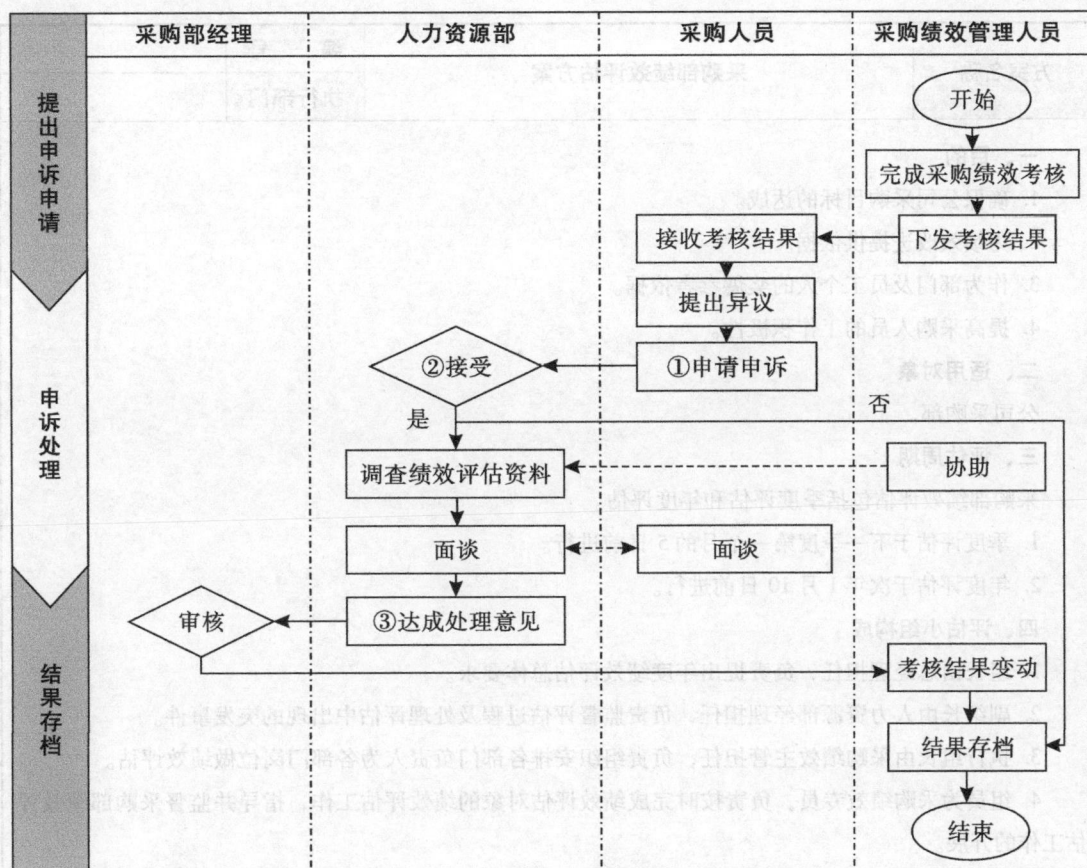

2. 采购绩效评估申诉流程关键节点说明

任务概要	采购绩效评估申诉
关键节点	相关说明
①	采购人员对采购绩效考核有异议时可向人力资源部提出申诉，申诉的内容包括申诉人姓名、职位、申诉事件、申诉理由等
②	人力资源部接到申诉申请后进行审核，决定是否接受申诉
③	人力资源部根据面谈及调查意见出具维持原考核结果或调整考核结果的意见，采购绩效管理人员报采购部经理审核后更新档案

第五节　采购绩效管理方案

一、采购部绩效评估方案

下面是某企业的采购部绩效评估方案，供读者参考。

方案名称	采购部绩效评估方案	编　号	
		执行部门	

一、目的

1. 确保公司采购目标的达成。

2. 为绩效改进提供依据。

3. 作为部门及员工个人的奖惩参考依据。

4. 提高采购人员的工作积极性。

二、适用对象

公司采购部。

三、评估周期

采购部绩效评估包括季度评估和年度评估。

1. 季度评估于下一季度第一个月的 5 日前进行。

2. 年度评估于次年 1 月 10 日前进行。

四、评估小组构成

1. 组长由总经理担任，负责提出年度绩效评估总体要求。

2. 副组长由人力资源部经理担任，负责监督评估过程及处理评估中出现的突发事件。

3. 执行组长由采购绩效主管担任，负责组织安排各部门负责人为各部门岗位做绩效评估。

4. 组员为采购绩效专员，负责按时完成绩效评估对象的绩效评估工作，指导并监督采购部绩效评估工作的开展。

5. 人力资源部作为办事机构，负责收集整理评估结果并统一备案。

五、评估指标与方法

采购部绩效评估包括时间绩效、品质绩效、数量绩效、价格绩效和效率绩效五个方面，具体的指标权重及评估方法如下表所示。

采购部绩效评估表

考核项目	考核指标	权重（%）	评估等级划分说明					评价等级
			A	B	C	D	E	
时间绩效	是否导致停工，影响生产经营活动	10	从不	当期没有	无记录	三次以下	三次以上	
品质绩效	进料品质合格率	15	100%	90%~100%	80%~90%	65%~80%	65%以下	
	物资使用不良率	10	0	5%以下	5%~10%	10%~15%	15%以上	
数量绩效	呆料物资金额	10	__万元以下	__万~__万元	__万~__万元	__万~__万元	__万元以上	
	库存周转率	10	__%以上	__%~__%	__%~__%	__%~__%	__%以下	
价格绩效	采购成本降低率	10	__%以上	__%~__%	__%~__%	__%~__%	__%以下	
	采购价格降低额	10	__万元以上	__万~__万元	__万~__万元	__万~__万元	__万元以下	
效率绩效	采购完成率	15	__%以上	__%~__%	__%~__%	__%~__%	__%以下	
	订单处理时间	10	__天以内	__~__天	__~__天	__~__天	__天以上	
备注	A——杰出，B——优秀，C——中等，D——有待提高，E——急需提高							

编制人员		审核人员		批准人员	
编制日期		审核日期		批准日期	

二、一般采购人员考核方案

下面是某企业的一般采购人员考核方案，供读者参考。

方案名称	一般采购人员考核方案	编　　号	
		执行部门	

一、目的

为了有效传递组织目标，引导员工提高工作绩效，挖掘员工潜能，实现公司与个人之间的双赢，特制定本方案。

二、考核实施原则

1. 公平与公开原则：公司全体员工都要接受考核，对同一岗位执行相同的考核标准。

2. 定期化与制度化：绩效考核制度作为人力资源管理的一项重要制度，公司全体员工要遵照执行。

3. 定量化与定性化相结合：班组长考核指标分为定量化与定性化两种，其中定性化指标权重占40%，定量化指标权重占60%。

4. 沟通与反馈：考核评价结束后人力资源部或采购部相关领导应及时与被考核者进行沟通，将考核结果告知被考核者；在反馈考核结果的同时，相关部门负责人应当向被考核者就评语进行说明解释，肯定成绩和进步，说明不足之处，为其今后的努力方向提供参考意见；认真听取被考核者的意见或建议，共同制订下一阶段的工作计划。

三、考核频率

考核包括月度考核、季度考核和年度考核三种。

四、考核实施主体

考核将采取自上而下与自下而上两方面相结合的方式，运用360度考核法对采购人员进行考核，具体内容如下所述。

1. 自我评估，占考核得分的25%。

2. 上级领导评估，占考核得分的45%。

3. 同事评估，占考核得分的20%。

4. 供应商（客户）评估，占考核得分的10%。

五、考核内容

考核主要从工作态度、工作能力和工作业绩三方面进行，具体内容如下表所示。

考核内容说明表

考核内容	权重	指标示例
工作业绩	65%	采购计划完成率、采购物资合格率、采购成本控制、及时供货率等
工作能力	25%	专业知识掌握程度、计划分析能力、谈判能力等
工作态度	10%	考勤状况、工作主动性、工作积极性、工作责任心等

272

（续）

六、考核办法

"采购人员绩效评估表"如下表所示。

采购人员绩效评估表

姓名		所在职位		所属部门	
考核阶段	___年__月__日至___年__月__日		填表日期		___年__月__日

考核内容	考核项目	权重	考核要点	评估得分
工作态度	考勤状况	5%	全勤得5分，迟到三次及以下扣0.5分，迟到三次及以上此项得分为0	
	工作主动性	5%	积极、主动地完成工作	
工作业绩	采购计划完成率	15%	目标值为__%，每降低__%，扣__分，低于__%，此项得分为0	
	采购物资合格率	10%	目标值为__%，每降低__%，扣__分，低于__%，此项得分为0	
	采购物资及时率	10%	在规定的时间内完成	
	采购成本控制	10%	目标值为__%，每降低__%，扣__分，低于__%，此项得分为0	
	存货周转率	10%	目标值为__%，每降低__%，扣__分，低于__%，此项得分为0	
	错误采购次数	5%	目标值在__次以内，每多__次，扣__分，高于__次，此项得分为0	
	新增供应商个数	5%	目标值为__个以上，每低__个，扣__分，低于__个，此项得分为0	
工作能力	专业知识水平	5%	全面掌握本岗位所需的专业知识	
	语言表达能力	5%	表述清晰，有条理性	
	综合分析能力	5%	对工作中出现的问题能作出准确的分析与判断	
	谈判能力	10%	有一定的谈判技巧	
总分				
备注	考核最终得分＝上级领导评分×45%＋自评分×25%＋同事平均评分×20%＋供应商评分×10%			

（续）

七、绩效申诉

被考核者若认为评估结果不符合实际情况，可于绩效反馈后七个工作日内向直属上级或人力资源部提出申诉。被考核者须填写"绩效考核申诉表"（如下表所示）。

绩效考核申诉表

申诉人		所在职位		所属部门		申诉日期	
申诉事由							
处理意见或建议	1. 2. 3. 受理人签字：				受理日期：____年__月__日		
处理结果							
申诉人对处理结果的意见	1. 2. 3.						

八、绩效考核结果应用

采购人员绩效考核的结果可以应用到员工培训与发展、薪资调整、职位变动等多方面。年度考核结果对员工薪酬调整的影响如下表所示。

年度考核结果影响薪酬调整情况表

等级	等级定义	分值	薪酬调整
S	优秀	90~100分	薪酬上调三个等级或升职一级
A	良	80~89分	薪酬上调两个等级
B	中	70~79分	薪酬上调一个等级
C	一般	60~69分	薪资待遇保持不变
D	差	60分以下	减少5%的工资

编制人员		审核人员		批准人员	
编制日期		审核日期		批准日期	

三、国际采购人员考核方案

下面是某企业的国际采购人员考核方案，供读者参考。

方案名称	国际采购人员考核方案	编　　号	
		执行部门	

一、考核目的

1. 贯彻采购绩效考核制度，全面评价国际采购工作绩效，保证公司经营目标的实现。

2. 激发国际采购人员的工作积极性，为晋升、薪资调整、培训与发展等提供决策依据。

二、考核对象

采购部所有负责国际采购工作的正式员工。

三、考核周期

考核分为月度考核、季度考核及年度考核三种。

1. 月度考核。每月考核一次，考核时间为每月月底。

2. 季度考核。一年考核四次，考核时间为下一季度第一个月的 10 日前。

3. 年度考核。一年考核一次，考核时间为下一年度的 1 月 15 日前。

四、考核内容及考评人员

国际采购人员的考核主要包括工作业绩、工作能力、工作态度三部分，相关内容、权重及考评负责人如下表所示。

国际采购人员考核说明表

评估内容	分值	指标示例	考评人员
工作业绩	75	国际市场信息收集准确性、报检与报关工作情况、订单完成率等	自评、直接上级
工作能力	15	沟通协调能力、询价能力、信息收集与处理能力等	直接上级
工作态度	10	责任感、保密意识等	同事、直接上级

五、具体考核实施办法

（一）工作业绩考核

国际采购人员的工作业绩考核指标及评分说明如下表所示。

（续）

国际采购人员工作业绩考核表

考核指标	分值	指标定义/评价标准	得分
国际采购任务完成率	20	1. 目标值 $= \dfrac{\text{国际采购任务完成量}}{\text{国际采购任务总量}} \times 100\%$ 2. 考核目标值为 100%，每减少__%，扣__分，低于__%，此项得分为 0	
采购物资合格率	15	1. 目标值 $= \dfrac{\text{采购物资的合格数量}}{\text{采购物资总量}} \times 100\%$ 2. 考核目标值为__%，每降低__%，扣__，低于__%，此项得分为 0	
报检与报关工作情况	15	1. 向海关、商检的申报过程中出现差错的次数，每次扣__分，扣完为止 2. 向海关、商检的申报过程中延误的次数，每次扣__分，扣完为止	
采购价格合理性	10	1. 在同类产品市场上价格最低，质量完全符合要求，得__分 2. 在同类产品市场上价格位于中下，质量尚能符合要求，得__分 3. 在同类产品市场上价格最高，质量不符合要求，得__分	
新开发海外供应商个数	5	1. 完成计划新开发供应商数目，并且评估全部合格，得__分 2. 完成计划新开发供应商数目，部分评估合格，得__分 3. 未完成计划新开发供应商数目，此项得分为 0	
异常问题处理及时性	5	1. 在规定的时间内处理完问题，对公司没有造成任何损失，得__分 2. 在规定的时间内处理完问题，对公司造成的损失较小，得__分 3. 未在规定的时间内处理完问题，导致事态严重，此项得分为 0	
采购报告的质量	5	1. 采购报告撰写规范，没有任何错误，有较高的参考价值，得__分 2. 采购报告撰写规范，基本没有错误，得__分 3. 采购报告撰写不规范，错误较多，此项得分为 0	
合计			
备注			

（二）工作能力考核

国际采购人员的工作能力考核指标及评分说明如下表所示。

（续）

国际采购人员工作能力考核表

考核指标	评价要点	评分等级				
		1（分） 需提高	2（分） 合格	3（分） 较好	4（分） 好	5（分） 优
沟通协调 能力	合理安排工作，有效协调各方面的 关系					
询价能力	对供应商与物资价格了然于心，并 能随时掌握物资价格的变化情况， 在询价过程中居于主导地位					
信息收集 与处理 能力	能制订信息收集计划，并有目的地 开展信息的收集与分析研究工作， 发现隐藏的采购市场变化情况					
合计						

（三）工作态度考核

国际采购人员的工作态度考核指标及评分说明如下表所示。

国际采购人员工作态度考核表

考核指标	评价要点	评分等级				
		1（分） 需提高	2（分） 合格	3（分） 较好	4（分） 好	5（分） 优
保密意识 与责任心	严格保守公司秘密，对自己、对他 人、对组织承担责任和履行义务的 态度					
纪律性	严格遵守公司的规章制度，严守职 责，坚守岗位					
合计						

（四）计算公式

月度考核得分＝工作绩效得分＋工作能力得分＋工作态度得分

季度考核总得分＝月度考核得分的平均分×60%＋季度考核得分×40%

年度考核总得分＝季度考核得分的平均分×60%＋年度考核得分×40%

（续）

六、考核结果应用

1. 考核结果分析。将国际采购人员的考核结果分为五等，具体内容如下表所示。

考核得分与等级关系表

S	A	B	C	D
90～100分	80～89分	70～79分	60～69分	60分以下

考核完毕后，采购部经理将考核结果及时送交人力资源部，人力资源部于____个工作日内对考核结果进行归档、整理，并编写"考核统计和分析报告"。

2. 考核结果应用。考核结果应用如下表所示。

考核结果应用说明表

考核类别	考核结果应用
月度考核	与每月绩效工资挂钩
季度考核	薪资调整、培训计划制订的依据，职位调整、季度奖金
年度考核	薪资调整、年度培训计划制订的依据，职位调整、年度奖金

七、考核结果申诉

员工如对考核结果有意见，可直接向采购部经理提出申诉，如仍有疑问，可向人力资源部提出申诉。

编制人员		审核人员		批准人员	
编制日期		审核日期		批准日期	

四、采购绩效改进与提升方案

下面是某企业的采购绩效改进与提升方案，供读者参考。

方案名称	采购绩效改进与提升方案	编　号	
		执行部门	

一、总体规划

（一）目的

为了提高采购绩效，规范采购绩效管理，完善公司绩效管理体系，不断增强公司的整体核心竞争力，特制定本方案。

（续）

（二）适用范围

本方案适用于采购部全体员工绩效考核、改进与提升等相关工作事项。

（三）提高采购绩效的工作重点

结合公司的实际情况，采购绩效考核的改进与提升工作可分为三个阶段，即绩效计划阶段、绩效辅导阶段、绩效考核及反馈阶段。

二、绩效计划阶段管理

（一）制订绩效改进计划

在这一阶段，采购部经理应与员工进行充分的沟通，就绩效目标达成共识，具体包括以下内容。

1. 分析员工绩效考核结果

2. 找出员工工作绩效中存在的不足之处。

3. 针对存在的问题制订合理的绩效改进计划或方案等。

（二）制订绩效改进计划的注意事项

一套完善的绩效改进计划至少应符合下列三点要求。

1. 计划内容要有实际操作性，即计划内容应与员工待改进的绩效工作相关联且是可以实现的。

2. 计划要获得管理者与员工双方的认同，即管理者与员工都应该接受这个计划并保证这个计划的实现。

3. 符合 SMART 原则，即绩效改进计划要满足具体、可衡量、可达到、相关联和有时限性五点要求。

（三）使用工具

"绩效改进计划表"如下表所示。

绩效改进计划表

姓名		所在职位		所属部门	
直接上级		绩效改进周期		___年__月__日至___年__月__日	

1. 改进内容

待提高的方面	绩效目标	完成情况	完成时间	上级领导需提供的支持

2. 绩效改进结果评价（改进阶段结束后填写）

自我评价	
领导评价	
员工签字		领导签字	

（续）

三、绩效辅导阶段

1. 采购绩效管理人员在考核周期内对被考核者进行绩效跟踪，收集并整理考核过程中存在的问题，并进行记录。

2. 被考核者可随时就出现的有关绩效问题与采购绩效管理人员进行沟通，提出自己的改进建议。

3. 采购部应注重在部门内建立健全"双向沟通"制度，包括周/月例会制度、周/月总结制度、汇报/述职制度、观察记录制度、周工作记录制度等。

4. 采购绩效管理人员要及时、准确地将被考核者绩效改进方面的问题记录到"绩效改进计划表"上。

四、绩效考核及反馈阶段管理

1. 采购绩效管理人员应综合收集考核信息，客观、公正地评价员工，并在经过充分准备后就考核情况向员工反馈。

2. 在考核反馈时，无论被考核者是否认可考核结果，都必须在考核表上签字。签字不代表被考核者认可考核结果，只代表被考核者知晓考核结果。

3. 被考核者如果对考核结果不认可，则可进行绩效申诉，具体请参考公司制定的"绩效考核申诉办法"。

五、相关培训的组织与实施

1. 人力资源部应组织各级主管进行培训，提高其对绩效改进理论的认识。

2. 根据员工的绩效改进方案，采购部应有针对性地组织员工培训，以提高员工的专业知识和技能，实现更好的绩效改进效果。

编制人员		审核人员		批准人员	
编制日期		审核日期		批准日期	

《采购部规范化管理工具箱（第3版）》
编读互动信息卡

亲爱的读者：

感谢您购买本书。只要您以以下三种方式之一成为普华公司的会员，即可免费获得普华每月新书信息快递，在线订购图书或向我们邮购图书时可获得免付图书邮寄费的优惠：①详细填写本卡并以传真（复印有效）或邮寄返回给我们；②登录普华公司官网注册成为普华会员；③关注微博：@普华文化（新浪微博）。会员单笔订购金额满300元，可免费获赠普华当月新书一本。

哪些因素促使您购买本书（可多选）

〇本书摆放在书店显著位置　　　　〇封面推荐　　　　　　〇书名

〇作者及出版社　　　　　　　　　〇封面设计及版式　　　〇媒体书评

〇前言　　　　　　　　　　　　　〇内容　　　　　　　　〇价格

〇其他（　　　　　　　　　　　　　　　　　　　　　　　　　　　　　）

您最近三个月购买的其他经济管理类图书有

1.《　　　　　　　》　　　　2.《　　　　　　　》

3.《　　　　　　　》　　　　4.《　　　　　　　》

您还希望我们提供的服务有

1. 作者讲座或培训　　　　　　　2. 附赠光盘

3. 新书信息　　　　　　　　　　4. 其他（　　　　　　　　　　　　　）

请附阁下资料，便于我们向您提供图书信息

姓　　名　　　　　　联系电话　　　　　　　职　　务

电子邮箱　　　　　　工作单位

地　　址

地　　址：北京市丰台区成寿寺路11号邮电出版大厦1108室

北京普华文化发展有限公司（100164）

传　　真：010－81055644

读者热线：010－81055656

编辑邮箱：baohuanan@puhuabook.cn

投稿邮箱：puhua111@126.com，或请登录普华官网"作者投稿专区"。

投稿热线：010－81055633

购书电话：010－81055656

媒体及活动联系电话：010－81055656　　　　　　　　邮件地址：hanjuan@puhuabook.cn

普华官网：http://www.puhuabook.cn

博　　客：http://blog.sina.com.cn/u/1812635437

新浪微博：@普华文化（关注微博，免费订阅普华每月新书信息速递）